U0120964

大酋长
伊丽莎白

Big Chief Elizabeth

How England's Adventurers Gambled
and Won the New World

九州出版社
JIUZHOUPRESS

[英] 贾尔斯·米尔顿 著　　陈乔一 译

致　谢

沃尔特·雷利爵士的冒险家们奉命将他们在新世界的经历写成日记。然而，年复一年，这些珍贵的手稿中有很多已经遗失或放错了地方，直到最近几年才被重新发现和印刷出来。

我非常感谢戴维·比尔斯·奎恩（David Beers Quinn）教授，他一生致力于研究雷利的殖民地。没有他的巨著《罗诺克航行》（*Roanoke Voyages*）——几乎所有幸存的手稿的合集——我就无法完成本书。他曾盛情邀请我去他位于利物浦的家中，分享他百科全书般丰富的学识，对此我也十分感激。

我还从美国的专家那里得到了很多帮助。我特别要感谢《罗诺克殖民地研究通讯》（*Roanoke Colonies Research Newsletter*）的编辑汤姆·希尔兹（Tom Shields），感谢他慷慨地抽出时间向我展示罗诺克岛。我还要感谢雷利堡国家历史遗址（Fort Raleigh National Historic Site）的约翰·吉利金（John Gillikin）和史蒂夫·哈里森（Steve Harrison），感谢外滩历史中心（Outer Banks History Center）的工作人员，以及教堂山的北卡罗来纳大学（University of North Carolina）的图书管理员。

感谢詹姆斯敦再发现项目的首席考古学家威廉·凯尔索

（William Kelso），感谢他带领我参观最新的考古发掘地，感谢馆长贝弗利·斯特劳布（Beverly Straube）允许我参观出土的精美文物。

在伦敦，我非常感谢保罗·威利斯（Paul Whyles）在短时间内就仔细阅读了本书的手稿，并提出了许多亟须的修改建议。我还要感谢弗兰克·巴雷特（Frank Barrett）、温迪·德赖弗（Wendy Driver）、西蒙·赫普廷斯托尔（Simon Heptinstall）、罗兰·菲利普斯（Roland Philipps）、麦琪·诺奇（Maggie Noach）和吉尔·休斯（Jill Hughes）；感谢雷利儿时故居海斯庄园的所有者安吉拉·道恩（Angela Down）夫人；感谢大英图书馆和历史研究院的工作人员。还要特别感谢伦敦图书馆一直十分乐于助人的图书管理员。

最后，我还想感谢亚历山德拉的支持和鼓励，以及玛德琳和海洛薇兹的茶歇时间娱乐。

目　录

前往罗诺克岛的路线

理查德·格伦威尔爵士 1585 年的那场探险为之后大部分前往美洲的航行树立了一个榜样。

北美洲

詹姆斯敦 ④ 罗诺克岛

③

百慕大群岛

大 西

纽 芬

② 瓜亚尼亚湾
波多黎各

古巴

伊斯帕尼奥拉岛

加勒比海

南美洲

* 本书地图系原书插附地图。

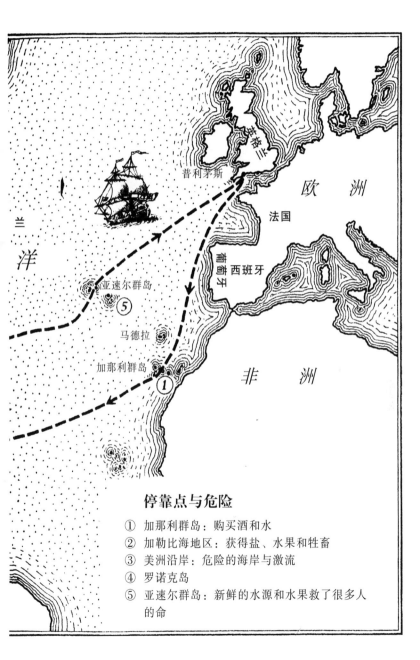

普利茅斯

欧　洲

法国

葡萄牙　西班牙

非　洲

兰

洋

亚速尔群岛

⑤

马德拉

加那利群岛

①

停靠点与危险

① 加那利群岛：购买酒和水
② 加勒比海地区：获得盐、水果和牲畜
③ 美洲沿岸：危险的海岸与激流
④ 罗诺克岛
⑤ 亚速尔群岛：新鲜的水源和水果救了很多人
　的命

第一章

冰山间的野蛮人

半木结构的宅邸早已消逝，平坦的大街已经尘封地下几个世纪。那场大火撕碎了伊丽莎白时期伦敦的这个角落，吞噬了这里的书籍、建筑和街道。少数几件幸免于那场火灾的物品之一，是一张看起来微不足道的小地图，这张地图皱巴巴的，褪了色，却承载着主人骄傲的印记。

这张地图曾经是汉弗莱·吉尔伯特（Humfrey Gilbert）爵士的珍藏。吉尔伯特是一位风光的冒险家，曾在 1578 年前往北美洲的大探险中遭遇很多不幸，就连女王伊丽莎白一世都讽刺他为"交不上好运的人"。但是，1582 年，即他几近破产的第四个年头的夏天，吉尔伯特的霉运似乎到头了。当他翻开新获得的地图时，他难得地露出了一个满足的笑容。这张地图提供了当时关于狂野蛮荒的美洲海岸最为详尽的记录，包含许多无价、尚未为人所知的信息。汉弗莱爵士对于能够将这张地图纳入收藏而无比骄傲，甚至拿起羽毛笔在上面写下："汉弗莱·吉尔伯特爵士的地图"。

这幅圆形的地图描绘了整个北美洲，其视角仿佛从大西洋中部上空俯瞰。地图上的模糊字迹证实了吉尔伯特一直以来相信的事：美洲被一道宽阔的海峡一分为二，大陆的内部根本不是陆地，而是一片广阔的内陆海。

一些更敏锐的观察者可能质疑过地图的准确性，因为这当中有许多十分显眼的错误。例如，少数已经被仔细测绘过的美洲地区之一的纽芬兰岛三角洲，在这张地图上被描绘成四块彼此分开的岩石，而且东部沿海地区似乎在地形上也是幻想。但是对汉弗莱爵士而言，任何类似的反对声都不值一提。这张地图将成为他此生最令人瞩目的成就的关键：怀着在那片巨大大陆的海岸上建立第一个英格兰殖民地的希望，航行至美洲。

吉尔伯特不是第一个对北美大陆着迷的英格兰人。1497 年，也就是克里斯托弗·哥伦布历史性地登陆巴哈马群岛 5 年后，约翰·卡伯特（John Cabot）发现了北美大陆，英格兰宣称对整个北美洲拥有所有权，因为英格兰的旗帜第一个插在这片土地上。自那之后，一些梦想家和冒险者心中就萌生了跨越海洋、去往大洋彼岸那遥远的海岸的想法。几个更具野心的布里斯托尔商人在卡伯特航行后迅速组织了一次新的探险活动，希望能通过与"野蛮人"做生意发大财。约翰·托马斯（John Thomas）、休·埃利奥特（Hugh Elyot）和托马斯·埃斯伊胡尔斯特（Thomas Assehurst）都曾满怀希望地扬帆起航，但都失望而归。那些衣不蔽体的印第安人对毛料和布料——英格兰最重要的出口物——不感兴趣，更不要提用紧身上衣和塔夫绸软帽把自己束缚起来了。同样，印第安人也没有什么实在的东西可以提供给这些英格兰商人。虽然他们的弓箭可以作为收藏品卖一个合理的价钱，鹰在都铎王朝的廷臣当中有一定需求，"山上的猫"——猞猁——还成了高贵领主们的时髦宠物，但是仅仅依赖新奇事物的贸易永远不会盈利。因此，经历了五六年的失败后，布里斯托尔的商人放弃了他们的事业。

1517 年，一位名叫约翰·拉斯泰尔（John Rastell）的伦敦书商宣布，他要在美洲建立一块殖民地。这一宣言震惊了他的顾客，掀起了一阵短暂的热潮。即便按照他自己的标准，这也是个古怪的想法，但是拉斯泰尔坚信自己会取得成功，拒绝让任何人阻止他向西航行。他聚集起“三四十名士兵”，买下“石匠和木匠用的工具”，但是他在美洲建立定居地的梦想未能实现。他的远航以闹剧收场：两名船长拒绝起航，拉斯泰尔的探险队只走到了法尔茅斯港。他以诗句哀叹这次失败，作为这一切的结尾：

> 喔！那该是多么美好的事情
>
> 如果他们是英格兰人
>
> 可能成为最先拥有一切的人
>
> 建造房屋并定居于此
>
> 这只能永远成为记忆

大部分的早期探险都受到领导不力的影响，而所有的早期探险都饱受资源匮乏之苦。但是，1536 年，也就是汉弗莱第一次开始琢磨他的殖民计划整整 40 年前，一场前往美洲的探险似乎克服了所有这些障碍，得以成行。这次远航是理查德·霍尔（Richard Hore）的主意。霍尔是一位富有的伦敦毛皮商，他厌倦了无休止地往返加那利群岛的贸易航行。在朋友眼里，霍尔“身材高大，胆识过人，并且有着丰富的宇宙学知识”，但是他的商业伙伴了解他性格中不那么令人愉快的一面——霍尔渴望发大财，一直计划着如何将冒险和发财合二为一。

1535 年，霍尔产生了一个想法，他知道这个想法极具独创性，肯定会成功致富。那一年，普利茅斯的冒险家威廉·霍金斯（William Hawkins）成功地从南美航行归来，并带回"一个来自巴西的蛮族国王"。这位不幸的俘虏在都铎王朝治下的伦敦引起了轰动，尤其当他被带去见居高临下的亨利八世时，"国王和贵族对他的样貌万分吃惊，而这绝非无缘无故：他的脸颊上有很多按照他们的文化习俗弄出的洞，洞里种着小骨头，这些小骨头从洞里伸出一英寸①，这种装饰在他的国家象征着他拥有极大的勇气"。当国王和廷臣研究戳弄这位酋长的时候，他们发现"他的下唇还有一个洞，里边镶嵌着一颗豌豆大小的宝石：他的打扮、行为和姿态在观者看来都十分陌生"。

这个野蛮人震惊了整个宫廷，在伦敦也引起了很大轰动，使霍尔意识到这是个绝佳的赚钱机会。他决定前往北美探险，希望再为亨利八世捕获一个低等原始的臣民。之后，他还可以将其游行展出给好奇的伦敦市民 —— 当然，是要收费的。

这样一场航行的风险是巨大的。都铎王朝的船不是为了应对大西洋汹涌的风浪设计的，这些船上部过重，很可能沉没于广阔无涯的海洋中。只有极少数的英格兰船只曾穿越大西洋，抵达另一边的陆地。远方的陆地就像传说中的东方一样神秘和野蛮。即便如此，霍尔仍然很乐观，相信探险可以成功。他聪明且善于自我吹嘘，他意识到，捕获新大陆野蛮人一定能激起伦敦绅士冒险

---

① 1 英寸约等于 2.54 厘米。本书脚注均为译者添加，下文中不再重复标注。

家的兴趣。

霍尔远航的消息一传入宫廷，就有许多廷臣开始和他联系，请求参与他的远航。消息传到亨利八世耳朵里时，他仍然着迷于那位南美洲俘虏，认为这是个伟大的计划，于是无条件地给予了霍尔祝福和支持。霍尔"得到了国王的恩赐和支持"，开始为这次伟大的冒险之旅招募人手，"他的劝说十分有效，在极短的时间内，就有许多来自伦敦律师学院（Inns of Court）、英格兰高等法院大法官法庭（Chancery），以及其他各著名机构的绅士们，因为渴望看到新世界的事物，非常积极地加入了霍尔的远航行列"。30 名"绅士"加入了这次航行，他们中有很多人出身富裕的名门望族，例如国王的好友阿米吉尔·韦德（Armigil Wade）、富有的威廉·布茨（William Buts）爵士的儿子托马斯·布茨（Thomas Buts）、法院的书记员威廉·韦德（William Wade），以及来自西部郡的年收入 500 马克的绅士马斯特·威克斯（Master Weekes）。他们是都铎时期的社会精英，乐于参与这样一场历史性的冒险。他们莽撞、无畏、蛮干，放弃了大庄园里的舒适生活，只为加入这次独特的探险。这次探险的目标大胆而惊险：捕获一个北美洲的"野蛮人"。他们愿意为这次冒险倾注大量资金，到 1536 年 2 月，理查德·霍尔已经筹集到足够的资金来雇佣两艘小船——"威廉"号（*William*）和"圣三一"号（*Trinity*）。

如果霍尔在筹备航行上花费和他宣传此次冒险同样多的精力，他可能就会意识到，他正将自己和同伴置于极端危险的境地。他没有想到需要对船只的适航性进行哪怕一次的粗略检查，也没有远见去计算维持 120 名水手进行一次为期 3 个月，甚至很有可能持续更久的航行需要多少食物。寄望于好风向和好运气，他带领他的船员们在格雷夫森德教堂接受了庄严的圣礼，在微风的催促下，"他们于 1536 年 4 月底踏上了旅途"。

两艘船沿着泰晤士河河口巡航而下的场面极为壮观，船的前桅挂着彩旗，主桅悬挂着圣乔治屠龙旗。这些探险家穿着华丽的服装，人们可能会以为他们要去参加王室婚礼，他们戴着装饰了鸵鸟羽毛的丝绸边宽檐帽，穿着华丽做作的背心和天鹅绒镶边的方头鞋。但是，一进入波涛汹涌的英吉利海峡，这些冒险者就意识到他们娇生惯养的成长背景使他们几乎无法应付艰难的海上生活。

托马斯·布茨记录道："两艘船从格雷夫森德出发后，连续在海上航行了很久，超过两个月，其间没有遇到过陆地。"他和另外一个人后来向《重要的航程》(*The Principall Navigations*) 的作者理查德·哈克卢特 (Richard Hakluyt) 讲述了他们的故事。这两人的故事里都有许多矛盾之处，因为他们讲述这段故事的时候已经因为年迈而头脑混乱了。然而，即便如此，他们的叙述还是得以部分重现了这次大胆的航行，这次航行后来激励了美洲殖民活动的拥护者——沃尔特·雷利 (Walter Ralegh) 爵士。

7 月的第一周，这批探险家第一次看到了陆地，此时他们的食物已经所剩无几。他们自以为已经到达新斯科舍东北端的布雷顿角，于是开始向北航行前往"企鹅岛"——芬克离岛。对少数那些在这片孤独海域捕鱼的水手而言，这是一处地标。岛上"到处都是灰色和白色的鸟群，体形和鹅一样，还有数不尽的鸟蛋"。这种奇怪的鸟是不会飞的大海雀，它们不怕人，很容易捕获。"他们将一大群大海雀驱赶上船杀掉"，然后开始拔毛，这是一件很烦人的工作，因为"它们的皮像蜂窝，布满孔洞"。船员太饿了，以至于认为它们"肉质鲜美，营养丰富"。

在企鹅岛休整之后，两艘船分头行动。搭载着有经验的船员和渔民的"威廉"号前往鳕鱼丰富的纽芬兰浅滩。而"圣三一"号则搭载着绅士探险家驶向未知海域，希望能够抓到野蛮人。这些探险家的装备很简陋，不适合高纬度航行，他们自己也没有准备好面对这样一次艰苦的远航。"他们行驶到极北的地区，以至于在夏季看到了巨大的冰山岛屿。这些岛上和附近的礁石上有许多鸟类在休息，它们因为远距离飞行而很疲倦"，他们射杀了随冰山一起向南漂流的北极熊，还在大陆上抓到了棕熊，以此来补充他们匮乏的食物。

他们靠近拉布拉多偏远贫瘠的海岸时，第一次看到了"野蛮人"。冒险者之一，奥利弗·道伯尼（Oliver Dawbeny）站在"圣三一"号的前甲板上远眺时，注意到远方水域中有一个奇怪物体。他瞪大眼睛盯着地平线，逐渐意识到他确实没有看错。那是"一艘载着当地野蛮人的小船，正沿着海岸朝我们划来，凝视着我们和我们的船"。

道伯尼叫来甲板下的水手："如果想看看期待已久的土著，就到甲板上来。"甲板上的人"看到野蛮人划着船靠近他们和他们的船，于是派出一艘小船载着人去和这些土著会合，想把他们抓住"。他们一刻也不能耽误，因为他们可能没有第二次这样的机会了。他们推出小船，开始热切地追捕。

那些"野蛮人"从头到脚都穿着兽皮，手执长矛，划着掏空的树干制成的独木舟。都铎王朝的绅士们决心捕获一只原始又奇异的生物带回伦敦。但是他们的小船还没出发,"野蛮人"已经调转独木舟,驶向相反的方向,以相当灵巧的动作操控着他们的钝头船。"发现我们的船在向他们驶来时,他们带着主力部队返回,逃入了远处海湾或者河流中的一座岛屿。我们的人追着上了那座岛,但还是让那些野蛮人逃脱了。"尽管进行了长时间搜寻,这些英格兰探险家还是没有找到他们追逐的对象。他们只发现了"一个火堆,还有旁边的一个木架上烤着的半只熊,这是逃跑的野蛮人留下的"。在正常情况下,他们至少会将熊带走,但是失望和腹痛甚至使他们把这些都丢下了。他们唯一的安慰是获得了一些奇怪的纪念品,带回伦敦一定会引发好奇,"他们发现了一只皮靴,小腿处装饰着华丽的生丝制成的流苏。他们还发现了一只品质不错的连指手套。他们带着这些东西回到了他们的船上,没有找到那群野蛮人",这真令人极度失望。

当船员们准备起航的时候,他们才意识到风暴和冰川严重破坏了他们的船只,需要通过大修才能与"威廉"号会合。霍尔检查船只食物存储的时候,惊恐地发现所有的桶都是空的,而所有渔具都在此前被转移到了另一艘船上。"船员们极度渴望食物,却基本得不到满足",但他们确实有过一段时间的好运:一只鹗的巢就在附近的一棵树上,它"每个小时都会带回各种鱼喂给雏鸟",船员们急切地将这些鱼从雏鸟那里抢走了。但是,鹗逐渐发现了他们的诡计,迁走了鸟巢,船员们又陷入饥饿。

"他们太饿了,"道伯尼后来回忆,"饿到去寻找野生植物、草根之类的果腹。"现在,他发现自己非常想吃北极熊和烤海雀,但是事实证明,拉布拉多荒野几乎没有动物活动的迹象。船员被分成小队前往丛林寻找食物，但是都无功而返。随着时间流逝，冒险者们变得越来越虚弱。没过多久，他们就被饥饿逼疯了，对食物的渴望侵蚀了他们的理智。

"随着饥饿感不断增强，植物和草根也无法缓解他们无尽的

1536 年，理查德·霍尔发起前往美洲的远航，他希望能抓住几个野蛮人带回伦敦。但是印第安人乘着独木舟逃脱了抓捕，给霍尔留下的只有一身的债务和无尽的失望。

饥饿……一个船员在他的同伴停下来捡植物根茎的时候杀了他"，他将尸体拖入丛林，"然后分切成块，在火上烧烤，并贪婪地吞食了肉块"。很快，事实就证明，他并不是唯一在绝望中选择吃人的船员。在一次清点人数后，人们发现有几个人失踪了，霍尔开始生疑。起初，他认为他们可能是被"野兽吃了"，或者"被野蛮人杀死了"，但是他很快就发现了更可怕的解释。"一个船员迫于饥饿，去往更远的丛林深处寻找食物时，恰好发现了烤肉的味道。"他前去调查气味的来源，发现他的一个同伴正在火堆上烤着多汁的肉，而这些肉看上去很像是人肉。他们发生了激烈的争执，怒火演化为一场"残忍的对话"，最后犯罪者坦白了。"如果你们想知道的话，"他说，"我吃的这块烤肉是那个人的屁股。"

理查德·霍尔听到这个消息时，因为恐惧而双膝跪地。他立刻召集众人，发表了"一场引人注意的演说"，告诉船员们"食人行径严重地冒犯了上帝的意旨。在演讲中，他从头到尾引用《圣经》"。他补充说："与其让自己的肉体和灵魂同在不灭的地狱烈焰中永远受罚，不如让自己在肉体毁灭，灵魂永生。"演说结束时，他"恳请所有船员和他一同祈祷上帝可以看到他们的悲惨境遇，眷顾他们，拯救他们"。

他们祈求食物的祷告没有得到上帝的回应。随着情况愈演愈烈，他们的信仰甚至也崩塌了，"他们达成某种共识，宁可抽签决定要杀死谁，也不要全部人都被饿死"。但是，他们还没选出第一个要杀的人，就发现地平线上出现了一艘法国船，这是一艘偏离航道的渔船——一艘"满载必需品"的船。很快，这群冒险者就决定了如何行动，"这就是英格兰人的本事，他们早就擅长于此。他们放弃了损毁的'圣三一'号，登上新船……然后扬帆返回英格兰"。

这些骄傲的都铎王朝的绅士，出发时对冒险满怀希望，却被亲身经历彻底打败。他们是如此厌倦海洋，以至于在返航途中的第一个港口——圣艾夫斯——就弃船上岸，选择从陆路返回伦敦，他们在"一座属于约翰·勒特雷尔（John Luttrell）爵士的城堡休息"。所有人都灰心丧气，托马斯·布茨"被这次航行中的饥饿和苦难改变了许多，他的父亲威廉和母亲甚至一开始都没有认出他，直到他们在他的膝盖上找到一块隐藏的疣，才确认这是他们的儿子"。

这探险家预想他们肯定会因为吃人而遭受惩处，但是令他们意外的是，他们没有背负耻辱和污名，而是获得了同情。国王亨利八世没有因为他们在绝境中选择吃人而感到不安，并宣称自己"非常同情他们，不会惩处他的臣民"。当法国抱怨这些英格兰人偷了他们船上的物品时，亨利八世"用自己的财产，全额赔偿了法国王室的损失"。

这场满怀信心和期望的远航在各个层面上都失败了。霍尔本来希望能够带回一个原始的"野蛮人"——一位半裸的，头上和皮肤上满是装饰的酋长，但是他带回来的只是一群虚弱憔悴、极力想要忘记此次远航的男人。霍尔本人债务缠身，更糟的是，"圣三一"号的船主要求他赔偿船只的损失。这次远航没能激起公众对美洲的热情，反而扼杀了人们对大洋另一端那片大陆的兴趣，国王也失去了热情。接下来的 25 年里，都没有获得官方授权的前往美洲的发现之航。

"新大陆"被抛下、留给了那里的"野蛮人"。

第二章

汉弗莱爵士与食人族

1582 年，一个明媚夏日的晚上，莫里斯·布朗（Maurice Browne）和托马斯·斯迈斯（Thomas Smythe）沿着红十字街漫步，这里是伦敦的一个繁华街区，距离泰晤士河仅一箭之遥。布朗是伊丽莎白一世的国务大臣弗朗西斯·沃尔辛厄姆（Francis Walsingham）爵士的密友，斯迈斯则是伦敦海关征税员斯迈斯的儿子，他父亲靠农业关税积累了大量财富。莫里斯·布朗和托马斯·斯迈斯虽然都才 20 多岁，但是已经在女王的宫廷中给人留下了深刻的印象。

布朗和斯迈斯衣着光鲜，穿着华丽的紧身短上衣，戴着时髦的宽檐帽，不过经常在这里沿街叫卖的小贩几乎没有注意到他们，廷臣是红十字街一带的常客，这片有山墙的街区内住着许多重要的商人和冒险家。

布朗和斯迈斯正要去汉弗莱·吉尔伯特府上做客。他邀请他们来他的宏伟宅邸，以向他们展示他的美洲地图，邀请他们一起踏上这次伟大的冒险。布朗和斯迈斯刚迈进这座雄伟建筑的门廊，吉尔伯特就迎了出来。他相貌出众，看上去比布朗和斯迈斯大十几岁。吉尔伯特是伊丽莎白宫廷上的知名人物，他充满活力，注定不会满足于伊丽莎白统治下的英格兰只关心本土的狭隘氛围。他曾给他的兄弟写信说："如果一个人因为害怕，或者有死亡的危险，就不顾祖国的安危或他的个人荣誉，那么他根本不配活在这世上。"

吉尔伯特从小就渴望冒险，幻想着如何进行海外探险，尽管很多想法十分荒唐，但是他仍以莽撞的决心付诸实践。吉尔伯特鲁莽又自大，导致与他同时代的人无法决定他们应当敬畏他还是拒绝与他为伍。在他朋友眼里，吉尔伯特"极为聪明"，"品德高尚"，但是他在宫廷中的敌人看到了他个性中更为阴暗和不讨喜的一面：他"不可靠，浮躁善变，喜欢吹牛，而且虚荣心极强"。

如果他的画像真实地描绘了他的样子，那么汉弗莱爵士恰到好处地带着冒险家身上的那种虚张声势。他戴着装饰了各种饰物的飞边领，迫使他不得不昂首挺胸走路，他有着乌黑的头发、冷峻的表情和深谋远虑的神情。多亏了他那张扬的小胡子被修剪好、烫卷，又向后梳好，看起来像是有两只睡鼠贴在脸上，不然他看起来会很阴险。在后来的一幅画像中，他手摸着一个地球仪，这个姿势很适合这些伊丽莎白时期的勇敢无畏的人们，也就是来自西方的绅士，他们望向地平线——美洲——渴望着荣耀、财富和冒险。

1578 年，汉弗莱爵士开始尝试让人在美洲登陆，这也是他多年来第一次跨大西洋航行探险。他说服女王授予他许可证，同意他去发现"那些不属于任何信仰基督教君主的、遥远的、异教的野蛮之地"。之后，他组建了一支小船队，带着一帮由海盗和罪犯组成的乌合之众扬帆远航，寄希望于适宜的风向和好运气，但是二者都未眷顾他。他的船只还没驶出英格兰的海域就被迫返航，事实上，只有一艘船——"猎鹰"号（Falcon）离开了英格兰海域。"猎鹰"号的船长是汉弗莱同母异父的弟弟，他计划前往西印度群岛，去劫掠西班牙人的宝船，但是"猎鹰"号最终也"遭受重创，伤痕累累"地回到了英格兰。船长的行为受到了严厉谴责，这也是他的名字第一次被记入官方记录：他叫沃尔特·雷利。

汉弗莱·吉尔伯特爵士一直渴望冒险。女王曾说他是个"交不上好运的人"，但是他无视这个警告，仍然为了财富和荣誉驶向美洲。

　　吉尔伯特的两位客人知道他1578年那次失败的探险，因为他们和他一样，都对大洋彼岸的大陆十分着迷。吉尔伯特希望新发现的地图能够点燃他们对他提议的远航的热情。布朗回忆道："我们刚见到他没多久，他就向我们展示了整个地图，他还打算在那里定居。"吉尔伯特满怀热情地谈论这次航行，几乎说服了他的两位客人随行。布朗写道："我们开始与汉弗莱爵士谈论他计划的航行，他滔滔不绝地说了很久，久到他要邀请我们吃晚饭。"他们一边嚼着烤鸡肉，一边继续交流，交流的内容"不外乎就是那个国家的肥沃土地和巨大财富"。一番讨论过后，汉弗莱的两位朋友委婉地告诉他："很遗憾，我们目前没有关于这些方面的知识，如果有的话，我们一定会准备好，同你一道远航。"

　　尽管失望，但是吉尔伯特没有气馁，他带领两位客人走出书房时，打出了王牌。他以一种夸张的语气宣称他手中还有一份独

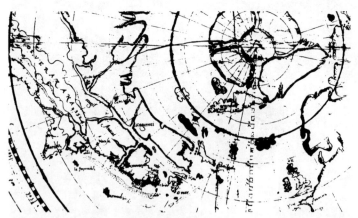

汉弗莱爵士相信他的地图是当时最准确的美洲地图。虽然不列颠群岛（最右侧）在图上被精确绘制出来，但美洲的海岸线则是凭想象绘制的。美洲大陆的内部被乐观地描绘成一系列宽阔的航道。

特的文件，他知道这会改变他们的想法。直到第二天晚上前，这份文件都要保密，但是他向他们保证，这里面包含一些关于美洲的惊人信息。他确信这会消除他们加入新冒险的顾虑，而且两位客人都拥有巨大财富，他可以充分利用起来。

第二天的黄昏降临之前，这两位年轻人又一次坐在了吉尔伯特的书房里，他们很快就发现吉尔伯特没有让他们失望。汉弗莱爵士告诉他们，他认识一位名叫戴维·英格拉姆斯（Davy Ingrams）的人，戴维走遍了美洲靠大西洋一侧的海岸，并首次带回了关于美洲内陆和"野蛮的"原住民的信息。这些信息极为珍贵和机密，吉尔伯特表示，只要他们愿意重新考虑早先那个不加入探险队的决定，他就会将这些信息与他们共享。

吉尔伯特说的事情确实有真实成分。戴维·英格拉姆斯是一名普通水手，1567 年在约翰·霍金斯（John Hawkins）爵士的率领下，离开英格兰，参与了一次贩卖奴隶的贸易。霍金斯与西班牙人交战时失利，以失败告终，他被迫将一半船员抛弃在墨西哥海岸，英格拉姆斯便是其中之一。作为一个身强力壮的人，英格拉姆斯不打算等待霍金斯返航来接他们，因为这要花上两三年时间。他知道英格兰的渔船定期到访纽芬兰岛 —— 但他不知道纽芬兰岛距离这里有 3000 多英里 ① —— 于是他选择了一批更有冒险精神的同伴出发前往纽芬兰岛，而事实证明，这还真是一场漫长的旅途。

谁也说不好那场马拉松中发生了什么。英格拉姆斯称，在经

---

① 1 英里约等于 1.61 千米。

历了 12 个月的艰苦跋涉之后，他和两个憔悴的幸存者终于走出了新斯科舍荒原。他们饥寒交迫、穿着兽皮衣，当地人找到了他们，并且告诉他们，"那边海岸有船只，又在地上画出了船的形状和样子"。几个人冲向崖顶，看到了一艘法国船停在那里。他们安全抵达了勒阿弗尔，又坐着渔船渡过英吉利海峡，拜访了霍金斯，然后在德文郡的酒馆里兜售他们的故事。当英格拉姆斯终于回到他位于埃塞克斯郡巴金的家时，他的家人惊得几乎晕倒在地。

汉弗莱爵士意识到，英格拉姆斯的故事——如果是真的——可谓意义重大。人们对于北美洲的原住民和那片大陆的地形几乎一无所知，所以汉弗莱决定从英格拉姆斯身上盘问出更多信息。他的审讯经验——在爱尔兰学的——仅限酷刑和致残，但他有远见地意识到这不是从英格拉姆斯那里获取信息的最佳方法。他转而求助女王的国务大臣弗朗西斯·沃尔辛厄姆爵士，这个人以善于获取人们的秘密而闻名。威廉·卡姆登（William Camden）写道，弗朗西斯"很懂如何赢得别人的喜爱，并且为了达到自己的目的利用他们"。但当他面对那位来自巴金的水手时，他发现自己面临着极大的考验。

戴维被召去接受盘问的时候，"大概 40 岁"，距离他被要求描述的事件已经过去十几年，但是他说他记得这场旅程的每个细节。为了不使高贵的质询者失望，他在故事中添油加醋地加入了令人生畏的食人族和可怕的怪物。他放心大胆地这么做了，因为他知道他的故事没法被核实真实性，与他一起回来的两个同伴都已经去世了：理查德·布朗（Richard Browne）"5 年前被杀害了"，理查德·特威德（Richard Twide）1579 年去世了。

他对美洲食人"野蛮人"的描述十分引人注意。这些"野蛮的"部落人，身上的兽皮颜色比女王衣服最浮夸的小丑还多。从远处看，那些兽皮衣像是拼缀的鸭绒被，他们赤裸的肚子上"涂着不同颜色"，头发"剃成各式各样的图形"，还有些部落人甚至用红色和褐色的羽毛装饰他们隐约可见的眉毛。天气炎热，许多人脱掉兽皮和羽毛，完全赤裸着身体四处闲逛，但是英格拉姆斯回忆，"贵族的私处都被葫芦颈遮掩着"。

他们美丽的妻子裸露的皮肤较少，也更加稳重。她们"用干草或者棕榈树的叶子"遮盖私处，冬天时则用兽皮将自己裹紧，"将有毛的一面贴着身体"。英格拉姆斯对"私处"表现出浓厚的兴趣，"carmugnar"成为他最先学会的印第安词语之一。

很快，英格拉姆斯就发现他自己的私处也是引人好奇的对象。有次刚到达一座村庄，他和他的同伴就被召去会见部落长老，长老"让他们把衣服脱光"。之后，这些印第安人用手摸了摸他们，戳了戳他们的肚子，"对他们的白色皮肤表示非常惊奇，没有伤害他们，就让他们离开了"。

英格拉姆斯越添油加醋，就越发意识到吉尔伯特和沃尔辛厄姆被完全迷住了。他希望在询问结束后获得丰厚的回报，于是告诉他们他曾眼看着通奸者被刀砍死，甚至还见证了一种奇妙的安乐死方式。他眼里闪着光，说他曾经遇到一个部落，"这个部落里有人生病、快要病死的时候，他的近亲就会用小刀割断他的喉咙，他所有的家人都必须要喝他的血"。他甚至看着他们将尸体切成肉块生吃，津津有味地舔骨头，"因为在他们的宗教里，他的每一滴血都不能浪费"。家庭纠纷总是以致残和酷刑告终，不忠的丈夫或妻子被固定在石板上，"他们背靠石板，手和腿被按住或者捆住，行刑者上前，在他们胸前跪下，然后用弯刀割断他们的喉咙"。这场景十分骇人，但是英格拉姆斯向汉弗莱爵士保证，他和他的同伴没有受到伤害。他补充说，尽管这些部落人有着"狗一样的牙齿"，但是他们很有魅力，"是有礼貌的民族，不是食人族"，至少不吃英格兰人。

他们面对的更大的威胁是在美洲丛林中游荡的怪兽。英格拉姆斯宣称，那里的绵羊和兔子都是鲜红色的，而肉食的飞禽的头"和人的头一样大"。吉尔伯特本该质疑这样头重脚轻的鸟怎么可能飞得起来，但是英格拉姆斯没有给他们反应的时间。他已经在向他们讲述"没有头部和颈部，眼睛和嘴巴都长在胸前"的可怕生物。英格拉姆斯补充说："这些怪兽样貌奇丑，令人心生恐惧。"

关于美洲矿产的精彩报告缓解了有关野兽的坏消息带来的冲击。英格拉姆斯向汉弗莱爵士保证，美洲的印第安人极为富有，他亲眼看过用"像他拳头一样大的金块银块"制成的桶和"巨大的水晶石"。没有赤裸着身体的女人通常会穿着"装饰着金盘的衣服"，这不是唯一的好消息，他还说，那里的郊区比英格兰郊区富饶得多，"风景美好雅致，有比其他地方都广阔和肥沃的平原"。

吉尔伯特对英格拉姆斯富有观察力的双眼印象深刻，他记住了这次询问过程中的每个细节。现在，在布朗和斯迈斯面前，吉尔伯特转述了他从英格拉姆斯那里听到的一切，他很快就意识到自己说的话产生了巨大的影响。他刚说完，布朗就宣布他希望陪吉尔伯特一同前往美洲。"于是，汉弗莱爵士当即写信给我的雇主，请求他给予正式许可，如果他认为我够格参加这样的项目。"

布朗的雇主回信表示同意，于是布朗不再耽搁，马上开始为他一生中最大的冒险做准备。相比之下，斯迈斯更加犹豫。尽管他热情地谈论远航，但他还是遗憾地表示无法参与其中。

　　吉尔伯特带着他一贯的激情开始计划远航。他高兴地得知，他同母异父的弟弟沃尔特·雷利决定陪他同行。年轻的沃尔特在宫廷中已经略有名望，他有些闲置的资金，决定把钱投到吉尔伯特的远航中。"他花钱买了一艘新船……它载重 12 吨，船上装满了物资，可供 60 人生活。"对吉尔伯特而言，这是天大的好消息，因为他最主要的问题便是资金。1578 年那次失败的远航耗尽了他的财富，他负债累累，实际上在那三年后他仍是破产状态。在写给沃尔辛厄姆的求助信中，他说自己"每一天都有可能被捕、判刑或者放逐。为了获得担保，不得不背着妻子卖了或当了她的衣服"。他很清楚，对一个一心要前往美洲殖民的人而言，濒临破产并不理想，但是他有一群富有且有权势的朋友。由于英格兰的土地价格高昂，他想出了一个好主意——依据他的美洲地图，售卖美洲的地产。这些土地的规模一定会使最吝啬的廷臣都兴奋不已。这些土地将遍布无边无际的荒野，数百万英亩的土地及其半封建的权力会被卖给出价最高的人。

　　当吉尔伯特开始宣传他的计划时，他意识到他找到了取得成功的方法。地主和商人蜂拥至红十字街，请求吉尔伯特把土地卖给他们。他对此得心应手，将大块地产分配给他的投资者，羽毛笔草草挥动便将美洲瓜分。菲利普·西德尼（Philip Sidney）爵士得到了 300 万英亩的土地，其他人得到了 100 万英亩或者更多。托马斯·杰拉德（Thomas Gerard）爵士将获得"所有在美洲发现

被丢弃的船员戴维·英格拉姆斯在美洲与野蛮人度过了一年的时间，带回了他们的食人习俗的故事："这个部落里，有人快要病死的时候，他们就会用小刀割断他的喉咙，喝干他的血。"

的黄金、白银、珍珠和宝石的五分之二"。1582 年 6 月至 1583 年 2 月间，吉尔伯特成功售出了惊人的 850 万英亩土地。

　　伦敦洋溢着兴奋和喜悦，廷臣们开始计划如何管理他们的地产。冒险家乔治·佩卡姆（George Peckham）爵士对他的新职责喜不自禁，发誓要慷慨地对待他的新租客——美洲土著印第安人。他承诺给他们每个人"眼镜、铃铛、珠子、手镯和链子"，并解释说："尽管这些东西对我们来说不值什么钱，对他们来说却价值不菲。"他甚至计划让他们穿上时髦的衣服，"例如衬衫，蓝色、黄色、红色或绿色的棉质法衣或披风，或其他类似的衣服"。他们将成为遥远的大西洋彼岸上最漂亮的印第安人。

　　吉尔伯特基本没有考虑如何对待土著居民。他打算"尽可能地按照英格兰的法律和政策"统治自己人，并赋予自己"纠正、惩处、赦免、管理和统治他们的全权"。但他也承诺，涉及死刑问题时，他会"审慎考量"。

　　英格兰人有自己一套法律，印第安人则有另外一套法律。如果印第安人知道吉尔伯特在爱尔兰的所作所为，他们一定会吓得浑身发抖。吉尔伯特带着几近野蛮的残忍平息了那里的暴动和叛乱，他无情地蔑视当地居民，砍下敌人的头颅，并把这些头颅成行地排列在通往他帐篷的路上。他极度蔑视爱尔兰人，据说他曾放言："他们中最高贵的人说话都配不上我的狗的耳朵。"他的结论是，殖民必定会导致冲突，"任何被征服的民族都不会因为爱而心甘情愿地服从，只能是因为恐惧而屈服"。

　　考虑到与当地人的冲突很可能导致伤亡，吉尔伯特认为不应该派绅士们与首批殖民者前往。相反，他建议派"那些正在给我们的国家带来麻烦的人"。他们可以首先将盗贼、杀人犯以及社会渣滓送到大西洋对岸，"反正这些犯重罪的人迟早要上断头台"。

　　吉尔伯特正准备起航，伊丽莎白女王却出人意料地收回了她的许可证，因为担心他会死在海上。在多次请愿后，她又出人意料地改变了主意，"向他表示极大的支持"，承诺"他可以得到他想要的任何帮助"。吉尔伯特起航前夕，女王派人送去一件她非常珍视的"珍贵的珠宝"以表心意。这是一件无价之宝："一只装饰有 29 颗钻石的金锚，还有一幅女王握着这只锚的画像。"

　　汉弗莱·吉尔伯特爵士的船队由五艘船构成，在"高兴"号

（*Delight*）的带领下，终于在 1583 年 6 月 11 日驶离普利茅斯附近的考桑德湾。对这样一次历史性的远航来说，这次离开显得十分安静。两周前，吉尔伯特离开南安普顿时，已经与大家一一作别，而现在他不过在一阵号角齐鸣中离开英格兰。

水手和殖民者早就对船上的食物短缺问题颇有微词，船上共有 260 人，包括"造船工人、石匠、木匠和铁匠"，但是食物仅够勉强维持一半人生活。船队匆忙起航，因为吉尔伯特"决心在食物储备……还没耗尽之前赶快出海"。他寄希望于上帝，希望风可以带他快速地穿越大西洋。

在海上航行几天后，吉尔伯特和他的手下突然意识到，他们还没有规划过穿越海洋的路线。船上的记录者爱德华·海斯（Edward Hayes）写道："一开始我们不是很确定该按照什么航线前行，以开始我们计划的发现之旅，要么从南边向北走，要么从北边向南走。"吉尔伯特在船舱里召集了一次紧急会议，各船的船长纷纷在会上提出意见和建议。很快，那些主张向南航行的人占据上风，他们说不希望"在冬天来临的时候遇到意外"。但是这条航线刚被选定，其他人就再次呼吁向北航行，他们称，如果在冬季来临之前抵达纽芬兰岛，他们就会发现"那里有许多船只在整修打鱼，可以得到许多必需品补给"。汉弗莱爵士同意了，尽管他担心会遭遇"持续的大雾和多变的狂暴天气"，他还是确定了前往纽芬兰的航线。

船上的生活比任何人想象的都要舒适。为了在抵达美洲之后取悦他们遇到的"野蛮人"，吉尔伯特事先雇了一班表演者，在跨越太平洋的漫长航行中，他们一直为水手表演节目。海斯写道：

"为了安慰我们，也为了吸引野蛮人的注意，船上有各种娱乐方式：除了最基本的，比如莫里斯舞、旋转木马，还有许多你能想到的可以取悦野蛮人的小玩意，我们打算用一切可能的手段取悦他们。"

他们偶尔也会遇到挫折。雷利的船被迫返回英格兰，因为这艘船的船员"感染了一种传染病"，可能是痢疾，吉尔伯特一度因此陷入愤怒。让他生气的还有天气，总有大雾，船只险些撞上"海面上凸起的冰山"。"燕子"号（*Swallow*）一度消失在他们的视野中，几周不见踪影。直到靠近美洲海岸线，他们才在地平线上看到它的身影，于是急忙追赶。靠近那艘船的时候，汉弗莱爵士的船员惊讶地发现"燕子"号上的船员穿着花哨的背心，大声地唱歌。"为了庆祝我们的团聚，他们毫不吝惜地将披风和帽子扔出船外，或抛向空中。"他们很快知道了原因，"燕子"号的船长，"善良、诚实、谨慎的"莫里斯·布朗之前沉迷海盗活动，俘获了两艘法国船只，其中一艘载满了酒和衣服，使余下的航程变得极为愉快。

离开英格兰 7 周后，吉尔伯特终于看到了他一生中大部分时间都梦想着的土地。但那不是他期待的天堂，这里"除了险峻的岩石和山丘，一无所有，没有树木，也没有绿色植物"。然而，吉尔伯特以勇敢无畏的神色掩住失望之情，调整船只向南方的纽芬兰岛航行，希望在那里找到几艘英格兰渔船。令他吃惊的是，当他抵达圣约翰岛时，发现有"36 艘各国船只停靠在那里"。他急切地想要让人对自己刮目相看，于是派人通知各个船长，他代表英格兰女王伊丽莎白来此宣布对这片土地的主权。随后，他准备以他能组织起的最隆重华丽的仪式驶入这个天然海港。不幸的是，在海湾入口处，他的船只"撞上了礁石"，这让外国船长们嘲笑不已，他也不得不蒙受被几艘小船拖拽入港的耻辱。

恢复镇静之后，吉尔伯特命令英格兰渔民上船，并大言不惭地宣布，"他此行的目的是代表英格兰女王占领这些土地，并在这些异教地区推广基督教信仰"。这些渔民们似乎很高兴，纷纷鸣枪庆祝。但是海港中停泊的西班牙和葡萄牙船只则警觉地看着吉尔伯特的到来，由于人数和枪支弹药不足，他们意识到他们别无选择，只能加入这场庆祝活动。当他们听说汉弗莱爵士正在准备一场盛大宴会的时候，他们表示"非常愿意为宴会慷慨解囊"，送上了"酒、果酱、上好的甜面包和饼干、甜油，以及各式美味佳肴"。他们担心这不足以满足吉尔伯特，又匆忙返回他们的船上，准备了许多用大盘子装好的"新鲜鲑鱼、鳟鱼、龙虾，以及其他新鲜鱼类"。所有食物都备齐后，汉弗莱爵士才准备上岸。

"8月5日，周一，汉弗莱爵士命人将他的帐篷搭建在山的一侧，那里能够看到所有英格兰和外国的船只。"在船长、官员和士兵的陪同下，他庄严地走向他的帐篷，并邀请西班牙人和葡萄牙人加入。一切准备就绪后，他拍掉紧身短大衣上的灰尘，将女王的胸针别在衣服上，"以英格兰王室的名义，挖起了一块草皮，又按照英格兰的法律和习惯，接受了这同一块、交到他手上的草皮"。他颁布法令，宣布这里的宗教应与英格兰国教会一致，叛国罪当被处以死刑，他还补充说："任何人说出有损女王威严的话，就会被割掉耳朵。"他的演讲受到了渔民的热烈欢迎，他们承诺服从他的指挥。汉弗莱爵士对此感到满意，于是授予那些渔民小块土地，接着，他"竖起木桩，在上面钉好铅刻的英格兰徽章"。

吉尔伯特从来没打算在纽芬兰建立殖民地，他对这片土地的短暂考察也没有改变他的想法。这里"极度寒冷"，夏天时甚至也比英格兰冷；渔民告诉他，冬天时，这里的土地会被厚厚的冰雪覆盖。尽管天上有很多松鸡，森林里还有"各类野味"，但是这里不是建立新家园的理想土地。

很多未来的殖民者都对这片贫瘠的荒原感到失望，他们觉得自己被骗了，走向了一个看起来比他们逃离的那个未来还要令人沮丧的未来。有些人试图偷一艘渔船返回英格兰，而更多人则是偷偷到树林里藏起来，试图伺机搭上那些每天从海岸出发的船只回家。有些人得了流感，还有许多人过世了。"简而言之，因为这样那样的原因，我们的同伴越来越少。"

爱德华·海斯对这些人嗤之以鼻，他指出，船上还有果酱和柠檬，供给品足够维持数月。汉弗莱爵士表示同意，无意放弃他的殖民计划。海风扬起船帆，他下令船队向南航行，前往气候更为温和的地方。事实证明，这是一个致命的决定，因为旋涡般的大雾模糊了海岸线，使航行变得极为危险。随着"天气愈加恶劣，大雾愈发浓重"，"高兴"号的船员开始陷入集体幻觉。他们用鱼叉从海里拖拽出怪异的海洋生物，听到海风的悲叹"像濒死天鹅在歌唱"。当船上的音乐家想要通过演奏曲子让船员开心起来时，乐曲的声音听上去却"像悲鸣的丧钟"。更糟的是，"高兴"号上开始回荡着"奇怪的声音"，像是幽灵鬼怪的嚎叫，"把一些船员吓得魂飞魄散"。

对这些迷信的船员们而言，这些神秘现象只能预示着厄运。

有经验的探险者戴着毛皮帽子，穿着坎肩。理查德·霍尔的冒险者们没有恰当的服装和装备，当食物耗尽的时候，他们就开始彼此相食。

一天晚上，他们最担心的事发生了。"海风越来越大，猛烈地吹向南方，又从东边吹来，海风还带来了飘泼大雨和浓重的迷雾，我们连缆绳长的距离都看不清。"很快，船队发现他们身处危险水域，并且极有可能搁浅。

"船长考克斯向外望去，看到（在他看来）前方有白色悬崖，于是大喊'陆地！'"而在邻船上观察的吉尔伯特，惊恐地看到载着所有殖民所需物资的"高兴"号无情地驶向浅滩。他向舵手大喊大叫，敦促他驶向更深的水域，但是狂风将他的声音吞没。如今船队的骄傲——"高兴"号距离沙岸太近，它的毁灭已经注定。就在吉尔伯特发出警告后几分钟，"船就搁浅了，很快，船尾和船体后半部分就被撞得粉碎"。搁浅发生得太快，"高兴"号无力逃出浅滩，只能任凭海浪将它撕碎。风浪将它的木板一块块地从船体上扯下来，抛向海里。船员们紧紧抓着船只的残骸，希望暴风雨能够稍微减弱，让他们有机会游到安全的地方。然而，随着风浪越来越大，"高兴"号的船长莫里斯·布朗意识到死亡将至，他以顽强的品格使自己镇定下来。他拒绝弃船，并告诉他的船员们"他不会成为第一个弃船者……他宁死也不愿背负失职的恶名"。他决心要英勇赴死，"带着这种决心，他爬上最高的甲板，在那里面对即将到来的、无可避免的死亡。只有上帝知道他还有多少时间，上帝不会在这种时候从他的追随者那里夺走他的慰藉"。

在远处看着整场悲剧发生的汉弗莱爵士震惊不已，他不仅失去了他的领航船，还目睹了他的好友布朗的死亡。正是在他的劝说下，布朗才一同来寻找美洲的。"这是一次沉重而痛苦的打击，我们顷刻间就失去了领航船，它还运载着大量补给，与我们共度了漫长的旅程，相互照应，同甘共苦。"汉弗莱拼命地在波涛汹涌的海面上寻找幸存者。"但是一切都是徒劳，因为上帝已经决定了他们的死亡。但是，这一整天，还有第二天，我们的船只在残骸里尽可能地来回奔走"。

暴风雨继续猛击着船队，汉弗莱爵士在忧郁与绝望间徘徊，哀叹着他"失去了大船、大部分船员，但最重要的是他失去了书和笔记。这次打击极为沉重，使他无法自控，在暴怒中殴打水手"。这种肆意的暴力毫无意义，反而使情况变得更糟。

打心里厌倦了这些苦难，幸存的殖民者乞求汉弗莱爵士让他们返回英格兰。吉尔伯特意识到他只能答应，别无选择。汉弗莱被船长们的请求打动，在甲板上宣布："满足吧，我们已经见到足够多的苦难，过去的经历也不会被忘记：如果上帝保佑我们安全回家，明年春天，我将向女王陈述你们的功绩。因此，我为你们祈祷，让我们不再挣扎，不再与自然斗争。"

就算他心情低落，他也一定不会在他的船员面前表现出来。他长篇大论地谈起明年春天他将如何再度起航，并向船上的每个人保证，女王会为新的航行资助他 1 万英镑。这场演讲展现了吉尔伯特的乐观，每当他陷入逆境时，他都能从那德文郡人骨子里流淌着的魔力中找到力量。即便是此次航行的记录者爱德华·海斯都对此印象深刻，他写道："他非常自信，有着很强的精神力量。"

但是，并非所有殖民者都吃他激昂演讲这套，有些人开始嘲笑吉尔伯特，嘲弄他害怕海洋，嘲讽他缺乏意志和决心。汉弗莱爵士被激怒了，被嘲笑胆小尤其令他受伤。为了证明这是无稽之谈，他坚持乘坐一艘小船——"松鼠"号（*Squirrel*）返航，这艘船上的武器和渔具已经严重超载。他的朋友以"激烈和恳切的话语"恳请他重新考虑这个决定，但是吉尔伯特拒绝听他们的话。"返航路上我不会放弃我的小伙伴'松鼠'号，"他咆哮道，"我们一起经历了那么多风雨和危险。"海斯愈发厌倦吉尔伯特那令人难以容忍的骄傲，他评论说这是典型的错误判断："比起自己的生命，他更在意虚无的名声。"

悲剧的因素都已齐备，只等一场雷霆万钧的暴风雨，而它很快就降临了。船只靠近亚速尔群岛时，"遭遇了非常恶劣的天气和可怕的海浪，海浪很高，来得很急，像金字塔一样"。天色逐渐暗了下来，狂风呼啸着穿过索具，海浪巨大无比，横扫甲板。"一生都在海上航行的水手都从未见过这么狂暴的大海"，有几个人似乎看到了可怕的火焰，"他们认为那是狂怒的恶魔"。

"松鼠"号上的人处于极度危险中。它负荷过重，导致吃水很深，海水涌进了它的船舱。9月9日，周一，暴风雨下午时达到顶峰，船员担心会发生最糟的情况。这艘护卫舰进水的速度超过了船员往外舀水的速度，"松鼠"号沉没只是时间的问题。其他船只也意识到了它的危险，但是当他们赶到它旁边的时候，却被眼前的景象惊呆了。汉弗莱·吉尔伯特的怪异已经达到一个新高度。他面带癫狂的笑容，"手中拿着一本书坐在船尾"。每当其他船只靠近，他就会朝他们大声咆哮："不管身处陆地还是海洋，我们与天堂的距离一样近。"

他死期将至。海斯写道："就在那个周一的夜里，大概12点，或者更晚，我们前方的护卫舰……光亮突然都灭了。"瞭望者发出警报，但是为时已晚。"因为就在那一刻，护卫舰被大海吞没了"，人们再也没见过汉弗莱·吉尔伯特爵士。

　　尽管备受打击，但是在"松鼠"号沉没后两周左右，其他船只回到了英格兰。船员在达特茅斯港下船，收拾好物品之后，返回他们以为再也见不到的家。清查此次远航的物品库存、调查失

戴维·英格拉姆斯声称，他曾惊恐地看着土著将尸体切成多汁的肉块，并且大快朵颐胳膊和大腿。

败原因的重任落到了海斯头上。糟糕的领导和计划不周从一开始就困扰着这支探险队。汉弗莱爵士对美洲了解得太少，他甚至在起航时完全不知道应该在哪里建立殖民地。事实证明，他是个糟糕的指挥官，他的喜怒无常影响了他的领导力。"他挥霍着自己继承的遗产，也不仔细规划其他人的投入，导致他自己和别人的财产都浪费在了幻想出来的美梦里。"他"无能、不值得信赖"，"缺乏耐心"，总而言之，是"不合格的领导者"。

对于一场满怀期望出发的远航而言，这是个苦涩的结局。但是海斯是个现实主义者。他知道如果英格兰要殖民"那些西北方的土地"的话，需要比汉弗莱·吉尔伯特爵士更有才干的人。

第三章

欢乐的部落人

汉弗莱爵士的去世激起了一场谁将继承美洲殖民计划的激烈讨论。最有可能的接班人是他的哥哥约翰爵士。约翰没有参加1583年的远航，但在得知了那次远航巨大的灾难性结果，以及听说美洲只有"险峻的岩石和山丘"后，就更加没有参与进来的意愿了。比起航海，他更愿意徜徉于南德文郡的牧场上，于是他前往达特茅斯附近康普顿城堡的家，在那里专心致志地挽回"高兴"号沉没造成的损失。

虽然探险家乔治·佩卡姆爵士也损失了投入的资金，但他表现出了更大的热情。他急于见到他的印第安租客，于是开始计划一次真正意义上的史诗级远航。他表示要与英格兰最伟大的水手合作，提出要带领一支船队横渡大西洋的宏伟计划。但事实证明，佩卡姆的想法过于雄心勃勃了。当他组织潜在的商人和投资者公开会面的时候，只有7个人愿意出席。他们只提供给他12英镑10先令的资金，而甚至连勇敢的佩卡姆也不得不承认他们是"二流的冒险家"。

有那么一段时间，吉尔伯特提出的殖民计划似乎注定要失败了。没有人拥有跨越大西洋航行不可或缺的冒险精神（当然还需辅以必不可少的财富支持）。但在 1584 年春天，年轻的沃尔特·雷利站了出来，大胆地宣布他将接手他同母异父的兄长未竟的事业。

他之所以能够担此重任，是因为他在伊丽莎白女王的宫廷上逐渐崭露头角：他升职的速度如此之快，甚至让王国的领主们都猝不及防。他被引荐到宫廷不久就成为女王的亲信，令贵族领主们大为震惊，而他们最初的反应就是嘲笑他是粗俗的暴发户。

从表面上看，年轻的沃尔特确实有很多可以嘲笑的地方。他"说话带着一口浓重的德文郡口音"，而且他家境贫寒，甚至没有自己的房子。尽管雷利家族没落了，他们祖上还是有许多优秀的人。在之前的几个世纪中，雷利家族曾出过一位杰出的大主教和一位法官，还有一个雷利家族的人曾经帮助英格兰在阿金库尔战役中取胜。

然而，不幸的境遇击碎了雷利家族的战斗精神，小沃尔特出生时，也就是大概 1554 年，家中祖上留下的土地大部分都被卖掉了。只剩下几个南德文郡村庄的名字——康比·雷利、威斯康比·雷利和科雷顿·雷利——还能让人们想起他们曾经的辉煌。

尽管家道中落，但雷利家仍然得以与德文郡的显赫家族联姻，包括卡鲁家族、格伦威尔家族和香珀努恩家族。沃尔特的父亲仍然享有坐在东巴德来教堂前排的特权，他的徽章被刻在教堂抛光的橡木上（如今也是如此）。老沃尔特结过两次婚。1548 年，他发现自己可以结成一桩对自己十分有利的婚事。凯瑟琳·香珀努恩来自德文郡一个富裕家族，这个家族的直系亲属不但有海军中将，还有未来的伊丽莎白女王的导师。凯瑟琳·香珀努恩的第一段婚姻是与奥索·吉尔伯特的，他们养育了三个聪明的儿子——

约翰、汉弗莱和阿德里安。她的第二段婚姻是与老雷利的，她又生了两个儿子，卡鲁和沃尔特。

年轻的沃尔特和他同母异父的哥哥一样傲慢冷酷，但是他将这种特质与骑士的勇敢结合起来，所以他年轻时人们就可以明显看出他将成就一番大事业。十几岁的时候，他与一群德文郡热血冒险者一起参与了一次对法国天主教徒的讨伐行动。他们在蒙哥马利伯爵的黑旗帜下战斗，将后者的座右铭作为他们的战斗口号："让我在英勇的战斗中结束生命。"之后，沃尔特去了爱尔兰，在那里，他以坚韧不拔的决心与当地军阀作战。空闲的时候，他以极其轻蔑的口吻责骂指挥官，如果不是因为沃尔特与汉弗莱·吉尔伯特爵士是亲戚的话，他们早就把他开除了。沃尔特的上级指挥官格雷勋爵写道："我既不喜欢他的举止，也不享受他的陪伴，所以除非上级下令或者有指示，否则他在我手下别指望晋升。"

格雷犯了一个错误，之后许多女王的廷臣还会犯同样的错误：他们误判了雷利的决心，也低估了他的魅力。雷利第一次与女王见面的情形——根据古文物学家托马斯·富勒（Thomas Fuller）记录——就展现出了极大的魅力，虽然这份记录可能是杜撰的："他发现女王在散步，但前方出现了一个水坑，她似乎在犹豫是否该走上去。雷利立刻解下他新的长毛绒斗篷铺在地上。女王轻轻地踩在上面。事后，女王赏给他很多衣服，因为他非常自然而温柔地提供了一块垫脚布。"这样的骑士精神当时在西班牙和法国的宫廷十分常见，在英格兰却闻所未闻。伊丽莎白的宠臣们都被雷利戏剧性的举动震惊了。

获得了女王的注意后，雷利开始用甜言蜜语追求她。"他很快让女王对他言听计从，她开始被他的口才吸引，喜欢听他分析她的各种要求。事实上，她非常崇拜他，这让其他所有人都很不满。"他们第一次见面时，雷利只有 26 岁。他的行为极不寻常——纯粹是在调情——但他清楚，他必须在还有机会的时候出击。

雷利很幸运，他到达伦敦时，当权的廷臣逐渐失去了光彩。伊丽莎白早年最喜爱的廷臣是趾高气扬的罗伯特·达德利（Robert Dudley），这位"甜心罗宾"险些夺走了童贞女王自己经常夸耀的这个外号。但是他们之间的调情没有产生什么结果，伦敦那些粗鄙的嚼舌者总结说，尽管女王可能朝罗宾张开了双腿，但是她"身上有一层薄膜，使她没法和男人接触"。罗宾如今已不再是那个"甜心"了：他笨拙又臃肿，而且开始向他的新情人莱蒂斯·诺利斯（Lettice Knollys）施展魅力了。

尽管女王已经不再是年轻时的那个脆弱少女了，但是菲利普·西德尼爵士、克里斯托弗·哈顿（Christopher Hatton）爵士这些喜爱女王的年轻人，仍然热衷于这种无伤大雅的爱情游戏。第一次见到雷利时，她已经年近 50 岁了，已经显现出她晚年时那种枯槁老妇的形象。她"面容姣好，但鼻梁高挺"，皮肤苍白，但眼睛仍然"生动甜美"，闪烁着灵动顽皮的光彩。当需要显示威严时，"她的一举一动都彰显着权威"，而当她在汉普顿宫、里士满宫或农萨其宫与朋友们在一起时，她俏皮贪玩的本性就会显露出来。她像士兵一样骂脏话，用金牙签剔牙，喜欢说粗俗的笑话。她喜好玩乐，有时甚至很夸张，而且从不怯场。当她听说她的医生参与了一场要取她性命的阴谋时，她"撕开衣服，袒露胸膛，宣称她没有武器自卫，只是一个弱女子"。虽然她可以大骂西班牙

沃尔特·雷利花了很多钱在衣服和装饰品上。第一次见伊丽莎白女王时，
他将他的斗篷铺在小水坑上来拯救她的鞋子。雷利的儿子瓦特（右侧），
1617年在圭亚那被杀身亡。

大使，掌揾内廷侍官，但她对国家事务认真负责，公文上最细小的字也看得清清楚楚。她受过良好的教育，会说法语和意大利语，粗通希腊文，精通拉丁语。她晚年时，曾因用流畅的拉丁语申斥波兰大使而令百官震惊。事后，她大笑道："噢我的上帝！我的大人们呐！今天我不得不搜肠刮肚用上多年不用的拉丁语！"

年轻的沃尔特·雷利走进伊丽莎白宏伟的宫廷。在不关注服装和发型的老一辈廷臣中，精心打扮的沃尔特令人眼前一亮。这些老廷臣还穿着"基督教式裁剪的服装"，或是梳着布丁盆式的发型，这让他们看起来像是"荷兰奶酪"。相比之下，雷利的头发"卷卷的、长至耳际"，他还用灵猫香、麝香或者樟脑将头发染上香气。雷利常戴的齿状花边领是他最浮夸的装扮。这种领子像孔雀开屏一样从他脖子上散开，与他的粉色缎面马甲和装饰着珍珠的精致印花天鹅绒紧身上衣搭配起来，可谓是锦上添花。最让人吃惊的还是他的配饰：他佩着一把镶着宝石的圆头匕首，戴着一顶黑色的羽毛帽，帽子上俏皮地坠着红宝石和珍珠，他脚踩一双饰以白色缎带的软皮靴。这一身行头价格惊人。1584年，一个叫休·皮尤（Hugh Pugh）的人被控盗窃雷利衣柜的东西，包括一件价值80英镑的珠宝、一顶带着珍珠配饰的价值30英镑的帽子，以及一段价值3英镑的5码①丝绸。这些东西的总价值超过一个普通家庭一年的开支，包括仆人的费用在内。

伊丽莎白女王被雷利和他的花言巧语迷住了。早期一次觐见女王时，他除下戒指，在宫殿的一扇格子窗户上面划下半副对句：

①   1码约等于91.44厘米。

"我愿意攀登高峰，但我担心跌落。"女王当即取走那枚戒指，对答道："若你心存疑惑，就不要再攀了。"

但是雷利没有打算停下攀爬的脚步。作为一位成功的诗人，雷利开始给女王写十四行诗，在奋力表达他对女王感情的过程中，他创造出了一种全新的热情诗句。她是荣光女王，散发着光明和美丽，她是纯洁的月亮女神狄安娜，她是维纳斯，"她纯洁的脸庞有如女神"。

伊丽莎白那些没有文采的廷臣鄙视这位来自西部郡的年轻人身上的虚伪气质和优雅风度。他们认为他"骄傲得可恨"，致使他们以牙还牙，用双关的对句开雷利名字的玩笑："胃肠之敌（即生食，raw），耻辱之语（即谎言，lie），就是妄为绅士之名（即雷利，ralegh）。"这玩笑很无趣，女王并不觉得好笑。她更喜欢嘲笑雷利的西部口音，戏称他为"水"（water，音似 Walter）。她卖弄风情时，会开玩笑说她非常渴望"水"。

很快，她就开始给她年轻的宠臣送礼物。1583 年，她租下了两处属于牛津全圣学院（All Souls College）的地产给他，还授予他向全国每个葡萄酒商每年征收 1 英镑的酒类销售税的特许权。这为雷利日后获得巨额财富奠定了基础，女王接下来授予他羊绒毛呢的出口特许权，又进一步增加了他的资产。没过多久，他就开始被授予各类头衔。雷利被任命为西部海军中将（Vice-Admiral of the West），之后又被任命为康沃尔治安官（Lord-Lieutenant of Cornwall）和锡矿区的管理人（Lord Warden of Stannaries），后者使他得以掌管康沃尔的矿产。一个有如此大权力的人需要与之相配的豪宅，在这一点上，女王也没让雷利失望。她允许雷利使用达勒姆宫（Durham House），这是一栋沿着泰晤士河北岸建造的大宅。沃尔特30岁这一年，在伦敦有了自己的宅邸。

与伊丽莎白赠予的许多礼物一样，达勒姆宫只是一件昂贵而无用的奖赏。这是一栋古老的建筑，每逢狂风暴雨时，它的铅制水沟就四处漫水，它的塔楼就在风中呻吟，日渐衰败、毫无吸引力。从外观上看，它称得上雄伟壮观：坐落在庞大的诺曼式地基上，装饰着耸立在泰晤士河畔的锯齿城垛。但是这座河边的庞然大物就是一处发霉的居所，不得不住在里面的仆人们并不欣赏它那种中世纪魅力。在雨中，它看上去就像刚从水下深渊升起来似的。

然而，这座建筑仍然保有着昔日辉煌。这里曾经是属于达勒姆主教的住所，占据着伦敦最好的位置——在威斯敏斯特宫的下游，靠近白厅（Whitehall），距离莱斯特宫（Leicester House）、阿伦德尔宫（Arundel House）和约克宫（York House）都很近。这里有一道水门，拾级而下可以通向河边，还有一座巨大的尖顶大厅，"庄严、高耸，由高大的大理石柱支撑"。这座宏伟的大厅的屋顶是伦敦的地标之一，站在那里可以将整个伦敦尽收眼底。

为了将达勒姆宫变得适宜居住，雷利不惜一掷千金：装修后的达勒姆宫的石制托臂上垂下各式挂毯，重要房间里的火盆常年不息。拜访者们都很惊讶他能在这么短的时间里，就将这座宫殿改造成适合女王的追求者居住的住所。"他非常大胆地将他的住处装修得很奢华，"有人写道，"他的房间里有一张大床，床上铺着一大块天鹅绒……上面装饰着有亮片的白色羽毛。"这座宫殿的家具都是伊丽莎白时代的最新样式，雷利在这方面不惜花费重金。靠垫和跪垫隔绝了石板地面的寒气，锦缎挂饰遮挡着城堡外壁上的射击口。雷利竭尽所能地使这里变得舒适宜居。

雷利的奢侈令拜访者们咋舌。一位震惊异常的廷臣写道:"我听确切的消息说,雷利爵士在这半年里就花了 3000 多英镑。他非常奢侈……他餐桌上的所有器皿都是银制的,他的武器也都是银制的。"雷利的新身份地位也使他可以雇用更多随从,他也觉得没什么必要节俭,"他至少有 30 个随从,其中一半是绅士和勇敢的战士,雷利付给他们金子"。

在被授予所有这些奖赏之后,雷利继承汉弗莱·吉尔伯特爵士的美洲探险项目就没有怎么引起廷臣和记日作家们的大惊小怪了。但是对沃尔特本人而言,这是最令他欢欣的头衔,因为他早就发誓要作为第一个在美洲建立英格兰殖民地的人被载入历史。达勒姆宫为他计划和仔细研究这项大胆的冒险计划提供了理想场所。

雷利大部分时间都是在位于一座塔楼的顶端的书房度过的。他可以在这里俯瞰泰晤士河上的小船和驳夫。这里存放着他的藏书和航海图,也是他细细考量他伟大事业的各项细节的地方。约翰·奥布里(John Aubrey)90 年后拜访了这座宫殿,他写道:"我清楚地记得他的书房。那是一座小角楼,可以俯瞰泰晤士河,那里的景色也许比世界任何地方都宜人。"通向他书房的路磨损严重,科学家、艺术家、冶金学家、制图师、植物学家 —— 事实上,任何可能拥有有益于远航的知识的人都曾被雷利召到书房。来自布拉格的犹太人、来自荷兰的矿物专家都在达勒姆宫受到了热烈的欢迎,这里经常有 40 多名专家同时在这片屋檐下。

1584 年年末,一个特别潮湿的下午,雷利早早地离开他的塔楼，来到大厅与大家一同用餐，这里的大部分人都彼此相熟：迈克尔·巴特勒（Michael Butler）、劳伦斯·凯姆斯（Laurence Keymes）、菲利普·阿马达斯（Philip Amadas）、亚瑟·巴洛尔（Arthur Barlowe），他们都是老朋友了。但这群熟人里还少了一个人——托马斯·哈里奥特（Thomas Harriot），雷利在牛津的时候就和他认识了，他没有下楼。他还在自己的房间里，沉浸在自己的思绪中，虚度着这雨天的黄昏时光。

哈里奥特当时还是个20多岁的年轻人，但是他已经与伊丽莎白社会中的最高阶层有了密切关系。对他这样一个出身卑微，甚至双亲没有留下任何记载的人来说，这是不小的成就。他能有这样的地位，都是因为他在代数方面的天赋。他是数学天才、巫师，

雷利投入巨金将达勒姆宫变成他的美洲事业研究中心。一位廷臣写道："我听确切的消息说，雷利爵士在这半年里就花了3000多英镑。"

同时又拥有非凡的想象力，他有很多灵感，已经解决了一些那个时代最难的科学难题。

哈里奥特在长相、穿着和性情上都与雷利截然相反。如果现存的画像可信的话，他应该是个不太在意自己外表的人。他有着高高的额头，稀疏的头发，他留着一绺绺尖尖的胡子，凸显了他精灵般的尖下巴。他皮肤蜡黄、面容憔悴，多亏了高鼻子和杏核眼使他看上去不至于丑陋。长期以来，他都倡导戒酒的僧侣式饮食，痛恨他的同龄人在牛津的放荡行为。那时很多牛津大学的学生整日宴饮，学校不得不以严厉的禁令约束他们，甚至在服装上也设下限制。这些声名狼藉的学生被禁止穿着"蓝色、绿色、红色、白色，以及各种明亮颜色的"紧身上衣。这些禁令对托马斯·哈里奥特毫无影响，因为他到牛津的第一天就买了一件长到脚踝的黑色长袍，一直穿到他过世。

沃尔特很快就发现了哈里奥特的天赋，并且立刻成功招募他加入美洲殖民计划。这项计划有很多困难需要克服，其中之一便是长期海上航行带来的挑战。很少有英格兰的水手拥有足够的技能，安全地航行到大西洋彼岸，雷利认为除非"有数学科学的帮忙"，否则他们永远无法找到可靠的航线。哈里奥特是应用数学专家，显然是训练船长的合适人选。如果他愿意在航海理论和实践方面提供指导，雷利就会付给他一笔"十分可观的薪水"。哈里奥特满怀激情地投入这项任务中，并且很快就取得了第一个突破，解决了只能通过观测太阳为指南针导向这个重大问题。这个解决方案很复杂，富有创造性，也极为重要。首先，他教雷利的船员如何使用罗盘获得太阳升起方位的读数。然后，他指导他们如何通过这个数据对应找到船只的理论纬度。哈里奥特有张图表，显示不同纬度上太阳下落的位置，船只的理论纬度就可以对照这张图表找到。把这两个数据放在一个数学公式——同样是由哈里奥特设计的——中后，船员就能计算出罗盘读数的变化。这反过来就可以使雷利的船员相当精确地确定他们真正的航行方向。

哈里奥特住在达勒姆宫的一个小房间里。他搬进去不久，就在房间的屋顶上建造了一架巨大的原始望远镜，使他能够进行那个时代最精确的天文观测。即便在伦敦下细雨，无法进行屋顶试验的短暂休息时，哈里奥特也无法放下他热爱的数学一刻。一个潮湿的下午，他听着单调而规律的雨声敲击着他的屋顶，发现自己正在计算如果没有屋顶的话，会有多大体积的水进入房间。他记录道："我在达勒姆宫的房间测出来的面积是 268.75 平方英尺 [①]（按墙体厚度的一半计算）。"他没有手表帮助计时，所以他用自己的脉搏来测量，假定每一下跳动代表一秒钟。通过测量雨水涌过下水管的体积，他成功计算出他的房间每 24 小时会有 8.5 英寸 [②] 的积水。

在哈里奥特教雷利的水手们如何航行穿越大西洋时，雷利则全身心投入阅读一切关于美洲的书籍。他对身上画着各种图案的野蛮人非常痴迷，并且热衷于保证他的殖民者们不会像新大陆上的西班牙总督们那样血腥残暴。征服者们可怕的故事已经逐渐传回欧洲，但是直到 1583 年才有一本耸人听闻的新书《西班牙殖民》（*The Spanishe Colonie*）出版，揭露了印第安土著是如何正在

---

① 1 平方英尺约等于 929.03 平方厘米。

② 1 英寸约等于 2.54 厘米。

托马斯·哈里奥特极为聪明，注定成为雷利殖民事业的领军人物。

被从地球上抹去的。这本书的作者巴托洛梅·德·拉斯·卡萨斯（Bartolomé de Las Casas）写作这本书是为了纠正西班牙总督们的罪行，但他也记录了许多雷利的殖民者们未来将会遇见的美洲土著的信息。他不像戴维·英格拉姆斯那样将土著描绘成野蛮人，拉斯·卡萨斯被他们单纯的生活所吸引。"他们非常淳朴，"他写道，"既不狡诈，也不邪恶。他们顺从而且忠诚。"他们生活朴素，他本该很乐意地将他们比作"沙漠中的圣父"，但是这些美洲土著坚持裸露身体"最羞耻的部分"，这种极不谦逊的姿态，即便是最富同情心的教士也难以忍受。

拉斯·卡萨斯也警告，殖民这片"淳朴的"土著占据的土地是危险的。他生动详细地记下了西班牙人如何有计划地屠杀这些部落人。他的描述写得如此骇人，让人不由得想到他在观看屠杀过程中得到了一种窥伺的乐趣。他对火刑表现出了不健康的着迷，并且承认自己曾多次目睹无辜的土著被烧死。有一次，他"看见四五个主要的部落酋长在架上遭受火刑……他们可怜地哭嚎，导致船长无法入睡，于是他下令勒死他们"。但是执行绞刑的人拒绝让这些土著死得这么痛快，他往他们口中塞满子弹，"直到他们发不出嚎叫，然后将他们放到火上，直到他们的身体如他所愿地被烧软"。后来，西班牙人变得更加残忍，他们选择只烤受害者身体的一部分，以最大限度地造成痛苦。例如，他们把一个印第安人的"脚放在火上，直到他的脚被烧得血肉模糊，灵魂也好似从脚下流走"。

拉斯·卡萨斯1542年写下的这些记录，但是直到1583年，即反西班牙的情绪在英格兰达到高潮时，他的记录才终于被翻译出来。他的记录有许多都有夸张成分，但是英格兰的出版商对此毫不介意。他们知道他们手上的就是炸药：他们几乎在封面上承认，他们印刷这本书就是因为其中包含了伊丽莎白时代畅销书的

全部必要因素 —— 暴力、酷刑和冒险。

与大部分读者相比，雷利更有眼光，他着迷于新旧大陆之间第一次接触的细节。后来，他承认，正是由于拉斯·卡萨斯的记录，他才开始思考了一个未来最重大的殖民问题：美洲土著部落的地位，以及对待他们的方式。

雷利向来很清楚，在对美洲了解不多的情况下，贸然派殖民者横跨大西洋是愚蠢且危险的，但是他与老朋友、热衷殖民的理查德·哈克卢特促膝长谈后，萌生了一个巧妙的想法。哈克卢特手上有 1536 年理查德·霍尔领导的那次灾难性美洲远航的记录，他还一直在收集法国人一次早期尝试横跨大西洋的航行信息。这两次远航都是为了获得更多关于美洲的信息，只不过从结果来看，霍尔不幸失败了，法国却取得了某种程度上的成功。他们出发时的目标是抓住一个美洲土著，"这个土著一旦学会法语……就可以告诉他们更多信息"。他们选择的人质是当地"国王"，这是一个经过仔细考量的结果，因为他们认为"国王能够得知那些距离自己领地比较遥远的地方的消息"。然而，实际情况是那位国王非常顽固、不愿配合，所以法国人不得不用诡计哄骗他上船。他们邀请那位国王上船"参加一场宴会"，但是等待那位国王的并非"醇酒美食"，而是"被骗到了法国。他在法国生活了 4 年……然后去世了"。法国人是否从他们的俘虏那里获得了有用信息，我们不得而知，但是雷利很快意识到，总的来说，这是唯一能够发现更多关于美洲的秘密的方法。因此，他当即决定派遣一只小型侦察船远渡重洋，带回一个美洲土著，一个经过训练可以说英语的土著。

如果这位印第安人能在他部落里的其他成员陪同下来到英格兰，就再好不过了，而且他必须穿着土著的服饰。雷利是一个不知疲倦的公关者，他很清楚一个浑身画着图案的印第安人游荡在伊丽莎白的宫廷所能带来的价值。这样的一个富有异域风情的生物必然能够取悦女王，也一定能帮助他为殖民项目募集资金。

1584年春天，雷利终于获得了女王的特许权，成功将汉弗莱爵士在美洲的权利转到自己手中。这些权利与他同母异父的哥哥当初拥有的权利一样广泛，他可以全权处理美洲的所有"城市、城堡、乡镇、村庄和其他地方"的一切事务，加上他在达勒姆宫中那群辛勤工作的殖民狂热者，雷利知道，是时候开始他的第一次远航了。

哈里奥特的航海研究组中有两个常客——菲利普·阿马达斯和亚瑟·巴洛尔，他们都是雷利的随从。他们在研究组中表现出了出色的才能，因此，当雷利开始为他的探险队挑选成员时，他任命这两人为探险队领头人。

出生于普利茅斯的阿马达斯身材矮小——他的外号是"小阿马达斯"——而且脾气暴躁。有一次，他沿着泰晤士河划船，他的双层平底货船和另一艘船撞在了一起。他立刻攻击另一艘船的船主，直到船上的一个划桨的人"被打得头破，血流不止"，他才仓皇撤退。

第二艘船的船长亚瑟·巴洛尔是更合适的人选。他是雷利在爱尔兰时候的同僚，为人冷静，阅历甚广，思维敏捷。他最让雷利欣赏的是他的观察能力，雷利因而将记录美洲和当地人信息的重要任务交给了他，并命令他要尽可能记录较为积极美好的内容。

雷利相信只有在"有数学科学的帮忙"下，他的船队才能够抵达美洲。因此，他雇用哈里奥特指导他的船长们。

那时，人们对美洲还没有什么兴趣，美洲也没有什么可以吸引未来殖民者的事物。那时候的人们普遍认为大洋彼岸的陆地贫瘠荒芜、不宜居住，而雷利知道正面的宣传会令他的事业受益无穷。

　巴洛尔从一开始就表现出色，他的文字使一向令人生厌的跨海航行听上去比在泰晤士河上的泛舟一日还要愉快,这确实是个了不起的成就。他的记录里没有过去的跨海航行记录中常见的那些对腐败食物和恶劣天气的抱怨。船内"装修得很好",船上秩序也很"完美"。当时盛行的贸易风刚把他们送到加勒比海岸——这是最快而非最短的路线——他们就在陆地上发现了淡水。

短暂休息后,船员们调整航向向北方——朝向佛罗里达——穿越臭名昭著的险恶水域,直到他们看到哈特拉斯角的沙地海岸,如今的北卡罗来纳。

巴洛尔发现他们正在"浅水区"航行时并未惊慌,他忙着大口呼吸,"这里的空气是如此甜美,浓郁的香气使我们感觉好像置身于一座美妙的花园,四处都是芬芳的花朵"。

没过多久,船员们就看到了北卡外滩(Outer Banks)上绵长低矮的沙丘。现在,他们已经进入到雷利认为可能适宜建立殖民地的区域:距离西班牙人足够远,可以摆脱他们的监视;但如果想突袭西班牙的宝船,这里也足够近。巴洛尔对他的发现很满意,他想得没错,这片沙岸中有一片巨大的潟湖,他认为这是建立殖民地的绝佳地点,因为这里为船只提供了一个安全的停泊处,人们从海上也看不到这里。他沿着北卡外滩航行了120英里,驶入帕姆利科湾的浅水区。"感谢上帝让我们平安抵达,之后,我们登上小船前往陆地考察。"

陆地上的景色令巴洛尔着迷。潟湖的岸边长着高大的雪松和葡萄树,大量的野生动物在他的火力范围内嬉戏。他一边从葡萄树上摘下多汁的葡萄品尝,一边在日记中写道:"我认为在全世界任何地方,都不可能再找到和这里一样丰饶的土地:即便我见过欧洲那些最富饶的地方，也很难找到词语来形容其间差异之巨大。"

他们在哈塔拉斯科岛登陆，"以最杰出的女王陛下的名义"占领该岛，然后开始了更全面的探索。巴洛尔相信，他到了天堂。当巴洛尔穿过低矮的树丛时，他惊讶地看到在"世界上最高最红的雪松"的阴影下躲藏着"数量难以想象"的鹿、野兔和野鸟。当他朝着茂密的灌木丛拉响火枪时，他眼前出现了壮观的景象："一大群鹤——大部分是白色的——闻声而起，叫声此起彼伏，让人以为是一支军队突然出现。"

在岛上生活了几天之后，他们才发现自己被监视了。起初他们没看到任何人，但是他们逐渐意识到灌木丛埋伏着朦胧的身影。他们以防万一把火枪上了膛，但是印第安人始终与他们保持距离，第三天，巴洛尔和他的手下才和他们正面接触。"我们发现有一只小船朝我们驶来，"他写道，"里边坐着三个人。"印第安人似乎并不担心英格兰的船只，他们直接朝岸边驶去，其中一个人愉快地跳上沙滩，一路走到他们的营地旁。

巴洛尔和他的手下谨慎地靠近这几个印第安人，后者"没有表现出害怕或者怀疑"的样子。由于语言不通，他们无法对话，但是通过用手比画和画画，巴洛尔成功地将一个部落人哄上了船。之后，船长不得不考虑该送什么礼物来表示友好。乔治·佩卡姆爵士建议送给印第安人一些衣物，比如帽子和法衣。巴洛尔刚好不小心忘了将这些东西带上船，不过他确实有些其他衣物可以当成礼物。"我们给了他一件衬衫、一顶帽子和一些其他东西，让他品尝我们的酒和肉，他非常喜欢。"印第安人道谢后离开了船，这些英格兰人为自己能在第一次与野蛮人碰面就这么从容而高兴。

无论如何，官方的说法就是这样。托马斯·哈里奥特在他的航行记录中给出了一段截然不同的记录，在他的记录中，与印第安人的第一次会面更加戏剧化："他们一看到我们就开始发出巨大而骇人的叫声，仿佛从未见过外表像我们这样的人，他们一边发出野兽或者疯了的人才会发出的叫声，一边跑开。但是，我们温和地回应他们的喊叫，把我们的物品送给他们，例如玻璃杯、小刀、布娃娃和其他我们认为他们喜欢的小东西。"哈里奥特补充说，他们克服了恐惧后，立刻邀请英格兰人去他们的村庄，"以恰当的礼仪招待了我们"，尽管"看到我们时还是会很惊奇"。

无论第一次相遇的真实情形如何，英格兰人确实展现了其他殖民者少有的礼貌，就连脾气暴躁的阿马达斯也保持着冷静。因此，第二天早上，印第安人又回来找他们。这一次，一位部落长老在 40 个随从的陪同下前来，这位长老是"国王"的兄弟。

巴洛尔对这支快乐的队伍印象很深。他发现他们"非常英俊而健美"，"行为举止和欧洲人一样文明礼貌"。咧嘴笑着的长老身材健硕，他的皮肤是惊人的"黄色"，头发两侧都被剃掉了，正中央高高竖起，像是鸡冠。他的头上绑着一些锤撮成的金属片，每只耳朵上戴着六只铜环。令生性拘谨的巴洛尔更加不安的是，除了一小块腰布，这位印第安长老一丝不挂。

英格兰人与印第安人交流非常吃力：巴洛尔设法弄清了这位部落长老的名字是格兰加尼米奥（Granganimeo）。他又得知了这周边的乡村名为维甘达克（Wingandacoa），他因此非常自豪。这个村庄的名字被写进了所有政府文件里；好几个月后，英格兰人才知道这个极难发音的词 —— 印第安人不断地向巴洛尔重复的这个词 —— 实际上是说"你的衣服很漂亮"。

英格兰人起初担心长老的到来预示着一场进攻，但是这种担忧很快就被打消了，他们放下了火枪和重炮。这位印第安长老是个欢乐的人，他提议在沙滩上野餐。他用母语发出命令后，"他的随从在地上铺了一个长垫子，他在上面坐了下来"。巴洛尔和阿马达斯加入了他，谨慎地坐在这位半裸的勇士身边。

戴维·英格拉姆斯曾建议亲吻印第安人以示友谊，但巴洛尔拒绝了这个建议，他更希望以持续微笑表达他的愉快。一切都很顺利，突然，格兰加尼米奥毫无预兆地开始"敲击自己的头和胸膛，然后开始敲击我们的头和胸膛"。他不停地敲打他的客人，如果不是巴洛尔和阿马达斯很快猜到这种单方面的拳击是印第安人一种传统的打招呼方式，他们真的有可能打回去，"为了表明我们是一体的，我们微笑着，尽可能地表现出友爱和亲切"。

阿马达斯和巴洛尔认为到送礼物的时候了。他们带来了许多小饰品，但是印第安长老只注意到了一个手工制作的"明亮的锡制平盘"。他急切地从阿马达斯手中抢过盘子，然后朝着他的手下大喊大叫，他们以为他会在盘子里装上食物，但是这个想法很快就被证实是错的。"他将盘子贴在胸前敲打，把中间敲出一个洞后就将盘子套在了脖子上，示意它可以帮助他抵御敌人的箭。"

英格兰人对这个原始而聪明的民族感到惊异。他们不懂什么是车轮，却知道用两根棍子摩擦来生火。他们看起来像是"恶魔"，却慷慨和善，毫无敌意。

对印第安人而言，英格兰人的到来也令他们惊奇不已。巴洛尔写道："我们和他们在一起的时候，他们对我们的白皮肤极为好奇，甚至想摸摸我们的胸膛，看是不是和他们的一样。"两艘高高耸立在他们的独木舟旁的英格兰船只也让他们惊讶万分。"他们对我们的船只赞叹不已，所有东西对他们来说都很陌生，他们似乎从未见过这种东西"。

但最让他们惊奇的还是英格兰人的武器。印第安人用弓、箭、木棒、木剑战斗，因此，巴洛尔和他的手下携带的枪支的声音和威力都让他们十分恐惧。"我们使用任何武器时，就算只是用火枪，他们也会因恐惧和惊异而颤抖。"

很快，英格兰水手就开始用以物易物的方式换取兽皮。他们对印第安人对自己的商品估值之低难以置信。一个便宜的锡制盘子可以换 20 张兽皮，一个铜壶可以换 50 张，而当他们拿着短柄小斧和小刀来交换时，印第安人愿意拿出任何东西来换。"那位国王的兄弟极为喜爱我们的盔甲、刀剑和各种其他东西，"巴洛尔写道，"他甚至提出要以一大箱珍珠作为交换。"巴洛尔觉得这桩生意很划算，但他还是拒绝了。在开始武装这些部落人之前，他想要百分之百确定他们是值得信任的。

到目前为止，款待都是单方面的。每天，印第安人会带来一个柳条篮子，里边装满了"世界上最肥美的羊肉、兔肉、鱼肉"。当巴洛尔暗示他们需要一些蔬菜的时候，印第安人又送来"黄瓜、葫芦、豆类、植物块茎和各种上好的瓜果"，数量多到几乎将巴洛尔淹没。

英格兰人意识到，从外交角度上说，他们必须回礼，但这对他们而言并不容易，因为船上可提供的东西不多，而且也都不是什么美味：馊了的猪肉、盐渍鲱鱼，以及干掉的豌豆，豌豆上的象鼻虫活蹦乱跳，甚至能从锅里跳出来。但是他们有酒——有很多很多酒——他们希望这可以在吃饭时助兴。

"国王的兄弟来到船上，"巴洛尔写道，"他喝了酒，吃了我们的肉和面包，非常喜欢这些食物。"令他们惊讶的是，他似乎尤其喜欢馊了的猪肉，还询问是否可以过几天带他的家人再来。几天之后，他如期而至。这一回，"他带上了他的妻子、女儿，以及两三个小孩一起上船"。

巴洛尔立刻迷上了格兰加尼米奥的妻子："她很受上天的偏爱，身材瘦削，非常腼腆。"与大多数印第安女性不同，她用一身"长长的皮毛斗篷"遮住了自己的胸部，最令巴洛尔失望的是，整个用餐过程中，她都穿着它。她还戴着一串串珍珠项链；英格兰人知道雷利对珠宝的喜爱，买下了一条手链，准备返回后送给他。

英格兰人没有花太多时间就意识到，他们无意间发现了一个建立殖民地的绝佳地点。这里的土著——阿尔冈昆人——很友好，而且这里土地肥沃，现在他们需要的就是寻找建立定居地点的最佳战略位置。在这一点上，格兰加尼米奥又在不知不觉间帮了他们，他建议他们划船穿过帕姆利科湾，前往罗诺克岛，他在那里有一座房子。巴洛尔欣然接受了这个建议，并立刻出发前往这座林木茂盛的小岛的北端。在那里，他发现"一个由9座房子构成的村庄，房子是用雪松搭建的，四周竖立着尖锐的木质篱笆"。村民们刚看到他的船，格兰加尼米奥的妻子——还是穿得严严实实的——"就高兴友好地跑出来跟我们打招呼"。她命令村民将小船拖上沙滩，让人把水手带到她的长屋里，屋内的火炉烧着"大火"，噼啪作响。

她做的第一件事是让这些臭气熏天、汗流浃背的水手洗澡，他们离开伦敦后就没洗过澡。"她脱掉我们的衣服，洗干净，然后晾干。其他妇女脱掉我们的袜子，有些女人用温水帮我们洗脚。她尽最大努力将事情安排得井然有序，并且快速地为我们准备了一些食物。"

她是一位体贴的女主人，等水手们洗完澡、暖和过来后，食物已经准备好了。"她将我们带到里屋，她坐到桌边……给我们类似发酵的小麦粥（在牛奶中煮的小麦）的食物，还有炖过和烤过的鹿肉鱼肉、生的和炖过的瓜，以及各种植物根茎和水果。"

当三个佩带武器的猎人出现在暮色里时，巴洛尔等人陷入了短暂的恐慌，村民们注意到巴洛尔的紧张后，就"将那三个可怜的家伙赶了出去"。不过，这个事情提醒了这些英格兰人，他们处在一座陌生的岛屿上，孤立无援，所以他们一吃完饭就坚持要回到船上，这令格兰加尼米奥的妻子很是懊丧。

"她很伤心，派来几个男人和30多名妇女整夜坐在我们旁边的海岸上，她给我们送来上好的毯子，让我们免受雨淋，说了很多话劝我们去他们的房子里休息。但是因为我们的人数少，一旦出现事故就会使整个远航陷于危险的境地，我们不敢冒险。"

巴洛尔在罗诺克岛附近又停留了大概5周，探索这一区域，寻找最适合建立殖民地的地方。他和他的手下调查了"100多个岛屿"，但是没有一个比得上罗诺克岛。这里土地富饶，野生动物丰富，外滩海岸的沙丘还可以阻隔来自大西洋的风暴。更好的是，这里可以避开偶尔沿着海岸线航行的西班牙人的视线。唯一的缺

美洲丰饶的海岸令雷利的人兴高采烈。有人写道："我认为在全世界任何地方，都不可能再找到和这里一样丰饶的土地。"外滩海岸屏蔽了海洋对罗诺克岛（中左）的侵袭。

点就是这里人口稠密，但这完全不在他们的考虑范围内。

返回英格兰之前，巴洛尔和阿马达斯还有一个重要的任务。雷利在他们出发前给他们的最后一个指示是带回一个土著，好让他学会英语，来透露关于美洲的秘密。雷利没有提示他们应如何诱骗一个部落人上他们的船，巴洛尔也没有说明他们是怎样做到的。总之，当两艘船启航返回英格兰时，他们的船上有"两个身体强壮的野蛮人，名叫旺奇斯（Wanchese）和曼第奥（Manteo）"。

这两个野蛮人不太可能认识对方，旺奇斯来自罗诺克岛，曼第奥生活在克柔投安，那是一个狭长的沙地岬角，是外滩海岸的一部分。没过多久，这两个人就发现他们没有什么共同点，曼第奥认为自己是英格兰人的客人，而旺奇斯认为自己是俘虏。

1584 年 9 月中旬，两艘船抵达英格兰，巴洛尔下船后直奔达勒姆宫，告诉雷利这个激动人心的消息。他们的讨论内容是秘密，也永远不会为人知晓，但是巴洛尔的记录出版时，美洲已经被当成第二个伊甸园来宣传了。"我们发现那里的人民是最温和、友爱和真诚的，"他写道，"他们不耍诡计，也不会背叛，像是活在黄金时代中。"他补充道："那片土地物产丰饶，就像上帝初创的世界，不需要劳作。"

高尚的野蛮人的神话就此诞生，但是曼第奥和旺奇斯能否符合人们的期待仍有待观察。

第四章

哈里奥特的恶魔

　　亚瑟·巴洛尔将曼第奥和旺奇斯带到伦敦，还让他们住进了达勒姆宫。目前没有文献记录了他们刚到伦敦时的情形，以及好奇的伦敦市民对他们的反应，但是当他们穿着鹿皮裤，戴着羽毛披肩穿过伦敦的大街小巷和市场时，场面一定很壮观。他们很可能走了一次标准的伦敦观光路线：伦敦塔、齐普赛街、钉着叛国者腐烂人头的伦敦桥。伦敦的景象不一定能够让参观者感到惊艳，但是伦敦的规模和嘈杂必定让这两个印第安人印象深刻。

　　伦敦桥是伦敦最宏伟的建筑之一，20 个方形石拱门支撑着这座有山墙的杂乱建筑，它看起来"像是一条长长的街道，而不是一座桥"。伦敦桥通往萨瑟克区，那里的炖菜、熊苑和斗狗活动吸引了很多好奇的游客。但最令人印象深刻的是泰晤士河北岸沿线的景色，河畔的这些宏大建筑群，一定令曼第奥和旺奇斯大吃一惊，他们之前从未见过比盖着柳条席子的木屋更高的建筑。再往下游是伦敦塔，在伊丽莎白时代，它就已经算得上是古老遗迹了，但是仍然蔚为壮观。那些有幸能够获准进入伦敦塔洞穴般内部的人都会不由自主地揉揉眼睛，望着其中的众多珍宝，包括"镀银和纯金的器物"，"装饰着黄金和大量小珍珠的红色天鹅绒"覆盖着的豪华大床，还有"镶嵌着大珍珠、绿宝石、钻石、红宝石"的黄金杯和玛瑙杯。

10月的第三周，曼第奥和旺奇斯陪同雷利来到女王居住的汉普顿宫。他们觐见时恰好遇上波美拉尼亚的旅行者卢波德·冯·韦德尔（Lupold von Wedel），他出入英格兰宫廷多年，这里的所见所闻深深地吸引了他。在王宫的规则式园林里，伊丽莎白的宫廷总有着华丽奇景，尤其是周日的时候，女王和随从们会以他们所能组织的最盛大的仪式前往教堂。

领路的是盛装打扮的"强壮且高大的"侍卫，"他们配着镀金的剑戟，身穿红色外套，外套正面是黑色天鹅绒，背面绣着女王的纹章"。紧随他们的是"绅士们"，他们是女王的私人顾问，"其中两个人各持一支皇家权杖，第三个人手持皇家宝剑，宝剑有着红色天鹅绒的剑鞘，剑鞘上镶嵌着黄金、宝石和大珍珠"。然后是贵族妇女、领主的儿女，还有自由民组成的随从队伍，他们手持"小巧的镀金的猎矛"。女王的通信官们的衣着极尽浮夸之能事，他们穿着装饰有巨大镀金翅膀的亮蓝色斗篷。女王经过的时候，八名号手、两名鼓手和一名风笛手一齐奏响欢快的乐曲。

女王是所有人的焦点，任何人的光芒都不能超过她。冯·韦德尔见过她几次，每次见面时，她都比上次更加耀眼。她身着长长的天鹅绒斗篷，"斗篷衬着白底黑点的貂皮"，女王喜欢乘坐华丽的坐轿出行，坐轿"由两匹有黄色鬃毛和尾巴的奶油色骏马拉着"。

与女王交谈并不容易，因为只有她能决定谁可以和她说话。当绅士们被召到她身边时，他们必须遵守严格的礼仪，被选中的廷臣必须蹲跪在地，"直到她令他起身"。从女王身边离开时，他们还要遵守更加复杂的礼仪，廷臣必须"深深弓着腰倒退，一直退到房间中间，然后他们必须再次鞠躬"。

按照冯·韦德尔的说法，雷利经常被叫到女王身边。她"态度友好，开着玩笑"和他交谈，还喜欢在其他人面前调侃他。"她用手指着雷利的脸，说上边沾了脏东西，甚至想用自己的手帕帮他擦掉"，雷利十分尴尬，"自己把它擦掉了"。冯·韦德尔注意到，"她喜爱他胜过所有其他人"，并且补充道："两年前，雷利一个仆人都养不起，而现在，她给他的赏赐多到他能养活 500 个仆人。"

在汉普顿宫停留期间，雷利小心地观察着那两个印第安人，不希望吓到他们。有很多人想要见见这两位古怪的来客，但是雷利严格控制来访的人员数量。他甚至让他们按照英格兰人的习惯穿上破旧的塔夫绸衣物，以分散人们的注意力。他的保护性伪装起到了很好的效果，这也解释了为什么现存关于这两个印第安部落人的书面记录很少。

1584 年 10 月 18 日，礼拜结束后，冯·韦德尔获准见到了这两个印第安人，他激动万分地将这次见面记录在他的日记里："他们的长相和整个身体都与我家乡的白摩尔人非常相似。"他继续写道："他们不穿衣服，只用一块皮毛将下体遮住，肩膀上还盖着一张野生动物的皮。但是现在，他们穿着棕色的塔夫绸衣物。"冯·韦德尔认为"他们长得很孩子气，也狂野"，并补充说"没人能听懂他们的语言"。

事实证明，解读他们的母语确实极为困难。几位来访者试图用手语问他们一些简单问题，但是结果表明，他们的回答是不可能理解的。就连天才语言学家也被他们说话时的微妙差异和奇怪

伊丽莎白女王喜欢与雷利开玩笑，一位宫廷访客写道："她喜爱他胜过所有其他人。"

的变音难倒，很明显，如果要破译这种谜一样的语言，他们需要一位超级天才。

毫无疑问，这位天才就是托马斯·哈里奥特。哈里奥特立刻开始研究曼第奥和旺奇斯，他不仅要学习他们的语言，还要编写一本详细的词汇书和字典。哈里奥特欣然接受了这项让所有人都发愁的任务。他相信，印第安人的语言有某种逻辑体系，只要有时间，掌握这种逻辑体系的语法和发音是可能的。他很快就学会了几个基础单词和短语，但是当他开始写下它们的时候，他发现自己遇到了一个棘手的问题：英文字母表无法准确表示印第安人的语言。他们的许多单词所包含的音节在英语中没有对应的字母表示，而即便有对应的字母，写出来的单词也表现不出它应该如何发音。例如英文单词"wall"与"man"中都包含字母"a"，但是"a"在两个单词中的发音不同。哈里奥特知道，如果写下的字母无法表现印第安语单词的发音，那么任何词汇书都将毫无用处。

他不是语言学家，所以他转而向专家寻求意见，其中之一便是约翰·哈特（John Hart）。约翰·哈特花费了大量精力设计了一种威尔士语字母表，使任何想说威尔士语的人，"无论何时何地，尽管完全不懂这种语言的任何文字"，都能把威尔士语说得很完美。这套字母表很有效，他依据字母表写下了长长的威尔士语的句子——尽管他一个字都看不懂——然后读给陌生人听，那些人都确信"他会说威尔士语"。

印第安人的语言被称为阿尔冈昆语，比威尔士语复杂得多，哈特的设计对完美主义者哈里奥特而言过于简单了。这位数学家迈出了大胆的一步，设计了一种全新的、高度复杂的字母表，以精确地表示阿尔冈昆语的每个音。这不是件容易的事。他痴迷地工作着，经常工作到秋日深夜、达勒姆宫大门落锁很久之后。他想让他的字母表成为一件完美的作品，为此，他研究印第安人的声带，注意他们发音时双唇和舌头的位置，如果有必要，他也会创造新的符号来表示陌生的发音。这是个艰辛的过程，因为有数百种有细微差异的发音需要记录，但是经过几个月的努力，哈里奥特的字母表渐渐成形。他没有留下他是如何进行这项语言实验的记录，但是他可能借鉴了哈特关于发音变化和构词方法的研究成果。哈特曾就"我们说话时的哑音和吞音"写下长篇大论，并依据发音方式将声音分为三类，即"双唇触碰发音，下唇碰上牙发音，以及伸直舌头发音"。

哈里奥特的字母表共有 36 个字母，看起来十分奇特——里面有代数符号、希腊和罗马字母和新发明的字母，仿佛一锅大杂烩。一位学者说这些字母看起来"像恶魔"，可能是因为有些字母的结尾是三叉戟的形状。字母的形状为字母发音提供了依据，英文字母被相应地标注在旁边，如果有的发音不是英文中熟悉的，就被归入"野蛮词"，单独置于一栏。哈里奥特用英文短语来测试他的字母表，将祝祷文用新字母表表示出来，看能否阅读。事实很快证明，这个字母表是一件无与伦比的杰作，一件需要科学家的逻辑与艺术家的想象力才能完成的杰作。这张字母表成功地表示出了这门复杂语言的每一个发音。哈里奥特计划进一步扩展他的工作——编写一部英语-阿尔冈昆语字典，他很可能确实这样做了，但是那部作品早已失传。他的简明单词表在 1666 年的伦敦大火中被毁，只有字母表留存至今。

哈里奥特没有把他的所有时间都花在研究干巴巴的语音学理论上，他还投入了大量精力学习阿尔冈昆语的日常会话，以及教那两个印第安人一些基本的英语。他很快就发现曼第奥比旺奇斯顺从很多，因为旺奇斯既没有兴趣学习英语，也不想留在伦敦。

到 1584 年圣诞节时，哈里奥特已经能够和曼第奥简单对话了。哈里奥特设法从这位印第安人那里哄骗到少量信息，并告知雷利，他直接从曼第奥那里得知，"那片土地肥沃且物产丰饶，可以运输回英格兰的国土，只要英格兰人建起住所并且计划长期生活在那里"。这个消息被认为极为重要，足以在议会上讨论，并在确认雷利对美洲专利权的议案中被引用。

没过多久，哈里奥特就能说一口比较流利的阿尔冈昆语了，这使他可以向曼第奥询问关于那片土地和人民的情况，积累了许多信息，这些信息日后被证明是相当重要的。他们两个人整日在达勒姆宫的房间里交谈，这期间，科学家哈里奥特还是穿着他常穿的那件黑色长袍，曼第奥则穿着他的塔夫绸上衣。哈里奥特记下了他了解到的所有信息，以便事后在他关于美洲的书《一份简短而真实的报告》(*A Briefe and True Report*)中进行更详细的记述。他成功地捕捉到这两个印第安人第一次接触伊丽莎白时代的英格兰时感到的惊讶和迷茫。他写道："他们跟着我们看到了很多，比如数学仪器、航海罗盘……还有发条钟表这种自己会动的东西，以及我们拥有的许多其他东西，这些对他们而言是如此陌生，其运作的原理和制作的方法都远远超出了他们的理解能力，以至于他们以为这些是神的作品，而不是人的作品。"

曼第奥提供的关于美洲和美洲人的信息，使哈里奥特得以在细节上极大地丰富和补充巴洛尔的探险。他得知，罗诺克岛周围的地区由一系列彼此竞争的部落酋长统治，他们的权力高下取决于他们能够供养多少战士。罗诺克岛本身处于维吉纳(Wingina)的统治下，维吉纳是个狡猾的部落酋长，他的势力范围能沿海岸线

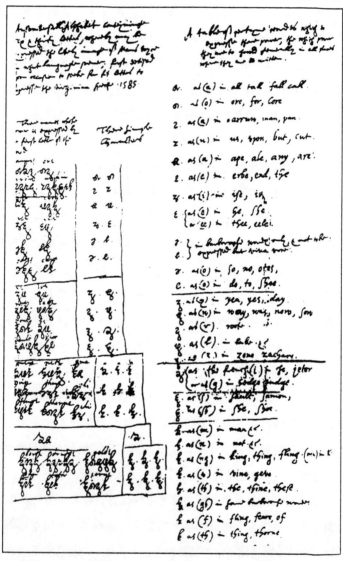

哈里奥特的字母表是一件杰作，在伊丽莎白时代的人看来，它汇集了一系列看起来"像恶魔"一样的符号。这份天才的作品使他能够准确地记录印第安人的语言。

上上下下延伸好一段距离。维吉纳好战而且极富野心，最近他行动过于激进，攻击了一个邻近部落，差点丧命，他"身体有两处被射穿，还有一处伤口横贯大腿"。这也是为什么巴洛尔的人当时"完全没看到他的踪迹"。

曼第奥还向哈里奥特透露了一些部落内部战争的策略。最成功的部落酋长往往是狡猾又善诈的，善用诡计消灭他的敌人。他给哈里奥特讲了一件事：一个部落邀请邻村的所有酋长家族的人参加宴会，"当他们所有人欢聚一堂，在神像前祷告时……这里的酋长突然出现，杀死了所有人"。这样"残忍血腥的"暴力行为使人口急剧减少，"人口以不可思议的速度下降，有些地方只剩下一片荒芜"。

日复一日，曼第奥向哈里奥特提供了许多关于战争策略和武器装备的宝贵信息。哈里奥特记录道："他们之间的战争主要是靠出其不意，一般是趁着天刚亮，或是借着月光，或是伏击，或是要诡计。"

他们的武器极为原始。哈里奥特很确定，他们"没有能够与我们抗衡的钢铁工具或武器，他们也不知道怎么制作它们"。绝大多数印第安人只有"木材制成的弓和芦苇制成的箭"，尽管有少数战士用"平刃长棍，但那无非是一码长的木头"，还有些人用着树皮制成的盾牌。与英格兰骑士的胸甲和头盔（这套装备延用至今）相比，他们的盔甲简直无用到好笑。那些盔甲是"用线绑起来的细柳条"，只要被长戟戳一下就会散架。总之，印第安人的部队脆弱得可笑，哈里奥特向雷利保证，英格兰人和印第安人之间的任何冲突，其结果都是可以预见的，因为英格兰人"在很多方面都拥有绝对优势，例如训练、武器，特别是大大小小的法令"。他补充说，印第安人几乎不可能反击，"掉头就跑是他们的最佳防御"。

1584 年冬天，沃尔特·雷利已经积累了一笔可观的财富。尽管他的开销巨大——有传言称他的鞋子就"价值 6000 金币"——但他从女王那里得到了大量的馈赠。她曾问他："你什么时候能不再当乞丐呢？"他冷淡地答道："当陛下不再当施主的时候。"

他铺张浮夸的外表之下潜伏着一颗谨慎的心。爱聊闲话的廷臣不停地提醒雷利他卑微的出身，正如他的诗歌所反映的那样，雷利敏锐地意识到，命运也有可能立即将他扔回德文郡租来的农场。

当开始计划在美洲建立殖民地时，他首先想到的是由国家来

哈里奥特询问曼第奥印第安人的战争策略。他们通常在"傍晚，或者借着月光"发动进攻，但他们的武器非常原始。

负担这笔费用。汉弗莱爵士曾经花费巨款准备了一支船队，然而，船队最终未能在美洲成功登陆。如果雷利要在美洲建立殖民地，他的花费将远远超过汉弗莱，正是因为如此，他请他聪明的朋友理查德·哈克卢特起草了一篇文章递呈女王，解释为什么女王陛下应该资助他建立殖民地。这篇文章的标题是"论西部种植"（A Discourse of Western Planting），为了避免女王不翻开内文看具体内容，他们为文章加了一个明确的副标题——"劝说女王陛下和英格兰尝试向西航行和殖民的理由"。

哈克卢特的文章有力地论证了国家应当资助殖民扩张。他的很多论点都是经过精心论证过的，特别是那些关于西班牙日益强大的部分。他认为，雷利的殖民地可以成为一个基地，"在那里我们可以随心所欲地……每年扣押一两百艘西班牙船只"。那里还可以用来训练印第安土著，这些印第安部落拒绝"西班牙傲慢血腥的统治"，急于"摆脱他们最沉重的枷锁"。

考虑到女王挥霍无度的本性，哈克卢特还强调了殖民地会带来的经济利益。他写道："野蛮人喜爱各种粗羊毛制成的帽子和衣服，他们的国家冬天时极为寒冷。"他向女王保证，印第安人最喜欢的就是英格兰的斗篷，请求女王考虑一下殖民地会为"帽工、织布工、布工、羊毛工、梳刷工、纺纱工、纺织工、漂洗工、染工、布商、帽商等"带来的就业机会。哈克卢特不是赌徒，但是他也愿意冒着风险大胆推断野蛮人会非常喜欢英格兰的服装，每年会给英格兰带来几十万英镑的收入。

哈克卢特双膝跪地，向女王呈递这篇文章，他谦卑的姿态令女王动容，赏赐他布里斯托尔圣三一教堂的教职。但是伊丽莎白在投资雷利殖民地的问题上已经下定决心，再多的劝说也无法改变她的心意。她不愿意将她的钱投入这项计划，她认为成本太高。而且，如果她参与其中，他们与西班牙的任何冲突都会造成严重的后果。更糟糕的是，如果殖民失败，她会沦为笑柄。

女王另有打算，这更符合她的期待。与其将大笔的钱投入无底洞，她决定捐赠一些成本较低，却更加珍贵的东西——她的名字。大洋对面的那片土地不会继续被称为"维吉纳的土地"——一个除了哈里奥特以外没人会读的单词——从今往后，那片土地将被称作弗吉尼亚（Virginia），以纪念童贞女王（Virgin Queen）伊丽莎白的荣耀。

只有她能如此神气地扭转乾坤，也只有她能想出如此狡黠、包含政治意图，又自负的主意。这个想法迷人又浪漫，但也向西班牙国王腓力二世发出了明确的政治信号。女王将她的荣誉与新世界绑在了一起，并且亲自将那片大陆的未来交付给她的宠臣——年轻的沃尔特·雷利。

当然，她意识到一个平民不足以担此大任，只有一位继承了中世纪骑士精神和绅士风度的骑士才能捍卫女王的荣耀，所以1585年1月6日，在格林尼治宫，女王将她的宠臣叫到她身边。

雷利跪下时还是平民，他站起身时就是骑士了。如今，弗吉尼亚未来的捍卫者就是沃尔特·雷利爵士了。

第五章

暴风雨，鬼怪与恶灵

这一年不适合旅行。1585 年的新年钟声刚刚敲响，伦敦的预言家和占星家就预言，将有自亨利国王去世以降最大规模的厄运降临。灾难的迹象已经在天上写明了，行星的排列预示着不幸将至，月相显现出不祥之兆。更糟糕的是，4 月 19 日将有一次月食——虽然只出现在英格兰部分地区，但这已经足够说明灾难即将到来。

伊丽莎白时代的伦敦人非常重视占星家的预言，特别是那些将要远航的人。对这些人而言，托马斯·波特（Thomas Porter）这样的占星家的预言令他们忧心忡忡。"如果有人要在陆上或是海上长途旅行，"波特警告说，"他要小心周边，因为所有地方都可能降临一种力量，而暴力已经向旅行者摇头皱眉。"他补充说："谨慎与勇气是驱赶这些鬼怪与恶灵的最好方式。"对那些将要离开英格兰的人来说，唯一的安慰是"瘟疫与致命的流感……将会席卷城市和乡镇"。

其他人的预言也没什么好话。天文学家尤安·洛伊德（Euan Lloyd）证实了波特令人沮丧的预言，他补充说："今年的探险很可能会失败。"他预言，旅行者将在"这一年内忍受极大的困苦，并且麻烦缠身"，他还言之凿凿地说，那些"柔弱的人"和患有性病的人今年会特别倒霉。他预言天气情况也不乐观，这一年"海上会有许多暴风雨、大雾和浓雾，还有许多风暴和可怕的天气，因此船只可能会失事"。

雷利既不柔弱，也没有患性病。他没有把这些话当回事，开始拟定他的殖民计划。很快，他意识到他要着手的事业是如此宏大，伊丽莎白时代的英格兰人此前从未有过如此大规模的殖民尝试，没有人知道这项事业能否成功。将300名殖民者送过大洋，并让他们定居在陌生的海岸边，这已经很难了，但这还是容易的

伦敦的占星家预言雷利的船队将遭遇厄运。有人写道："今年的探险很可能会失败。"

部分，就算他们在春天到达——一个能播种的季节——他们仍然需要 5 个月的食物供给，以坚持到收获粮食的时候。

另一个令人却步的问题，就是如何将建造殖民地所需的大量设备和器具运到美洲。建造一座堡垒需要石材和铁材，而制造石材和铁材又需要铸造厂和锻冶场，以及若干石匠、瓦匠和木匠。之前，曼第奥说过，罗诺克岛附近缺乏包括石头在内的任何基础材料，所以所有材料都必须从英格兰运过去。

第一个也是最大的障碍是筹集足够资金来购买船只和补给。女王慷慨地提供了一艘她的船——"老虎"号（Tiger），并且从伦敦塔调出了价值 400 英镑的弹药给雷利。但是雷利计划的远航所需的资源还远远不够，即便是女王也难以负担，所以雷利不得不寻找其他赞助人。通常的筹资方法是以类似股份公司的形式寻找股东，航行结束后以利润偿还（如果远航失败，股东也将蒙受损失）。但是前往北美贸易探险的资金需求永远无法同建设殖民地所需的巨额花费相提并论，所以雷利必须给商人们提供一个更有吸引力的投资动机。这个动机是什么显而易见：由于英格兰和西班牙之间的关系日益紧张，雷利向商人们承诺，整个夏天，他将在公海劫掠任何愚蠢到驶入他船队射程内的西班牙船只。女王日渐对西班牙国王腓力二世失去耐心，因此这样的劫掠行动已经得到她的非官方许可了。实际上，我们基本可以确定，她把"老虎"号借给远航队的报酬，就是雷利的船长们可能掠夺的西班牙战利品的一部分。

雷利向英格兰的商人抛出一个诱人的诱饵，他们很快就向他提供了资金支持。弗朗西斯·沃尔辛厄姆爵士和理查德·格伦威尔（Richard Grenville）爵士都投入了资金，西部郡的乡绅们为船队提供了物资，富有的伦敦企业家威廉·桑德森（William Sanderson）为雷利介绍了一些伦敦最富有的商人。雷利非常高兴，他为此制作了一个新的印章，上边刻着他的新纹章和新头衔："弗吉尼亚领主兼总督，沃尔特·雷利爵士。"资金快速流入雷利的金库，到初春时，他已经筹集到了足够的现金来开始详细计划未来的殖民地。

他从两位理查德·哈克卢特——叔侄二人——那里寻求建议，这两个人收集了大量关于早期海外远航的信息。他们考虑了雷利远航项目的各个方面，最后得出的结论会打消所有冒险家的热情，除非是特别乐观的冒险家。小哈克卢特认为，仅建造定居点这一项，就需要"制砖工、瓷砖制造工、石灰匠、砖匠、泥瓦匠、增稠剂（用芦苇、灯芯草、金雀花或稻草）调制工，打井的人、找水的人，凿瓦的人、粗制泥瓦匠、木匠和板条匠"。而且，由于殖民者无法从英格兰获得供给，他们还需要铁匠"来锻造制作铁铲所需的铁"，以及制作铁锹的工人，"这样或许可以利用那里的木材制出德文郡那样的铁锹"。

哈克卢特叔侄都无法预测建立殖民地所需的熟练工匠的确切数量，但是按常理说，建立一定规模的定居点肯定需要至少五六十人的队伍。这些人都需要吃饭喝水，所以他们陷入了后勤保障的噩梦——他们需要的粮食种植规模，是伊丽莎白时期的农民难以想象的。小哈克卢特准备的第二份名单是务农专家的名单，他们的任务是狩猎、捕鱼，以及在从未施过肥的土地上确保丰产。他建议派遣"擅于猎杀野鹿的"射手和擅长饲养兔子的兔场场主去殖民地。他还补充说，为了保证冬天仍然有肉食供应，有必要

雷利就他的殖民地需要什么设备寻求专业人士建议。任何定居点少了铁匠都无法维系。

用船运去能够捕杀鹿的灰狗和能追回被杀死的动物的猎犬，以及"可以猎杀大型野兽的"獒犬。殖民地还需要捕"海鱼"和"淡水鱼"的能手，种植蔬菜瓜果的任务也要交给有经验的农业专家。

健康是首要问题。小哈克卢特充分意识到，殖民地禁不起疾病造成的人员损失，所以他建议为殖民地定居者雇用一队人，专门负责照看他们的身体健康，这队人中应包括一名"会放血疗法的"外科医生、一名会配制药水的药剂师，以及一名"医治一般疾病和发热的内科医生"。考虑到人们的精神状态，他竭力主张"应安排一两名教士……以荣耀上帝"。最后一条建议被有意忽略了，这可能让大部分人都松了一口气。

虽然哈克卢特的名单称不上全面，但至少涵盖了建立殖民地所需的基本技工。然而，如果这个社区想要的不只是单纯地维持生存，那么他们还需要手工艺人、工匠，还有补鞋匠、制革工、修桶工、"牛羊油产品制作者"、制瓶工、裁缝，以及箭匠之类的专业人员。

雷利看见这份建议时，就意识到了他的殖民事业的规模巨大。他要做的事，事实上就是把一个英格兰大村庄，例如埃文河畔斯特拉特福，移植到一片陌生的荒野上，而这片荒野上最肥沃的土地已经被当地居民占据和耕种了。如果这还不够令人望而生畏，那么这一定会令人却步了：这个新兴的殖民地很有可能受到西班牙人的进攻，他们绝对不可能允许英格兰人在那里建立据点，因

有人建议雷利引进獒犬用来"猎杀大型野兽"。

为他们凭借哥伦布 1492 年的发现对那片土地宣称了所有权。

尽管危机四伏、困难重重，但是雷利没有费多大力气就为他的远航队找到了一位指挥官。理查德·格伦威尔——雷利在德文郡的亲戚——拥有两项被认为是指挥官的必要素质：渴望冒险，并且憎恨西班牙人。还很小的时候，格伦威尔就初露峥嵘。他曾骑马进入匈牙利，向神圣罗马帝国皇帝马克西米利安效忠，与土耳其苏丹的爪牙作战。随着他长成少年，他行事变得鲁莽急躁，他的名字第一次出现在官方记录里是因为，他在一次骚乱中刺伤了一位伦敦绅士，"给对方留下了一道深 6 英寸、宽 1.5 英寸的致命伤"。格伦威尔很幸运，因为女王赦免了他的罪。

理查德·格伦威尔脸颊红润，有着青金石蓝色的眼眸，看上去很像一名西部郡船长。他的性格也称得上是典型的德文郡冒险家，这些德文郡冒险家都算是他的近亲。他极不安分，但他很忠诚，又非常骄傲，从不自我怀疑和反省。他喜怒无常，这在他反复出现的冲动和古怪行为中展现得淋漓尽致。格伦威尔年幼时，父亲就在"玛丽玫瑰"号（Mary Rose）海难中淹死了，所以他在成长过程中没有稳重的父亲去约束他的过激行为。

年龄的增长并没有缓和他的暴躁脾气，实际上，随着年龄越来越大，他变得愈发疯狂。这种类似的魔鬼般的疯狂曾经让汉弗莱·吉尔伯特爵士送了命。"格伦威尔个性很倔强，"有人写道，"他喝了三四杯酒之后，会勇敢地把酒杯咬在两齿之间，然后将杯子咬碎吞下去，常会有血从他嘴里流出来。"在去往美洲的航行过程中，他的船员们不爱戴他，更多的时候，他们畏惧他，而他的冲动行为经常使他的下属感到绝望。他常常被指责指挥船只时粗心而草率，尽管他大多是因为缺乏经验而陷入困境。除了穿越英吉利海峡的几次短途航行，这次前往美洲是格伦威尔第一次远洋航行。

他认为，远距离航海也没有理由不舒适。即使船上的食物都极度腐败发臭的情况下，他也坚持使用"金银盘子"用餐，在吃饭时还习惯配上音乐。本来音乐应该会使船员们高兴，但船员们发现格伦威尔最喜欢的乐器是双簧管——一种声音尖锐的小号，听起来和被勒死的公鸡叫声差不多。大部分指挥官用这种号声表示战斗开始，格伦威尔却用它宣布开饭。每个人都知道他什么时候吃饭，因为"双簧管、管风琴和其他乐器"地狱般的刺耳的声音可以穿透船上最厚的甲板。

格伦威尔的任务是带雷利的殖民者们渡过大西洋。殖民者们安全上岸后，他的任务就是将剩余船只安全带回英格兰，管理新建立的定居点的任务就留给拉尔夫·莱恩（Ralph Lane）了。莱恩是一名久经沙场的士兵，在爱尔兰服役时意外地被女王召回。

莱恩是一名出色的防御工事专家，他曾努力地保卫爱尔兰的海岸线不受西班牙人入侵。他渴求成功的决心打动了雷利，这为他赢得了英格兰在美洲建立的第一个殖民地的总督这个令人垂涎的职位。他性格如皮坎肩一般坚韧，在食物补给耗尽、被迫以智慧应对紧急情况的时候，他反而会真正高兴起来。他后来吹嘘说，他更想过艰苦的生活，希望"上天将最大的险阻赐予他"。只要有两条值得信赖的獒犬陪同，莱恩就会感到自在，所以他决定将它们带到美洲。如果这两条獒犬看到主人还打包了一口几乎和它们体形相当的煮锅，它们或许就不会表现得那么忠诚了。

很快，沃尔特·雷利爵士在每个关键岗位上都安排好了人。1584 年，探险队的指挥官菲利普·阿马达斯被任命为"将军"，负责指挥殖民地的小船和中型船，而为远航队领航的重要任务落到西蒙·费尔南德斯（Simon Fernandez）头上。费尔南德斯是一名葡萄牙叛逃水手，与雷利相识多年。他喜欢吹嘘自己曾"与西班牙国王交战"，这令沃尔特爵士很是欣赏。但是很快，费尔南德斯就发现自己与格伦威尔完全合不来，这造成了极为有害的影响。

哈克卢特敦促雷利雇用"一位纯熟的画家……绘制所有野兽、鸟类、鱼类、树和城镇"。雷利确实这样做了，雇用了一位名为约翰·怀特（John White）的杰出画家，让他与托马斯·哈里奥特一起工作。当然，哈里奥特是这次远航的关键，作为唯一能与曼第奥——他也将返回美洲与各印第安部落建立联络——交流的人，哈里奥特的作用至关重要。他被"特别派去"处理与美洲当地居民相关的事务，并负责记录殖民地早期的情况。他还要负责绘制一张新地图，研究自然中的奇物，以及记下所有可能对殖民地有用的原料和资源所在的位置。

船队迅速而高效地组建起来了，与两年前汉弗莱爵士远航时的情况形成鲜明对比。领航的是女王的船"老虎"号，由理查德·格伦威尔爵士指挥；"狮子"号（Lion）的船长是乔治·雷蒙德（George Raymond）；指挥"雄鹿"号（Roebuck）的人是雷利的好友约翰·克拉克（John Clarke）；而"桃乐茜"号（Dorothy）的船长可能是亚瑟·巴洛尔。后来与弗朗西斯·德雷克（Francis Drake）在环球航行中竞争的托马斯·卡文迪什（Thomas Cavendish）掌管第五艘船——"伊丽莎白"号（Elizabeth）。

　　这些船没有一艘是大船——即便是最大的"老虎"号也只有200吨，而甲板上的大部分可用空间都杂乱地堆放着重武器，以方便船员们应对穿越加勒比海时西班牙人可能发动的进攻。

　　小型船在普利茅斯整装待发，船队的骄傲——"老虎"号则在泰晤士河的船坞里待命。实际上，"老虎"号装载着几乎全部的易腐食品。这是个奇怪的决定，虽然这样格伦威尔可以监管这批供给品，但这也意味着，如果这艘领航船遭遇不测，整个远航都将陷入危险。

　　1585年3月底，伦敦码头边上的木桶、板条箱、木盆和箱子堆积如山，哈克卢特的清单上列举的那些殖民所需的设备器具将码头周边堵得水泄不通。供给品分为"肉类"与"植物根茎和药草"。肉类最易腐坏，它们被仔细地包好，还有"大量用木桶盛装的盐渍猪肉"，以及"一些用木桶盛装的牛肉"。船上还有装在木桶里的"鱼干"和"燕麦"，以及黄油、蜂蜜和橄榄。还有大桶盛装的麦芽酒、小木桶盛装的油、笨重的大桶盛装的"加纳利酒"。麻袋里装着大量的种子、谷物、黑加仑和干梅，柳条篮里装着盐渍鱼干。

　　最受关注的是船上装的酒。这里有来自法国、西班牙和英格兰的果啤，有葡萄酒、甜酒和霍洛克——一种清爽的葡萄酒，以及给长官们准备的高级白兰地。啤酒都是"在特定的时间内发酵的"，以确保它们不会变酸。他们希望这些补给品不仅能供给航行途中所需，还能让他们撑过在罗诺克岛最初的几个月。

　　最重要的物资是种子，它们被装在干燥的箱子里，这些种子主要是黄豆和豌豆，它们"被放在炉子上烘干"以延长保存时间。

理查德·格伦威尔脾气暴躁。喝一阵酒之后，他"会勇敢地把酒杯咬在两齿之间，然后将杯子咬碎吞下去"。

这些种子是殖民地的命脉，是整个殖民计划成败的关键。由于对罗诺克岛的土质情况知之甚少，他们无法确定哪种植物能够繁荣生长。哈克卢特建议携带大量优质种子，希望这些种子能在他们抵达那里后发芽。他们带的种子还包括"大头菜和水萝卜的种子"，这都是过冬的好蔬菜——以及生长迅速的白水萝卜和"胡萝卜"。大蒜和洋葱可以在大部分土壤中茁壮生长，而"黄瓜"和"卷心菜"是丰产作物。哈克卢特还建议携带各种草本植物，包括"香菜、百里香、迷迭香、芥末和茴香"。许多这类草本植物被认为拥有药用价值，殖民地的药剂师可以用它们制成香丸和药剂。

尽管物资的数量让水手印象深刻，但是"老虎"号携带的也只是维持殖民地生活所需物资的一小部分。很快，格伦威尔就意识到他不得不在途中停下来补充盐、水果和最重要的牲畜。因为甲板上没有足够的空间装载牛和猪，他们只可能从加勒比海地区的其他定居点获得。这不是件容易的事，因为西班牙人控制着大小海港，他们接到严格的命令，禁止贩卖任何东西给英格兰人。要劝西班牙人改变想法，格伦威尔要么用他的非凡魅力，要么用他的十门加农炮。

西班牙一直紧密关注着雷利的远航准备，但是他们监视雷利组织船队的尝试遭遇了挫折：西班牙大使伯纳迪诺·德·门多萨（Bernadino de Mendoza）被通知"女王陛下对他非常不满，因为他扰乱了英格兰的国事"，后来因此被逐出了英格兰。他被告知"女王希望他在15日内离开英格兰，不得有异议"。这对西班牙而言是个坏消息，因为门多萨在英格兰建立了一张有效的间谍网，有几个间谍已经渗透到雷利的项目里了，门多萨本来希望他们能够继续紧密监视。但是目前看来，他的间谍网似乎群龙无首了。

这位前大使意识到他身陷窘境后，充分表现出卡斯蒂利亚人的暴躁脾气，他通知女王的枢密院："我不喜欢在别人家当一个不受欢迎的客人。"他暗暗发誓要同女王作对，写下"既然作为和平使者的我显然无法让女王满意，那么她就是逼迫我未来与她兵戎相见"。他说的都是真心话。从那时起，门多萨就成了伊丽莎白最痛恨的敌人之一，在法国的新基地远程操控着他的间谍和告密者们。

他得到的信息并不总是准确无误的，但是到 2 月时，他还是能够写出一封密信给腓力国王，告诉他女王将"老虎"号交给了雷利，这是一艘"侧舷各有五门大炮，船头还有两门重炮"的船只。6 周后，他取得了一个重要成果——他的一名秘密线人佩德罗·德·库比奥尔（Pedro de Cubiaur）成功让一个人偷偷潜进普利茅斯港，他还成功混入了码头工人和供应商中。他向门多萨提供了一份关于"船只、人员和物资数量"的详细报告。这份报告引起了恐慌，西班牙派遣了护卫舰去美洲——随后还会有更多艘——去判断英格兰是否已经有先遣队在美洲建立了一个基地。

门多萨高估了雷利船队的兵力，但低估了船队的人数。雷利本来打算雇用大概 600 人，其中大概一半将定居美洲，但是当他开始在西部郡的各港口招募水手时，他发现自己遇到了一个极为棘手的问题，这个问题已经酝酿了 18 年了。就在他试图说服人们定居美洲时，1567 年约翰·霍金斯远航的幸存者——戴维·英格拉姆斯的同伴——终于回到英格兰，还带回了残酷得难以言表的故事，这些故事让最坚韧的水手在决定起航前往仍被西班牙人占据的美洲大陆前，也会犹豫再三。

这些幸存者中有一个叫迈尔斯·菲利普斯（Miles Philips），他愚蠢地选择投奔西班牙人，寄希望于西班牙人可以大发善心，没有选择和英格拉姆斯一起跋涉数年、穿越美洲。很快他就后悔了，因为从那时起，他和他的同伴遭受了长达16年的残酷折磨。他们在墨西哥的一个西班牙人定居点受到了残酷的虐待，被关在"猪圈"里，吃的是猪食。当他们请求让外科医生给他们疗伤时，他们被关进了监狱，并且被告知"除了刽子手，你们不会有其他外科医生，刽子手肯定可以解决你们的所有痛苦"。

1571年，他们得知了一些令人不安的消息，这些消息在接下来的几年内都萦绕在他们心中。西班牙国王腓力二世越来越担心天主教的纯粹性在他的新世界帝国中受到威胁，因此命令宗教裁判所的那些恐怖亲信们在美洲展开可怕的追捕行动，彻底根除新大陆的异教徒，将他们折磨至死。"我们是宗教裁判所的最佳战利品和猎物，"菲利普斯后来回忆说，"我们被关进不同的黑暗地牢中，除了烛光，什么都看不见。"

这几名不幸的英格兰水手们很快就得知，他们将成为一次宗教裁判（auto-da-fé）的第一批受害者。这种宗教裁判是一种可怕又震撼人心的公开酷刑，将中世纪的野蛮与末日审判的戏剧性结合在一起。菲利普斯和他的伙伴们身着黄色斗篷，被灌下苦酒，他们被带到集市上，当地居民聚在那里，准备"聆听神圣的宗教裁判所对英格兰异教徒的宣判"。

"每个人都穿着黄色斗篷，"菲利普斯回忆道，"我们的脖子上套着绳子，手中握着一大根未点燃的绿色蜡烛，我们每个人身体两侧都各有一个西班牙人看守。"他们被带到绞刑架旁，那里"聚着一大群人"，都是来听对异教徒的审判结果的。他们其中三个人"被判接受火刑，要被烧成灰烬"，其他人则要受到严刑拷打。经过几个小时的鞭笞殴打后，体无完肤的幸存者被带走，"背上血肉模糊，肿得很厉害"。

菲利普斯最终逃离了囚禁，在离开英格兰超过 16 年后重新回到了西部郡。其他幸存者在之后数年里陆续返回英格兰，"他们仍然带着（并且会带进坟墓里）在那些非人折磨和野蛮酷刑中留下的疤痕"。他们的可怕遭遇吸引了普通百姓和廷臣，连虔诚的理查德·哈克卢特都忍不住要出版这些故事，并附上一段说明，谴责"这些迷信的西班牙人……他们以为烧死路德宗的异教徒，是在好好地服务上帝"。

雷利想要雇用的西部郡水手听到这样的故事都十分恐惧，他们从不相信西班牙人，宗教裁判更让他们感到西班牙人的邪恶。他们知道，如果穿越加勒比海时不幸被俘虏，他们很可能会陷入与迈尔斯·菲利普斯和他的同伴们一样的境遇。他们是如此恐惧，以至于很多人拒绝参与雷利的远航，导致雷利船上的水手严重不足。雷利原本的权力仅限于招募"自愿且乐意"加入的水手，但是因为水手们并不情愿参与冒险，所以 1585 年 1 月，雷利请求女王授予他更广泛的权力。她的新授权书允许"她信任且心爱的仆人强制德文郡、康沃尔郡和布里斯托尔的所有港口、码头、河湾和其他地方的"水手加入他的远航船队。这还不是全部，雷利还被授权征调"以上各处的船只、船主、船员、船工，以及所有他认为船队需要的物资和弹药"。雷利在多大程度上使用了这些权力不得而知，但是有几名远航队的成员宣称他们参与这次冒险是违背了自己的意愿。事实证明，这些不情愿的参与者是危险的累赘，雷利后来十分后悔任用这些强征来的水手，称"他们对航海一无所知，甚至都不知道缆绳的名称，因此完全不足以胜任这项工作"。

3月底，格伦威尔驾驶着"老虎"号从伦敦出发，前往普利茅斯，船队的其他人都在那里等他。他希望4月9日启程前往美洲，因为那天早上5点19分太阳就会升起，这样船队可以在中午前顺利上路。当时的天气预报称当日天气"晴朗，伴有4月份典型的阵雨"，但长期来看，情况并不乐观。天气会在10天内恶化，"一切都很危险，空气中充满了危险"。

最后检查一遍补给品后，船员上船，绅士冒险家们、曼第奥和旺奇斯紧随其后。破晓时分，船队扬帆，驶向大海。这次离开十分低调，只有几个在岸边观望的路人，既没有音乐，也没有烟花，甚至城市的礼炮都保持着沉默。只有普利茅斯的市长意识到他正在见证一个伟大的历史时刻，因此他在城市的官方记录中记下了船队的离港。

就在离开英格兰的第十天，格伦威尔和他的船员们注意到西边的天空奇怪地变黑了，他们从未经历过这种情况。天气突然变冷，正午的太阳变成细长的月牙形。对哈里奥特来说，这种天象很容易解释：一次日偏食。但是包括哈里奥特在内，没有人意识到，美洲东海岸正在发生日全食，印第安土著将这种天象视作大灾难的预兆，认为"将有祸事降临到他们身上"。一颗彗星划过天空，为原本动荡的天空增添了一丝骚乱，使印第安人更加确信恶

关于西班牙宗教裁判所的故事使英格兰水手对美洲远航望而却步。
雷利被迫从监狱和酒馆中找人当水手。

魔将很快到达他们的海岸。

　　船队在驶向加那利群岛的途中很顺利，但是一阵不知从哪里来的暴风雨呼啸而至，"暴风骤雨"打散了船队。"老虎"号的中型护卫舰沉没海底，迷信的船员认为这应验了占星家的预言。但是格伦威尔采取了更为务实的做法，他知道在长距离航海时船队容易走散，所以事先就和各艘船只的船长约定在瓜亚尼亚湾集合，这个海湾位于波多黎各无人居住的南岸。

　　"老虎"号横渡大西洋的速度很快，只用了 21 天就驶入了加勒比海的暖流。天气太热了，几名水手草率地跳进了海里，事实证明，这是个严重的错误，因为"鲨鱼咬断了一名水手的腿"，这名不幸的水手不得不面对必要但极为痛苦的治疗 —— 将残肢浸入煮沸的沥青中。

"老虎"号安全地穿越棕榈树掩映的安的列斯群岛，然后转向西北，驶向波多黎各。格伦威尔命令船员在一座无人居住的小岛上抛锚。"我们上了岸，一整天都在休息。"自从进入热带海域，船上的生活就变得格外艰难。饼干上早已滋生了大量象鼻虫，潮湿的空气导致饼干上又形成了一层厚厚的毛茸茸的霉菌；干酪已经腐坏，水里有很多虫子，水手喝水时不得不闭紧牙齿以过滤水中的各种生物。加勒比海地区因各种疾病肆虐而声名狼藉，"热病……水肿、臭汗、身体疼痛……胆汁病、黄疸以及眼病"。5月的暑气加剧了疾病感染的风险，而船员们没法获得传统的治疗药物。医生通常的建议是夏季"不要吃腌肉"，但这在船上很难做到。还有很多人建议吃黄瓜，同时要"远离臭汗，以及一切发出恶臭气味的东西，那些东西最容易传播传染性疾病和致命疾病"。这些建议对"老虎"号上的船员没有什么用处，他们唯一能够遵守，但同时也最想打破的医嘱是"克制情欲"。

格伦威尔继续驶向瓜亚尼亚湾，他希望在那里找到其他的船队船只。但是当"老虎"号航行过海岬的时候，他失望地发现那里一艘船都没有。这是一个严重的挫折，因为只有一艘船是无法继续航行的。他准备在这里长期等待，于是"在距离海岸不远处"抛锚，让大部分船员上岸。

现在，格伦威尔正身处敌对的西班牙领地上，他很清楚西班牙国王腓力好战的总督们不可能欢迎他的到来。西班牙人的哨兵发现他们只是时间问题，而且很可能会发起进攻。格伦威尔此时熟练地指挥各项事宜，显现出他是一位能干的指挥官。他的船上有新大陆殖民地的候任总督拉尔夫·莱恩，莱恩曾多年在爱尔兰设计和建造防御工事。莱恩被立刻派到岸上工作，负责在瓜亚尼亚湾建造一座足以抵御西班牙人进攻的堡垒。

尽管莱恩不喜欢听命于格伦威尔 —— 他认为他与格伦威尔的地位和官衔相当 —— 但他还是保持了沉默，开始工作。他一周内就建造起一个强大的营地，当一队西班牙人恰好经过时，他们难以置信地揉了揉眼睛。他们说这是"一片由一道巨大的矮墙……一条护城河和一道战壕圈起来的狭长海岸，中间建起了木屋，还有一间铁匠铺。营地里的一切都很完备，好像他们打算在这里待上十年"。营地的一侧是一条淡水河，另一侧是一片沼泽，可以起到护卫作用。巨大的营地周围还修建了大量的土垒，保护营地不受来自密林的伏击，沟渠和堤岸保护着营地裸露的东侧。

营地完工后的第三天，格伦威尔的守卫拉响了警报。"8名西班牙骑兵从林子里冲出来，出现在我们眼前，距离我们的营地大概0.25英里，他们在那里停留了大概半小时，观察我们的营地。"格伦威尔早就预料到会有这样的时刻，他以他特有的暴躁脾气采取了行动，派出10名重甲火枪手迎战西班牙的巡逻部队。他的虚张声势起到了效果，因为"西班牙人马上就退回到了树林里"。

他们没有时间自满，经过了两天的僵持后，一艘船出现在地平线上。格伦威尔确信"那要么是西班牙战船，要么是法国战船"，所以他认为他们最好尽快起航。他下令追击，打算用加农炮闪击敌军，但是一位眼尖的瞭望员"发现那是我们的随行船只"——托马斯·卡文迪什指挥的"伊丽莎白"号。"伊丽莎白"号的到来让"老虎"号的船员欣喜若狂，船员们"纷纷撂下手头的工作，按照航海时的礼仪向'伊丽莎白'号致敬"。

　　现在，英格兰人处于优势地位了，这引起了西班牙总督的警觉。他派遣20个骑兵前往英格兰人的营地，探查格伦威尔的意图，评估他们的军事力量。"他们向我们打出一面休战旗帜，并且表示想与我们谈判，因此我们派出两个人走到沙滩中间，他们也派出两人，与我们碰面。"西班牙人似乎很友好，并且"向我们致以敬意"，但没过多久，他们就开始"以西班牙人特有的骄傲和幽默劝诫我们"。格伦威尔的人傲慢地告诉西班牙人："我们的主要目的是补给淡水和食物，以及我们所需的其他必需品。"他又补充说："如果西班牙人哪怕只是朝我们的方向举枪，我们的解决方式也会是诉诸武力，用武力自卫。"随后，双方陷入了紧张的对峙，西班牙人承诺回去取食物和其他补给品给英格兰人，但是格伦威尔怀疑他们的意图。当西班牙人没在约定的时间出现，"一如既往地爱说谎、不守承诺"时，格伦威尔漫无目标地"朝附近的树林开枪"。然后，他命令船员返回船上，并告诉他们准备好在黎明时分起航。

　　船员们度过了难熬的一夜。天气闷热，很多人被凶猛的蚊子咬了。在"老虎"号最大的船舱里，探险队的指挥官们一直坐到深夜，仔细讨论下一步的行动，并且思考如何才能够获得他们此时最需要的食物——猪和鸡。曼第奥曾警告说，尽管罗诺克岛上秋季食物丰富，但是冬季总是食物短缺，因此在加勒比海地区获得牲畜和植物秧苗至关重要。格伦威尔决定，从现在开始，他要采取更激进的方式——以物易物或者劫掠——从西班牙人那里购买他们愿意出售的东西，其他的就偷回来。

　　船队在黎明时分起航。很幸运，他们只遇到了一艘西班牙护卫舰，那艘船的船长太害怕"老虎"号的大炮："一看到我们的船，就逃跑了。"仅仅几个小时后，格伦威尔再次获得成功，俘获了一艘装满布料的西班牙护卫舰。格伦威尔返回波多黎各，尝试用俘虏换取所需的牲口，但没有成功，于是他只好答应换"大量现金"。

格伦威尔在"老虎"号上大摇大摆地走来走去的样子令人印象深刻，西班牙俘虏讲述了许多格伦威尔如何伴着音乐用金盘子用餐的故事。他们还带回了关于这次远航目的的推测，告诉西班牙总督，那艘英格兰船"载着各种精通不同技能的人，当中有20多人似乎是重要人物"。特别引人注意的是"船上还有两名身材高大的印第安人，英格兰人对他们很好，而且这两个人能说英语"。据说这两个印第安人与格伦威尔一样热爱音乐，一名西班牙俘虏甚至说，是这两个印第安人说服格伦威尔带上双簧管和风琴上船的。

船队第二次离开波多黎各的时候——包括"老虎"号、"伊丽莎白"号，还有两艘被俘获的西班牙船——格伦威尔认为，到目前为止，这被证明是一次成功的远航。但是长期以来在船员间的不满情绪即将爆发，一部分船员支持格伦威尔，另一部分支持拉尔夫·莱恩。矛盾爆发的导火索是在波多黎各西南端的一次采盐突袭，莱恩认为这次行动过于危险，但格伦威尔对他的批评置之不理，莱恩抱怨说"他事后对我的态度很恶劣"。他们的关系很快恶化，没过多久，莱恩就公开指责格伦威尔"骄傲得令人难以容忍，野心勃勃，贪得无厌"。很多船员都赞同莱恩，"伊丽莎白"号的船长托马斯·卡文迪什和"雄鹿"号的船长克拉克因此受到了格伦威尔的惩罚，这让他们大为恼火；许多船员也遭受了格伦威尔的责骂。当领航员费尔南德斯被冤枉领航失误的时候，莱恩站出来为他辩护。"他的领航技术娴熟，这一路上他都出色地引领船队航行，"他写道，"尽管这也不幸地使格伦威尔一路伴随我们左右。"

1585年6月1日，格伦威尔的船队在伊斯帕尼奥拉岛停泊，这里是在到达北美大陆前最后可能获得补给的地方。他们现在迫切需要新鲜水果和牲畜，但是伊斯帕尼奥拉岛是最不适合寻找这类补给品的地方。据说，这座岛上配有一支强大的守备军，这支军队的总督不太可能欢迎格伦威尔的到来。然而，当格伦威尔让他的船员上岸后，他发现控制这座岛屿的总督伦希福·德·安古洛（Rengifo de Angulo）与加勒比海地区的其他西班牙总督完全不同。他不喜欢西班牙营地军队式的生活模式，反而享受轻松的生活和美好的食物。当听说杰出的理查德·格伦威尔爵士要带领船队驶入海港时，安古洛准备了接近皇家级别的隆重的欢迎仪式。他一想到船上这些"英勇果敢的"绅士们就十分兴奋，还派人送信给格伦威尔，开玩笑地称他为"绿野"（Verdo Campo），并送上了"友善的赞美"。几天后，他亲自来到海港，还带着一位"健壮的厨师"和几个朋友。安古洛简直是"有礼"的典范，"非常亲切"地接待了他，初次见面极为友好。"双方都表现出极大的友善，使我们对西班牙人的恐惧和不信任都被抛在一边。"

格伦威尔一定被这样的盛情接待吓了一跳。多年来，他听说了许多关于西班牙宗教裁判所的爪牙拷问、折磨囚徒的故事，学会了憎恨西班牙人。现在，他发现自己和一位西班牙总督坐在凉爽的棚子下，愉快地聊着天度过了一个下午，他们还一口一口地喝着上好的西班牙葡萄酒。他很高兴终于遇到了一个他不仅可以与之平等相处，还能与之共同享受精致生活的乐趣的人。两人在炎热的天气里慵懒地放松时，格伦威尔提议当天晚上举办一场沙滩宴会。安古洛认为这是个绝妙的主意。没过一会儿，格伦威尔就开始向他的船员发号施令。船员们将食物和其他补给品抬上岸，两位指挥官看着"老虎"号的船员们建造"两间盖着绿色树枝的'宴会厅'，一间房屋是供绅士们使用的，另一间是给仆人们的"。与此同时，船上的厨师正在竭尽全力为宴会准备一顿可口的大餐。

最后，一切准备就绪，两位指挥官在舒适的房间里就座，英格兰和西班牙的绅士们也跟着入座。"这是一场奢侈的宴会，我们尽可能地端出了所有能准备的美食，""老虎"号航海日志的作者写道，"在号角和管弦乐的伴奏中，西班牙人兴奋不已"。绅士们大口喝着葡萄酒、啤酒和白兰地。他们吃完饭，喝得醉醺醺的安古洛靠在格伦威尔身边，提议来一场大型斗牛，"以酬谢英格兰人的盛情款待"。这个提议获得一阵叫好，西班牙总督立刻下令从山坡上赶下一群公牛，"选出三头最好的公牛猎杀"。对格伦威尔在海上受尽磨难的船员们而言，这样的娱乐活动实在是难得的享受。

"这三个小时，我们玩得非常高兴，期间，三头公牛都被杀死了，其中一头是被带到海里用火枪猎杀的。"宴会结束后，主客尽欢。"双方互赠了许多稀有珍贵的礼物，第二天我们就与商人开始交易买卖。"这一次，格伦威尔一次性获得了他需要的全部东西，足以为一座殖民据点打下坚实的基础，这些东西包括马、驴、山羊、绵羊和猪。他还购买了配种用的公牛、各种根茎植物，以及大量的糖、姜，还有能让他在最后回到英格兰后大赚一笔的珍珠。

最后，他告诉西班牙人，他要在纽芬兰建立殖民据点，但其实他真正的目的地距离纽芬兰1000多英里，以防未来与他们"忠诚的朋友情意变质"。

6月7日，"老虎"号和"伊丽莎白"号离开伊斯帕尼奥拉岛，向西北方向航行。两周后，格伦威尔确信他们已经接近美洲大陆了，于是派人登高观察，搜寻陆地。几个小时内，他们看到的都还是海洋，但是接着，地平线上开始慢慢地出现一些深色的斑点，他们的航行正在接近终点。

"老虎"号被一股激烈的浪潮席卷，冲向海岸，这使他们兴高采烈的欢呼戛然而止。这里不是别处，正是恐怖角（Cape Fear），费尔南德斯使出浑身解数才使"老虎"号免于搁浅。还好他们得以逃脱，因为船只一旦搁浅，就没有什么可以阻止海水灌入船舱，毁掉所有补给品。当"老虎"号最终停靠稳当后，船员从船头抛下渔网，"在海浪中一口气捕上来一大堆鱼，要是在伦敦，这些鱼能赚上20英镑"。

格伦威尔小心翼翼地地沿海岸线航行，在地图上标出海湾和浅滩的形状，记录着涨潮和退潮的边界。捕鱼后的第三天，他下令在外滩海岸最南端的沃可肯岛抛锚，所有参与过阿马达斯和巴洛尔那次探索航行的船员都知道这座岛屿，这里的海岸线极为危险。沙滩一直向北延伸——超出视力所及——海岸附近还有许多未在航海图上标示的浅滩。费尔南德斯也参与过1584年的那次任务，所以他知道大西洋是残酷无情的，随时可能掀起一场暴风骤雨，将"老虎"号和"伊丽莎白"号冲毁。他的当务之急是让"老虎"号离开沙洲，进入帕姆利科湾的安全水域，但他一定知道，沃可肯湾的入口海水非常浅，而比较深的费尔迪南多港——以他自己的名字命名——在此处以北 80 英里外。

费尔南德斯决定碰碰运气，测过水深后，他令"老虎"号靠近入口，"伊丽莎白"号和两艘西班牙船紧随其后。就在这时，灾难降临了。由于海水深度测量结果不准，"老虎"号接近沙洲的缺口时触到浅滩，很快就搁浅了。其他船长察觉危险，拼命改变自己船只的航向，但无济于事，它们也搁浅了。

现在，一直处于暴发边缘的暴风雨开始向无法动弹的船队释放它的怒火。随着海风愈加猛烈，巨浪从大西洋上席卷而来，"老虎"号迎着海浪的一侧有可能会被拍碎。在两个多小时的时间里，"老虎"号"搁浅在浅滩上无能为力"，海浪撞击着它脆弱的船板，海水侵蚀过的厚木板从船体上剥落。"我们处在被冲走的极度危险中，"拉尔夫·莱恩写道，"所有船员都认为'老虎'号会被撕成碎片。"他意识到只有涨潮才有望使船只再次浮起来。经过几个小时令人心焦的等待后，"伊丽莎白"号和两艘西班牙宝船的确逃出了浅滩，但是吃水更深的"老虎"号仍无法移动。它"不断被海浪推向岸边"，人们几乎要放弃它了，但是最后，一股大浪将它抬了起来，它"拼命地驶离海岸"。它在此之前共承受了 89 波海浪的冲击，下部的木板被打得粉碎。

精疲力竭的水手感激上帝让他们和"老虎"号幸存，但是他们也为费尔南德斯的错误付出了高昂的代价。格伦威尔的船"受损严重，大量海水涌入船舱，冲毁了大部分的种子、盐、肉、大米、饼干和其他补给品。这些东西本是船队返回后留给殖民地补给用的，但是现在全都被毁了"。对殖民者们来说，这是最糟糕的

1585 年远航的领航船"老虎"号创造了历史，因为它将第一批英格兰殖民者运送到了新世界的土地上。它经受住了暴风雨和搁浅的考验，胜利地带着一艘西班牙宝船返回了英格兰。

消息。现在播种本就为时已晚，更何况现在种子都被海水毁掉了。因为"老虎"号携带着基本全部的供给品——这是格伦威尔莽撞而错误的决定，他认为这样一来这些补给品都在他的船上，可以避免被偷走——殖民者现在将完全依靠印第安人为他们提供食物和其他供给，直到他们能够获得一次丰收。

由于收获粮食几乎还要等上一年，所以他们都知道，现在他们的存亡完全仰赖曼第奥与旺奇斯了。

第六章

总督莱恩的沙堡

理查德·格伦威尔爵士最关心的是将"老虎"号拖到沃可肯岛的沙滩上，以修补它破碎的船体。每逢涨潮，他就安排几队人手用绳索拖拽船只，几经努力，"老虎"号终于被拉上了岸。然后，他们清空船内的补给品，又用绳索和滑轮固定主桅杆，将"老虎"号向一侧拖，直到倾斜过来。

"老虎"号受损程度没有格伦威尔想象的那么严重，船的外壳遭到"磨损"，有的地方已经"破裂"，但是船架本身状况仍然很好。格伦威尔一确认"老虎"号可以再度起航，就命令木匠修船，替换破损的木板，用沥青和绳索堵住缺口。沙滩变成了船坞，水手们忙着砍树，切割木板，清理被热带海洋生物附着的船板以便重新使用。

补给品的损失是更严重的问题。"老虎"号载着几乎全部的补给品，其中大部分都被海水冲毁了。船员将船上剩余的补给品卸下，殖民者们沮丧地看着一袋袋被水浸透的食物堆放在沙滩上，包括"发霉的被海水侵蚀的小麦"、潮湿的燕麦，啤酒和果酒也都几乎全毁。格伦威尔下令将这些东西分成两堆——毁坏的和未遭毁坏的——结果，他发现他最担心的事情发生了：大部分补给品都被毁了。

　　那一小堆干燥的食物，同一旁堆积如山、下边还淌出一股咸水小溪的食物相比简直微不足道。即便是抢救出来的食物也并非完好，奶酪已经碎了，干梅已经被泡发，尽管黄豆和豌豆仍能食用，但是不可能指望它们被种下去之后还能发芽了。

　　格伦威尔担心的不仅仅是食物短缺的问题，他还因为其他船只——"狮子"号、"桃乐茜"号、"雄鹿"号——一直杳无音信而非常担心。自从在葡萄牙附近海岸遭遇暴风雨后，他们就再没见过这几艘船。但是没过多久，他就得知他们也安全地穿越了大西洋。几天后，一支被派出探索外滩南端地形的巡逻队返回，带回了32名殖民者。他们本来是"狮子"号上的船员，但被船长乔治·雷蒙德粗暴地赶上岸。格伦威尔得知，雷蒙德已经启程前往鳕鱼资源丰富的纽芬兰水域。格伦威尔很不高兴，因为他本来希望有机会和雷蒙德商讨情况，可能的话再跟他借一些补给品。不过，几天后，他的怒气消散了，因为"桃乐茜"号和"雄鹿"号出现在地平线上——这极大地振奋了士气。终于，他饱受摧残的船队再次团聚了。

　　格伦威尔打算把雷利的殖民者安置在当前所处位置以北约60英里处的罗诺克岛上。但是由于"老虎"号还在修理，无法航行，所以他提议新到的船只停在这里待命，他本人带领一支小探险队穿越帕姆利科湾的浅水区。这个任务极为重要，他们必须与潟湖附近居住的各部落建立友好联系，因为殖民者很可能要依靠他们来获得食物和补给品。这样做也可以帮助格伦威尔评估殖民地地理位置的优劣。

他谨慎地挑选随行的人，带人进入未知的水域探险绝对是一次艰苦而危险的旅程。潟湖沿岸是一片英格兰人从未踏足过的错综复杂的荒野。在正午炎热发臭的阳光下，空气中的湿气令人难以忍受，阴影中密集的"蚊子云"更是可怕。他们还要担心印第安人，格伦威尔不知道他们看到全副武装的英格兰人时会做何反应。

他决定带上 60 人，这个数量相当可观，其中包括许多绅士探险家：拉尔夫·莱恩、托马斯·哈里奥特、托马斯·卡文迪什，以及画家约翰·怀特，他可以帮格伦威尔画草图，以供返程后交给雷利。曼第奥对探险至关重要，因为只有他可以引导船队穿过芦苇丛生的帕姆利科湾死水区。曼第奥出生在靠近帕姆利科湾南端的克柔投安岛，熟悉周边很多部落的情况，所以他的任务是劝说这些部落的居民，让他们相信这群穿着粗布衣服、蓬头垢面的陌生人值得受到他们的热情欢迎。格伦威尔没有邀请来自罗诺克岛的旺奇斯随行，可能是因为旺奇斯已经表明自己快要对英格兰人失去耐心了。

这支探险队分乘四艘小船：大部分人挤在一艘中型船和两艘稍小的船上，格伦威尔和他选出来的亲信则乘坐他的小船。这是一艘四桨平底摆渡船，本是为在泰晤士河上航行建造的。这艘小船很小，"最多只能载 15 个人，以及他们的行李、装备和食物"，但是它很舒适，作为指挥官，格伦威尔甚至允许自己带上一顶帆布遮篷上船，以在正午的酷热中获得一丝喘息之机。一切准备就绪后，他们"带上 8 天的粮食，从沃可肯岛出发，穿过一段水域，前往大陆"。如果他们在路上的时间超过 8 天，他们就要挨饿了。

　　格伦威尔让曼第奥搭乘领航船是明智之举，因为事实证明，穿越帕姆利科湾的"沼泽和浅滩"极为危险。他的小船很适合在这种水域中航行，但是那艘在波多黎各匆忙打造的中型船就不那么幸运了。"这里的水过浅，中型船吃水又深，船桨根本划不动"，中型船不停触底，船员们不得不滑进水里，将船从泥沼里拖出来。尽管困难重重，但曼第奥还是安全地引导小船队穿过了沼泽，抵达了帕姆利科定居点。这里距离"老虎"号大概30英里，他们艰难划行了一整天才到达这里。

　　一把船拉上岸，格伦威尔挥舞着火枪的战士们就在曼第奥的带领下，沿着泥泞的海岸线行进。尽管全副武装，但是英格兰人还是满心恐惧，他们不知道当地人对于他们的不期而至会做何反应。只有少数几个有早年探险经历的人见过除了曼第奥和旺奇斯以外的美洲土著。当他们接近土著居民用栅栏围起的定居点时，他们既紧张又兴奋。

　　早在他的水手们起航前很久，雷利就为这一刻做好了充足的准备，他委托一位军人朋友起草了一份严苛的行为准则，要求所有水手和殖民者严格遵守。这份文件要求"所有水手不得侵犯妇女；不得强迫印第安人劳动……不得殴打或虐待印第安人；不得趁印第安人不在时，擅自进入其房屋"。违背这些规定的人会遭到严厉的处罚：强奸判死刑，殴打印第安人判"20次杖击"（当着受害者的面执行），未经允许进入印第安人的房屋则判监禁或者当奴隶。

　　抵达村庄后，他们惊讶地发现这里极为原始简陋。这里有18座长屋，都是用粗糙的木杆搭成的，"上面大多盖着树枝，似乎所有人都很喜欢这样的房屋"。还有一些房屋上面松散地盖着茅草席子，白天的时候，茅草席会被移开，以便阳光照进房屋。

快要进入定居点时，他们发现一群围坐在篝火旁的印第安人。首先给他们留下深刻印象的就是印第安人独特的服装。老年人穿着怪异，连哈里奥特都差点儿忍不住笑。他们穿着露肩皮毛衬裙，"长度垂到膝盖下"，他们的头发被剃成高耸的鸡冠形。哈里奥特补充道："他们头顶的头发立着，四周都剪短，但是留着额头上的头发，像是假发。"

女人们看起来更奇特。她们骨骼健壮，半裸胸部，如果她们不剃头发，不在脸颊上刺文身的话，可能也称得上漂亮。困惑不解的哈里奥特写道："她们围着两圈鹿皮……上沿大概到胸部，下摆垂至膝盖。"但当她们转过身后，他们惊讶地发现她们"基本上是一丝不挂的"。

她们的裸体没有让约翰·怀特感到害羞，他立刻开始着手绘制一幅描绘一位年轻女性和一个小孩的水彩画，但是这个小孩面对这位留着大胡子的陌生人时很不安，直到怀特送给她一个布偶——穿戴着典型的伊丽莎白时代软帽和厚底靴的娃娃——这个小孩才乖乖站着不动了。哈里奥特写道："她们非常喜欢从英格兰带来的玩偶和娃娃。"

这次短暂停留的记录不太能反映英格兰人和印第安人之间的关系，但是他们当时的关系应该很友好，因为怀特有许多机会为这些土著村民绘制精致的水彩画。哈里奥特称自己为这里的人着迷，对这片定居点也印象深刻，他动情地写道："这座村庄物产丰饶，环境优美，英格兰无处可与此地媲美。"

留给格伦威尔探索帕姆利科湾南部的时间不多，因为按照他野心勃勃的计划，他在抵达这里的当天就必须再度启程。不愿离开的船员们回他们的小船上，曼第奥再次掌舵，带领船队向大帕姆利科河的一条支流前进。他们在阿夸斯科哥克（Aquascogoc）的印第安人定居点短暂地停留了一会儿，但是这里的人没有与英格兰人见面的意愿，所以他们很快就回到了船上。后来，格伦威尔发现他的银质酒杯不见了。无法控制怒火的格伦威尔派阿马达斯返回那里复仇。"老虎"号的航海日志里绘声绘色地记载道："我们烧了他们的粮食，毁了他们的村庄。"如果不是那些印第安村民及时逃走了，他们可能还会把村民杀掉。这种恣意妄为的暴行没有立刻引起报复，但是对这些马上就必须依靠着印第安人获得食物的英格兰人来说，这真是无比愚蠢的行为。

格伦威尔最后一个想去的村庄是赛科坦（Secotan），位于帕姆利科河一段僻静的支流旁。据说在此居住的印第安人"非常残忍血腥"，英格兰人很怕遭到他们的攻击。有些水手全副武装地穿过灌木丛，其他人则穿上了皮制上衣，避免被弓箭射伤。最终，他们安全到达了。格伦威尔受到了部落酋长的欢迎，在曼第奥向赛科坦的村民解释了他们的来意后，这群英格兰人更是"受到了这些野蛮人的友好招待"。

曼第奥和这些人说了多少他在伦敦的所见所闻，我们不得而知，但是这支全副武装的队伍的到来激发了迷信的印第安人的热情。他们在晚上举行了一场奢侈的娱乐活动，其中一段表演喧闹得可怕，可能是一场庆祝丰收的仪式。10名男子和4名妇女扭动着身体，围着一圈木桩跳舞，这些木桩的上端都雕着魔鬼般的人头像。其中一个女人几乎全身赤裸，其他人露着身体的不同部分。

当英格兰人抵达帕姆利科的村庄时，这里原始的长屋令他们震惊。这些长屋很粗糙，"上面大多盖着树枝，似乎所有人都很喜欢这样的房屋"。

男人们敲击葫芦，发出格格的声响，手上还挥舞着弓箭。

"每个人都穿着他们能穿的最奇怪的衣服，"哈里奥特困惑地写道，"……他们唱歌、跳舞，摆出他们能想到的最奇怪的姿势。

三名美丽的少女在人群中拥抱彼此，似乎在边舞蹈边转圈。"

尽管赛科坦的少女们几乎完全赤裸，但是哈里奥特并未特别受到影响，只是认真地观察着她们的身体。他承认"她们的身材比例匀称"，但是不认为她们脸上的文身充分展现了她们的美丽。"她们眼睛小，鼻子扁平，额头狭窄，嘴巴很宽。"

这座村庄和帕姆利科的定居点很相似，除了一座桶形屋顶的奇怪建筑，这引起了哈里奥特的好奇。他请求让他进入这座建筑一探究竟，进去后却发现自己面对着一排"死尸"。这里是存放村里年长者尸体的藏骨堂，他们木乃伊化的尸体被整齐排列在一座"可怖的"神像前。他们保存尸体的方式令哈里奥特着迷，他如实记录下这些干尸的制作过程。他写道："首先取出内脏，然后剥皮，把骨头上的肉剔干净，然后放在阳光下晒干，干透后用席子包裹好，立起来放好。"以上这些还是容易的部分。"接下来，重新在骨头上包上皮肤（此时韧带仍然将他们的骨头紧密而完好地固定住），这样他们的尸体看上去就好像肉没有被取走一样。"之后，他们的尸体被存放在藏骨堂里，一个"可怜人"被安排在尸体旁守着，"日日夜夜祈祷"。

格伦威尔和他的手下在赛科坦村过得非常愉快，所以他们在村里过了夜。他们本来可以待更久，但是格伦威尔急着回到"老虎"号上，所以他们只好离开。在一周的时间内，他们探索了200多英里的未知领域，这是一项壮举。

当探险队接近沃可肯沙滩时，格伦威尔欣喜地发现"老虎"号已经不再无助地躺在海岸上，而是再次浮起来，与船队其他船只一起停泊在海面上。所有人都上船后，格伦威尔下令船队向北

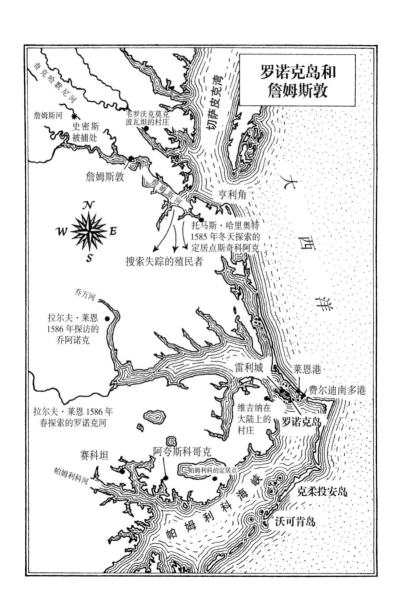

罗诺克岛和
詹姆斯敦

奇克哈默尼河

詹姆斯河

史密斯
被捕处

韦罗沃克莫克
波瓦坦的村庄

切萨皮克湾

大

詹姆斯敦

亨利角

西

托马斯·哈里奥特
1585 年冬天探索的
定居点斯奇科阿克

搜索失踪的殖民者

洋

乔万河

拉尔夫·莱恩
1586 年探访的
乔阿诺克

雷利城

莱恩港

费尔迪南多港

维吉纳在
大陆上的
村庄

罗诺克岛

拉尔夫·莱恩 1586 年
春探索的罗诺克河

赛科坦

阿夸斯科哥克

帕姆利科河

帕姆利科的定居点

克柔投安岛

沃可肯岛

帕姆利科海峡

约翰·怀特送给印第安小孩一个穿戴着典型的伊丽莎白时代软帽和厚底靴的娃娃，赢得了对方的信任，"她们非常喜欢从英格兰带来的玩偶和娃娃"。

航行，前往外滩最大的海湾——费尔迪南多港。他们将最终在那里卸下补给，准备建立殖民据点。

格伦威尔现在意识到，没有印第安部落的同意，他们几乎不可能达成目标。他也知道，阿马达斯和巴洛尔几年前曾与他们诚恳相待，并受到了印第安部落的热情款待。他决定再次与酋长维吉纳的兄弟格兰加尼米奥联系，并且在曼第奥的帮助下，告诉他自己想在这里安置一小批人的想法。这次会面的详细记录已经遗失，"老虎"号的航海日志只记录了 1585 年 7 月 29 日，"酋长维吉纳的兄弟格兰加尼米奥，在曼第奥的陪同下登上了船"。双方似乎达成了友好协议，格兰加尼米奥允许格伦威尔将他的殖民者安置在罗诺克岛上，具体位置可能是沙洛湾的东北岸。这里距离印第安人的部落足够远，以避免英格兰人侵占他们的土地，同时，外滩上的沙丘也可以保护英格兰人免受海浪侵袭。

经历了沃可肯灾难后，格伦威尔长记性了，不再尝试让"老虎"号行驶到浅滩。相反，他命令船队在距离海岸约 3 英里处停泊，但在这里，船员不得不面对一项艰巨的任务：将大船上的物资装载到小船上，再划小船穿过巨浪，把物资运送到海岸上的仓库里。物资运到仓库后，就可以被安全地转移到罗诺克岛了。

这项任务绝不轻松，因为牲畜、成桶的货品、工具都需要用中型船一趟一趟运送到岸上，而在海浪里操控这种船绝非易事。但到 8 月 5 日，第一艘船已经被搬空了，船长约翰·阿伦德尔（John Arundell）返回英格兰，告诉女王英格兰终于在美洲有了立足之地。女王很高兴，授予了他爵位。

现在，拉尔夫·莱恩开始承担起殖民地总督的职务了，他登

赛科坦的村民用一种骇人的舞蹈欢迎这些英格兰人（图片右下方）。他们围着一圈木桩跳舞，"每个人都穿着他们能穿的最奇怪的衣服"。

上海岸仓库的顶端，监督向罗诺克岛转运物资的工作。他当总督当得得心应手，在难得的宁静时间里，他会以他特有而古怪的拼写英文的方式写信寄回英格兰，称他治理的地方是天堂。他吹嘘道："基督教世界的所有王国和国家……都无法产出比这里更好、更丰富的物产……也都没有这里的风景宜人。"因为他登上罗诺克岛还不足两周，批评他的人完全有理由指责他过于乐观，但是莱恩已经证明了这片土地对人的健康有益。他的手下来到这里前身患各种疾病——感冒、鼻炎、支气管炎、肺结核——但如今已经惊人地恢复了大半。"这里的气候十分有益健康，"他写道，"……我们来这里后没有人生过病，来时身患疾病的，也从痼疾中痊愈了。"

物资搬上岸之后，总督莱恩最迫切的任务就是建造一座堡垒。他们很早之前就在考虑这个问题了，雷利早先委托一位专家——可能是罗杰·威廉姆斯（Roger Williams）爵士——设计了一座足以抵御西班牙人和印第安人的堡垒。罗杰爵士果然不负众望，甚至超额完成任务，提出为堡垒再加一重围合结构，使其足以抵御炮击、飓风，以及潮水的侵袭。这个围合结构是个五角形，"有五座壁垒"，还有倾斜的幕墙，以及若干居高临下的防御土墙。军事力量是罗杰唯一考虑的因素："每条路都要直通每一座壁垒……你站在市场上时，可以看到所有壁垒、幕墙和大门。"这样一座堡垒需要大概 800 名士兵守卫，分别配备火枪、长弓和长矛。莱恩很快意识到，威廉姆斯的计划是徒劳，他们只能在罗诺克岛上找到"几块小鹅卵石"——建造幕墙都不够用——其他的防御工事只能用沙子和木板建造。他别无他法，只能造一座类似当初在波多黎各建造的临时防御工事的堡垒：一堵沙墙、一道深战壕，以及用几组重炮围起来的营地。堡垒很快东拼西凑地建成了，因为莱恩希望堡垒在格伦威尔带着大部分劳力返回英格兰前完工。

堡垒一完工，莱恩就命令手下开始建造房屋。这些房屋非常简陋，虽然莱恩、哈里奥特和其他绅士们还住着相对"体面的房屋"，但是大部分人都住着用茅草盖起来的木棚。公共建筑建得稍微用心一些，包括一间教堂、一间仓库、一个储存武器的军械库，还有为在沃可肯灾难中幸免的几只动物修建的一个牲畜棚。除此之外，还有一间配有脚镣的监狱，但这其实就是一个带着滑动脚镣的不可移动的铁栅栏。

8月的第三周，各项工程基本完成，格伦威尔认为是时候离开了。8月25日，"老虎"号起航返回英格兰，留下107名定居者——人数远低于原计划，但是考虑到剩余物资的数量，这是比较务实的数字。三周后，"雄鹿"号也起锚驶向大西洋。殖民者们与英格兰最后的联系被切断了。

船队的离开令殖民者们陷入恐惧。从现在起，他们孤立无援，完全依靠自己的生存技能活下去。没有女人与他们为伴，他们的酒没了，食物剩得也不多了。许多人本就在严重怀疑留在美洲是否明智，现在想离开也太晚了，他们的失望转为愤怒，变成了"野蛮人……他们无法无天，不给总督一点喘息的机会，必须时刻盯着他们"。

殖民地的生活充满危险，但总督很享受这样的生活，这令许多人感到害怕；只有少数几个人拥有总督那种面对艰难的激情。"就我自己而言，"莱恩写道，"每日吃鱼、喝水维生就很满足。"

他补充说，他宁愿在未知的荒野艰难求生，也不愿沉湎伦敦宫廷圈子提供的"大量物质享受"。

殖民者们陷入恐慌，开始抗议，这种悲观情绪令莱恩恼怒，令哈里奥特难过。"有些人……成长在优渥的环境中，"他写道，"他们只在城市和乡镇里生活过，照我说，从未见过真正的世界。"他宣称他们不愿接受不可避免的痛苦："这里没有英格兰的城市，也没有漂亮的房子，没有他们所希望的、过去常吃的精致的食物，更没有柔软的羽毛床，他们觉得这里的生活苦不堪言。"没有人愿意加入莱恩和哈里奥特计划的各种探险，也没有人愿意与印第安人交易商品。很多人"从不离开我们所在的岛屿"，他们一意识到这里没有能让他们发财的金银，就"只顾着填饱肚子，不在意其他任何事了"。

这也不是件容易的事，因为没有几个殖民者拥有必要的技能来自力更生。亚伯拉罕·肯德尔（Abraham Kendall）是一名数学家，马默杜克·康斯特布尔（Marmaduke Constable）刚从牛津大学毕业，安东尼·罗斯（Anthony Rowse）是前议会议员。大部分殖民者自称绅士，因此，他们不打算亲自耕种自己的土地。

一半殖民者是士兵，他们被分成两拨，分别听命于爱德华·斯塔福特（Edward Stafford）上尉和约翰·沃恩（John Vaughan）上尉。他们的任务是守卫堡垒，并作为先头部队探索内陆地区，这两项都是很重要的任务。但是相比殖民者的人数而言，士兵的人数太多。爱德华·努甘特（Edward Nugant）、达比·格兰德（Darby Glande）、爱德华·凯利（Edward Kelly）和约翰·格斯提格（John Gostigo）已经在爱尔兰证明了自己的能力，他们是莱恩亲自挑选

总督莱恩打算建造一座有幕墙和壁垒的宏伟堡垒，但是他们只能找到"几块小鹅卵石"，最后只得采用权宜之计，用沙子和木板建造一座临时的堡垒。

出来的。其他人就不那么守规矩了，哈里奥特报告说，有几个士兵"因为在村里行为恶劣，受到了相应的惩罚"。这些不良分子常常惹出事端，被指控"品行不端"，"不仅恶意在背后讲指挥官们的坏话，还为了自己的利益毁谤国家"。

莱恩没时间管这些人，他在登陆罗诺克岛前，就"订立了纪律"，这项纪律"一直被严格执行，起先是在海上，现在到陆地上了，也需要以同样的方式继续贯彻"。很可能至少有一名违反纪律的士兵被判绞刑，他腐烂的尸体被吊在树上，作为对其他人的严厉警告。

当然，殖民者中还有不少工匠、农民和劳工，但是他们觉得自己没有任何理由替绅士们做那些又脏又累的工作。殖民者中有一个叫约翰·布罗克（John Brocke）的鞋匠，一个叫约翰·费沃（John Feve）的会制作篮子的工匠，以及一个叫理查德·萨雷（Richard Sare）的工人，还有不少铁匠、木匠、酿酒师和面包师。这些技术工大多发现自己在这里无法从事他们被雇用来做的工作。岛上不需要"粗石匠"，因为这里最大的石头只有豌豆大小。以来自布拉格的犹太人约阿希姆·甘兹（Joachim Ganz）为首的"矿工"很快就发现，这里没有比鹅卵石更有趣的东西了。尽管一块"富含铁矿"的怪石一度引起一阵短暂的兴奋，但是无论是甘兹还是其他矿工都无法找到他们急需的贵金属。在这里炼金术可能还更有用些。

几周后，酋长维吉纳第一次拜访了他们。维吉纳变幻莫测，统治着罗诺克岛上的印第安人，以及一处划独木舟大概30分钟可以到达的小型陆上定居点。维吉纳是一位 weroance——"大的"或"伟大的"酋长，一位"对人民"拥有绝对权力的统治者。在大多数情况下，他可以凭借个人——偶尔需要部落长老的帮助——全权掌握司法。他这个野蛮而滑稽的头衔很快就引起了英格兰殖民者的想象，于是他们开始称呼自己的女王为"大酋长伊丽莎白"（Weroanza Elizabeth）。相比他们在发音上遇到的困难，英格兰殖民者们在拼写上遇到的困难要大得多，这个词有 werowans、weroance、herowan、cheroun 和 weroans 等多种不同写法。

殖民者们之前与维吉纳打交道都是通过他的兄弟格兰加尼米奥，因为酋长本人需要养伤。英格兰人急切地想要见到这位强大的统治者，因为他们贪婪的眼睛已经觊觎他的食物储备很久了。但是当维吉纳最终出现在他们面前的时候，他们相当失望。他是个瘦削的男人，有着结实的身体和凸出的眼睛。他脸上没有惯有的文身，实际上，他身上的装饰只有耳垂上的一串珍珠和脖子上一个闪闪发光的铜制颈甲，那是他权威的象征。他的妻子显然更有趣，她丰满的嘴唇和俏皮的表情给约翰·怀特留下了深刻的印象，以至于他立刻拿出画盒开始画画。

维吉纳对待英格兰定居者时很谨慎，不确定应如何应对。有消息称，这些不速之客拥有超自然的力量——而且算是危险的力量——已经对沿岸各地产生了致命影响。哈里奥特写道："每当我们离开一个村庄，几天内人们就开始快速死亡，有的村庄死了20多人，有的死了40多人，或者60多人，还有一个村庄死了120多人。相对于他们的人口而言，这个数字很惊人。"他补充说："这种疾病非常奇怪，他们既不知道是什么病，又不知道如何医治。"

印第安人不知道，英格兰人带来的是麻疹和天花，这对没有免疫力的部落人造成了毁灭性的影响。哈里奥特继续说："这一惊人事件让他们对我们产生了奇怪的看法，他们不知道应当把我们当成神还是人来看待。"

大酋长维吉纳亲身感受过莱恩的神奇力量，但是他拒绝相信他们是神。"有人说服维吉纳，我们的神通过我们完成他的意旨，并且我们——通过神——可以不用武器，或者不近身就杀死别人。"维吉纳迫切地想了解这种巫术的秘密，于是他抓住机会，加入莱恩和他的手下，一起在木教堂里祈祷。

哈里奥特写道："维吉纳和他的手下多次高兴地参与我们的祷告，他也多次把我们叫到他的村里，或陪我们到其他村里，一起祈祷、唱赞美诗。"

他很享受唱赞美诗，但他不打算放弃他的传统信仰，他迷信的本质还是占了上风。"有两次，他病得很重，看起来要死了，躺在床上日渐衰弱时……他派人叫了几个我们的人过去为他祷告……祈祷他能够活下去，或者死后能够与上帝同在。"维吉纳对殖民者的宗教信仰的兴趣绝非个别现象，所有邻近部落的人都被英格兰人的信仰迷住了，尤其是哈里奥特开始用阿尔冈昆语传播福音后，他们更加好奇了。福音书引起了印第安人极大的困惑，他们认为那本书包含了某种超自然的力量，所以他们从哈里奥特手中抢走书，"高兴地抚摸、拥抱、亲吻它，把书放在胸口和头顶"。但是，当几乎全身赤裸的酋长开始"将《圣经》在放在身上上下拍打，急迫地想获取里面的知识"时，场面就更加尴尬了。

莱恩的探险队初到罗诺克岛时，迎接他们的是碧蓝的天空和炎热的天气。但现在已经 9 月了，气温骤降，怀特喜欢画的家燕开始迁徙，取而代之的是红胸秋沙鸭，它们是寒冬将至的第一个预兆。这种状况让英格兰殖民者充满恐惧，他们的房屋简陋（许多人的房屋墙壁上只铺着粗席子），他们的衣服也很单薄。更令人担忧的是，他们缺少食物。他们到达罗诺克岛的时间太晚了，无法播种，沃可肯灾难又让他们失去了许多可以腌好并储存起来应对寒冬的肉类。大商人托马斯·哈维（Thomas Harvey）努力猎取"野兽、鱼类和鸟类"，但是这些食物"不可能很快凑够一定数量，口味上也不太能满足我们"。

哈维的经历让他对罗诺克岛上的生活逐渐绝望，他开始后悔在这座岛上定居。在伦敦，他是杂货商公司（Grocer's Company）中受人尊敬的一员，虽然收入不多。当他从曼第奥那里听说美洲

这张画可能画的是罗诺克岛的大酋长维吉纳。他虽然身体结实，却十分瘦削。他的脖子上戴着一个闪闪发光的铜制颈甲。他对定居者们的态度有一个逐渐变化的过程：刚开始很谨慎，之后友好且充满好奇，最后充满敌意。

有丰富的资源——在议会讨论过这个问题后，这则消息像野火般蔓延——他抓住了这次结合了冒险和贸易的机会，希望抵达美洲后用不值钱的小装饰品换到大量动物皮毛。但是现在，正在亲身经历食物短缺窘境的他觉得自己上当了。不久之后，他就开始抱怨他失去的不仅是"自己的绝大部分财富"，还有"从别人那里借来的钱"，而他被迫把这些钱花在了必不可少的食物上。

印第安人收获谷物后，他们总算从印第安人那里买到了小麦、豆子、菠菜和葵花籽——他们将其中一部分晾干存储起来。他们还设法用玉米"酿造了好酒"，这极大地鼓舞了士气。另外，他们还腌制了一些肉存储起来。但是他们严重低估了维持生计所需的食物数量。

定居者们发现，在海边的浅水区捕鱼是不可能的，他们也学不会印第安人用陷阱捕鱼的方法。这种陷阱用"芦苇和细枝"编制而成，放在水里。他们同样学不会印第安人用弓箭捕鱼的方法，印第安人"像爱尔兰人投飞镖那样射出箭捕鱼，他们或是在船上，或是在浅水区里跋涉，把箭射入水中抓鱼"。丛林里有很多鹿和熊，但是英格兰殖民者甚至连狩猎它们都成问题，或许是因为他们的火药在"老虎"号那次事故中毁了。

目前来说，这些都不重要，因为印第安人愿意给他们提供食物，帮助他们渡过难关。但是如果英格兰人知道印第安人的善意已经接近极限，他们或许会在为时过晚前加倍努力，多收集些野果、栗子和橡果。

定居点一建完，莱恩就开始计划一系列穿越帕姆利科湾的探险。他的第一个目标是北方定居点斯奇科阿克（Skicoac），那是一座重要的村庄，曼第奥夸张地将其描述为一座"城市"。莱恩本人没有参与这次探险，而是派哈里奥特和怀特带队，要求他们绘制一张帕姆利科湾北端的详细地图，那一整片地区仍然未经探索。即使按照伊丽莎白时代的标准来看，他们的探险装备也十分简陋。哈里奥特的主要工具是标度盘、直角器和罗盘；怀特携带的必需品应该类似伊丽莎白时代的测量员标配，"一沓羊皮纸、卷轴纸、羽毛笔和墨水，以及制作墨水所需的黑色粉末"。两人的工作进度很慢，但是有条不紊：哈里奥特负责记录数据和坐标，怀特负责将地形记录在一张大纸上，使用不同颜色的颜料标识不同的地形特征。这项工作极为艰辛，尤其考虑到他们的工作台是一艘在风雨中飘摇的中型船。这是他们技艺的证明，因为他们回去的时候为莱恩交上了一幅精美的地图。

他们朝东北方向缓慢前进，在向西转入切萨皮克湾的入口前，一度驶离帕姆利科湾进入大西洋。哈里奥特和怀特都被印第安人的友善和这片土地的富饶打动，他们尤其对切萨皮克湾的深水区感兴趣，这片地区向他们展现了新的可能。他们在这里停留了一个多月，在此期间吃了很多苦头，因为现在"是冬季，而我们的住处是户外的空地"。总督莱恩对户外生活的热爱似乎传给了哈里奥特，哈里奥特完全享受着旅途的艰苦，甚至称赞印第安人清苦的冬季饮食。"我祈祷我们能遵循他们的饮食习惯，"他写道，"那样我们就能摆脱因奢侈和不规律的宴会、尝试新酱料，以及为满足无尽食欲而暴饮暴食患上的各种疾病。"

哈里奥特和怀特的探险队在初春回到了罗诺克岛，他们发现定居点的英格兰人的精神状况很糟糕。殖民者们的食物储备所剩无几，尽管他们获得了一些玉米种子，但是印第安人似乎已经不愿再把粮食分给英格兰人了。维吉纳表面上仍很友好，但是殖民者对食物的需索无度正在迅速消耗他的耐心。很有可能——尽管资料不详——维吉纳的部落和英格兰人间发生过多次暴力冲突，造成了危险的隔阂。这解释了为何他的态度突然从友好转向了敌对，以及他为何突然决定将英格兰人一次性赶出罗诺克岛。"有人建议酋长，他自己也最终决意，"莱恩写道，"……一定要将我们彻底消灭。"

维吉纳不知道如何达成这一目标，他的无助感使他狂妄地吹嘘自己拥有一支"有3000名弓弩手的大军"，这支军队将要扫荡罗诺克岛，彻底消灭殖民者。莱恩并不担心，但他很好奇，计划前往乔阿诺克河探险，据说那支军队将在那里集结。当维吉纳同意提供向导带他们去那里时，总督意识到这有些奇怪，于是他带上一队人马随他一起，队伍里的人都全副武装。

事实证明，这段旅程很轻松，因为这是"全世界最平静无波"的河流，所以他们很快就到达了乔阿诺克定居点，这里是乔阿诺克河沿岸"最大的定居点"。莱恩表现出了当初促使雷利雇用他担任总督的领导能力：大胆、果断、自信。他率领一支由40人组成的方阵进入村庄，抓住了酋长。这个过程相当轻松，因为这位名为曼纳托恩（Menatonon）老酋长腰部以下是瘫痪的。这位无计可施、又被团团围住的老酋长意识到战斗已经结束，于是承认他确实在集结军队，但这只是因为维吉纳"不停派人告诉他们，英格兰人一心要消灭他们"。莱恩纠正了他的说法，曼纳托恩含糊地道歉，两人在篝火旁聊了起来，建立起了新的友谊。莱恩写道：

"就野蛮人来说，他是个庄重而智慧的人，善于言谈。"他补充道："在接下来共处的两天里，他大大加深了我对这里的了解，比从我和我的伙伴之前的研究，以及我们见过的野蛮人那里得到的都要多。"曼纳托恩告诉了莱恩一个非常诱人的消息——如果他沿着河向上游再走三天，然后上岸再走四天，就会到达一个强大的酋长的领地。领地附近的海湾水很深，最大的船只也能安全地停泊。莱恩怀疑他说的海湾就是哈里奥特和怀特发现的那个海湾，于是开始计划一场大探险。

莱恩还得知，附近的罗诺克河地区也值得深入探索，这位被俘的酋长告诉他，如果他继续深入内陆，就会发现一个拥有很多铜的部落，多到"用大铜盘装饰房屋"。这个消息对莱恩而言是天大的好消息。在英格兰，铜供不应求，廉价的铜金属资源能让雷利渴望暴富的金融家们乐得合不拢嘴。他决定将这个产铜部落作为他的首要目标，并即刻启程。莱恩很清楚，在预计会于夏季到达的补给船抵达这里之前，他需要点儿好消息。

莱恩带着两艘小船和40名最坚毅的士兵，沿着罗诺克河向上游探险。但他们很快就发现，他们的船很难前进，因为河水"水流湍急"，几乎无法航行。曼第奥告诉他们，这一段还算好走的，再往上游，"河上有许多小河湾和转弯，划行30多英里后，水面才会变宽，与格林尼治和道格斯岛之间的那段泰晤士河差不多宽"。

划桨的人很快就精疲力竭，饥饿难耐。他们本来希望能从印第安人那里买到食物，但是他们后来发现所有河岸附近的部落居民都逃进了树林。"在河上航行三天，我们连一个人都没见过，也没有在他们的村里找到一点儿粮食。"尽管如此，莱恩还是把他们逼到了极限，他们设法一天划出了30英里的距离，实在是了不起。

　　经过了几天的艰苦前进后，莱恩面临着一个艰难的抉择。船上剩的食物不多，而据莱恩自己估计，他们离罗诺克岛还有160英里。随时可能出现"逆风或者暴风雨"的天气，而且他怀疑他们可能会被"野蛮人"伏击。对他来说，很显然应该继续前进——毕竟，探险的乐趣之一便是考验耐力，但是他极不寻常地允许船员们自己选择。"我让他们彻夜斟酌考虑这件事，早上出发时，按照大多数人的意见决定我们接下来的航向。"船员们讨论到深夜，争论他们应当冒着生命危险继续往上游前进，还是应当返回罗诺克岛的安全地带。破晓时分，莱恩询问他们的决定。"最终，全体船员一致决定……既然我们平均每个人还有半品脱①的食物，那么我们就不应该放弃、离开这条河。"

　　他们重新燃起对成功的渴望，再次出发，对抗着愈发湍急的河流。但是两天来的疲惫最终打败了这些顽强但饥饿的船员。他们把船停在岸边，不知道自己会不会死在这片阴暗荒凉的森林里。

　　夜幕降临，温度骤降，他们注意到黄昏中有些小火光在闪烁，他们希望那意味着附近有一处可以找到食物的定居点。"傍晚，"莱恩写道，"……我们听到野蛮人的叫声，我们觉得听上去像是在喊'曼第奥'，曼第奥这时也在我的船上。"船员们都很激动，"希望双方可以友好会面，让曼第奥回应对方。他们开始唱歌，这些探险家们以为那是为了表示欢迎"。但是曼第奥不怎么确定那是欢迎的叫喊，他竖起耳朵听他们唱的歌，突然跳起来，抓起他的武

———————————

①　1品脱约等于568.26毫升。

器。"他告诉我他们是想要和我们打仗,"莱恩写道,"他话音刚落……他们的箭就射了过来。"幸运的是,岸上的船员都穿着皮制短衣,所以箭头"没有伤到任何人——感谢上帝"。船上的人拿起武器、跳上岸,追着印第安人进入了丛林。"太阳即将落山",莱恩明智地下令不再追捕,让船员们返回河岸。他们匆忙地建起一座临时堡垒,选出一名哨兵彻夜站岗,并一致同意"日出前"就启程返回罗诺克岛。

船员们已经饿得不行了,他们贪婪地看着探险队带上的两只雄性獒犬。这两只体型庞大的动物吓坏了印第安人,作为看门狗很有价值,但是现在因为船员们极度渴望食物,它们有了更实际的用处。他们宰杀了这两只獒犬,将肉与檫树叶混在一起熬成"粥"。饥饿难耐的船员大口吞食着这令人作呕的混合物,一直吃到吃不下为止。接着,他们短暂地休息了一会儿,爬上船,一边小心地留意着来自森林的突袭,一边向下游行驶。

他们返程的速度快得多,小船被水流带着顺流而下,一天就可以走完之前四天的路程。即便如此,他们抵达帕姆利科湾的开阔水域时,凝固的獒犬肉粥也早就吃完了。"除了檫树粥,我们没有任何其他东西吃。"就连兴致高昂的莱恩都记录道,檫树粥难以下咽,还趁机开了整本日记中唯一的玩笑:"这是复活节前夜,我们确实禁食了。"

他现在意识到,自己能够将所有人活着带回河流下游有多么幸运,他们险些在途中饿死。然而,他们的苦难还没有结束,因为他们发现自己无法划船渡过帕姆利科湾,"风太大了,巨浪翻腾,穿越海湾的过程中船只肯定会沉没"。但是第二天早上,暴风雨停了，经过一整天的辛苦航行，他们终于回到罗诺克岛上的定居点。莱恩写道："感谢上帝，没有让我们全军覆没。"

探险队的回归令英格兰人和印第安人都大吃一惊。他们不在的时候，维吉纳对英格兰和印第安人谎称探险队已经被消灭了——"一部分被屠杀了，一部分被饿死了"。他告诉他部落的人，这证明英格兰人并非如迷信的长老们相信的那样是不死之身。部落的人听信了维吉纳的话，认为他们被英格兰人欺骗了。"不仅开始轻视我们……而且开始咒骂上帝，直白地说上帝不是神，因为上帝既无法使我们免于挨饿，也无法让我们免于死亡……"

维吉纳的策略很成功。如果不是莱恩的探险队出人意料地回来了，维吉纳就会把他的部落从罗诺克岛撤走，搬到大陆的定居点去。这会为殖民者们带来可怕的后果，因为他们"没有捕鱼的工具……也没有播种的种子"。莱恩后来写道："如果这种情况真的发生了，我们将陷入绝境。"英格兰殖民者会被活活饿死。

探险队的返回改变了一切。首先，它推翻了维吉纳告诉他部落的一切，极大地削弱了他的权威。这也迫使他再次听从他最有影响力的顾问安塞纳尔（Ensenor）的意见，而后者一直支持英格兰人的事业，相信英格兰人出现在罗诺克岛对印第安人有益。安塞纳尔一直请求他部落的人尊重英格兰人，他认为"他们是上帝的仆人……不是印第安人能消灭的"。他认为莱恩的手下是幻影和幽灵，"如果死去，会给印第安人造成更大的伤害"。

现在，维吉纳的部落站在了安塞纳尔一边，相信英格兰人确实是转世的幽灵。他们拒绝听从酋长的激烈言辞，重拾了他们过去的信念，认为英格兰人是"重返阳间的死人"。

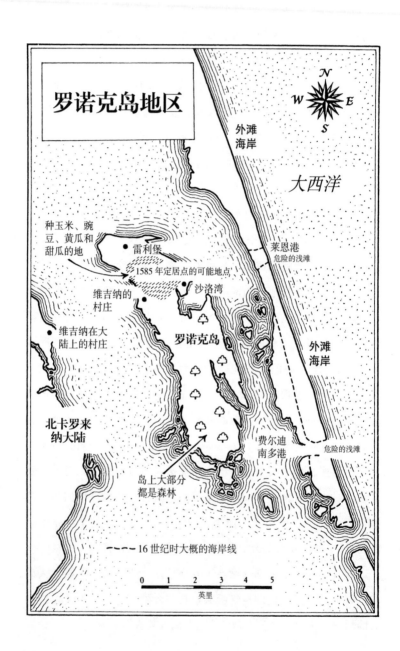

罗诺克岛地区

外滩海岸

大西洋

种玉米、豌豆、黄瓜和甜瓜的地

雷利堡

1585 年定居点的可能地点

莱恩港
危险的浅滩

沙洛湾

维吉纳的村庄

罗诺克岛

维吉纳在大陆上的村庄

外滩海岸

北卡罗来纳大陆

费尔迪南多港

危险的浅滩

岛上大部分都是森林

- - - - 16 世纪时大概的海岸线

0 1 2 3 4 5
英里

这让英格兰殖民者很振奋。很快，他们得到一个更好的消息。一位印第安送信者来到罗诺克岛，从残疾的酋长曼纳托恩那里带来了一个消息，他说他们深受莱恩讲述的伊丽莎白女王的故事触动，下令让他手下的一位低级酋长"将自己献给英格兰的大酋长，成为她的仆人和家丁，追随女王陛下和沃尔特·雷利爵士"。这位酋长名叫欧克伊斯克欧（Okisko），为了表示他的忠诚，他派遣"最重要的 24 名属下来到罗诺克岛"，宣布"从此以后，他和他的手下承认英格兰女王是他们唯一的君主"。

这个消息使殖民者们欢呼雀跃。仅仅在到达美洲 8 个月之后，就有印第安部落准备接受伊丽莎白女王作为他们的最高酋长。现在，女王有了一个奇特的新头衔，一个将给她带来巨大荣耀的头衔。自此以后，她就是弗吉尼亚大酋长伊丽莎白（Weroanza Elizabeth of Virginia）。

维吉纳知道了这些情况后，终于相信他的反英政策彻底失败了。既然他不再能依靠自己的部落和周边部落的支持，就只能命令他的手下协助英格兰人。他们设置好捕鱼陷阱，到 4 月底时，这些殖民者"已经种了一大片土地，如果上帝保佑这片土地丰产，产出的粮食将足以在一年内喂饱所有人"。他甚至给了英格兰人一些土地——他之前坚决拒绝这样做——这样他们就可以在自己的土地上播种玉米了。

几个月来，罗诺克岛上的英格兰人第一次乐观了起来。英格兰的补给船预计在 7 月初抵达罗诺克岛，届时，第一批粮食就可以收割了。再过两个多月，殖民者们就无须再依靠印第安人提供食物了。

第七章

弗朗西斯爵士上场

理查德·格伦威尔爵士返回英格兰的路上都很走运。1585年8月的第三周，他从罗诺克岛出发，驶向百慕大时，幸运地遇到了同西班牙珍宝船队走散的"圣玛利亚"号（*Santa Maria*）。

"圣玛利亚"号的船长紧张地向"老虎"号致意，他发射了一轮空炮，"以表善意"。但是格伦威尔立刻开炮回敬——用的不是空炮，而是重型加农炮——把他最重型的武器瞄准了"圣玛利亚"号的船体。"他向他们开火，并且彻底压制了他们……击断了他们的帆缆，使他们的船动弹不得。"受到鼓舞的格伦威尔继续向他们开炮，攻击已经受损的船体。"炮弹打死了一个甲板上的人，还有四五个人受伤，两枚炮弹击中吃水线附近，船开始下沉。"为了逃脱厄运，西班牙人拉起船帆，使船体旋转90度，这样破碎的船体就不再面向海浪。但是"他们别的什么都做不了，因为他们的船受损太过严重"。

格伦威尔急于登上"圣玛利亚"号，掠夺船上的货物，但是很快他就意识到一个大问题：他愚蠢地把中型船和所有小船都留在了罗诺克岛的拉尔夫·莱恩那里，所以他没有办法让他的人登上西班牙宝船。就在他思考怎么办时，一位船员想出了一个聪明的主意——"用木箱的板子组成小船"。他们的确用这个办法组出了一艘小船，但是这艘船过于脆弱，一下水就开始散架。在西班牙人的奚落声中，格伦威尔和登船小队划向"圣玛利亚"号，突然只听一阵破裂声响，这艘小船在"西班牙宝船的船舷边散架、下沉"。格伦威尔和他的人不得不抓住船的绳索把自己拖上船。

受伤的西班牙船员不愿再交战，他们自愿向格伦威尔投降。格伦威尔承诺，只要他们交出"圣玛利亚"号的登记簿，他就"不会再伤害他们"——这对那些已死和濒死的人而言毫无安慰作用。掌握了这艘船的货物价值和数量时，格伦威尔几乎难以相信自己竟然如此走运。根据西班牙的官方记录，"圣玛利亚"号上载着大量黄金、白银和珍珠，还有 200 箱糖、7000 张兽皮、1000英担^① 姜，"总价值高达 12 万杜卡特"。

货物太多，无法都搬运到"老虎"号上，所以格伦威尔决定修复"圣玛利亚"号破损的船体，然后带一小队士兵接管"圣玛利亚"号。转移完宝物后，格伦威尔带领船队缓缓驶回英格兰。1585 年 10 月，船队终于在普利茅斯港下锚。

他凯旋的消息已经传到伦敦，格伦威尔突然发现自己成了英格兰最受欢迎的人。一份文件记录道："他受到了朋友们的崇拜和盛情款待。"毫无疑问，这些盛情款待包含大量红酒，这些招待格伦威尔的东道主大多恰好也是罗诺克岛探险项目的投资人，他们希望获得自己的那份回报。小贩和酒馆的流言称那艘船价值 100万，甚至更多，但无论伦敦的商人们如何纠缠格伦威尔询问船上

---

① 英担，1 英担等于 50 公斤。

货物的价值，他们都一无所获，狡猾的理查德·格伦威尔爵士总是三缄其口，反倒把他的时间用在秘密变卖他占有的货物上了。

几周后，他写信给投资者之一弗朗西斯·沃尔辛厄姆爵士，告诉他一个不幸的消息，即"圣玛利亚"号的价值被大大地高估了，"整艘船宝物的估价……最多不过4万或5万杜卡特"。这么低的估价显然是胡说八道，但是即便货物的估价如此低，格伦威尔也表示可以"用一定的收益回报您的投资"。这种自吹很重要，因为这向伦敦的金融家们证明，只要殖民地可以作为私掠船和海盗的基地，殖民美洲就是一项有利可图的事业。格伦威尔已经给他们提供了切实的证据，证明在罗诺克岛上建立防御要塞——作为补给站和仓库——的优点，勇敢的船长们可以从那里突袭西班牙珍宝船队。这是一个令人激动的未来，人们开始兴奋地讨论殖民美洲将如何使他们"占有腓力国王的财产，这一定能瞬间毁了他，因为他和他所有的高利贷者都靠这个生活"。

格伦威尔向雷利提供了各种关于罗诺克岛上新兴殖民地的记录。他骄傲地告诉雷利，定居点已经建起来了——毫不害臊地夸耀自己在其中的功劳——并且补充说，通过他的不懈努力，这个定居点"有大量家养牲畜和野兽，未来必然对国家有益"。不过，他也提到"老虎"号损失货物的消息，说明了他把殖民者们饿着肚子留在那里，只给他们留下了发霉的种子的情况。

这些消息令雷利警觉。第一批运输补给品的船队本应在数月前就起航，但因西班牙出人意料地发生了一件事而推迟了，西班牙的事情不仅使英格兰和西班牙濒临开战，还威胁到第一个在美洲的英格兰殖民地的存亡。

　　腓力国王对伊丽莎白女王在西属尼德兰问题上的强硬外交方针愈发失望，对于她拒绝叫停诸如理查德·格伦威尔爵士等船长的海盗活动极为愤怒。适逢西班牙粮食歉收，有可能导致饥荒，腓力国王决定耍阴谋：他邀请英格兰商人们派遣一支大商船队运送粮食，但他打算扣下货物，囚禁水手，作为彻底禁止英格兰贸易的前奏。

　　这是一个大胆的想法，而且差点儿就成功了。但是一次小小的失误导致整盘皆输，反过来又对罗诺克岛上的新兴殖民地产生了一系列严重的连锁反应。1585年春天，事情出了差错，腓力国王的军官们登上了一艘停泊在毕尔巴鄂湾的英格兰大船"报春花"号（Primrose）。"报春花"号的船长不知道西班牙人正在扣押英格兰船只，于是热烈欢迎了这支登船队伍，对比斯开湾的西班牙中将尤其殷勤。比斯开湾中将这样回报了他们的善意：要求他们"投降，因为你已经是国王的俘虏"。船长笨拙地向他的船员们喊道："我们被背叛了。"

　　但是英格兰水手们不打算投降。他们清楚被捕就会被关进监狱，遭受酷刑，他们宁愿"在海中被烧死，也不愿落入施刑者的手里受罪"。于是他们做好猛攻的准备，"勇敢阳刚地……拿着长矛、短矛和刀枪冲向西班牙人"。

　　这是一场大屠杀，"报春花"号的上层甲板变成了人类的屠宰场。"现在，血流成河。有人腿部中枪，有人被子弹穿膛而过，有人手被刀砍伤，有人身体上插着刀剑，还有很多人受了重伤。"西班牙人很快意识到他们严重判断失误，英格兰的船员们是顽强的海上暴徒，他们坚忍不拔地作战，没多久就夺回了"报春花"号的控制权。西班牙人只得认输，立即"连滚带爬地撤到船体两侧，手里还握着武器，有人掉到了海里，有人掉进了他们自己的小船上"。

那位中将紧跟着他的士兵跳到水里，抓住他们的小船，但是"他不走运"，被英格兰人拽回了"报春花"号上。他知道自己在劫难逃，于是伸手在湿透的衣服里掏出"一份国王任命书，表示他做的一切都是国王授权的"。

直到此时，"报春花"号的船员们才意识到他们抓住了一个很宝贵的人质。这位中将手里的文件能够证实国王腓力是整件事的幕后主谋。这位英格兰船长立刻起航返回英格兰，将那份任命书和这位西班牙中将一并交给伊丽莎白女王。

女王得知此事后大怒，发誓复仇。英格兰的商人们也不甘示弱，呼吁对西班牙宣战。很快，整个国家上下都在要求采取行动，伊丽莎白回应了民众的呼声，抛开了一贯的谨慎作风，下令对西班牙货物实施报复性禁运，并且给商人们签发了一份报复性劫掠文件。这相当于宣战，因为女王采取的方式使"上述商人可以合法地以武力攻击……在海上劫持并拘押任何属于西班牙国王的船只和货物"。此后，他们被允许采取"如同女王与西班牙国王处于正式战争期间一样"的行动。女王表示她是认真的，命令她信赖的仆人弗朗西斯·德雷克爵士准备一支船队去营救被扣押的船只。

随后公众的群情激奋给罗诺克岛上的拉尔夫·莱恩和他饥饿的殖民者们带来了不幸的后果。因为雷利为殖民地准备的补给船"金皇家"号（*Golden Royal*），本来已经载满工具和食物准备前往美洲，但是女王宣布她有一项更紧急的任务要交给这艘船的船长伯纳德·德雷克（Bernard Drake）——弗朗西斯·德雷克的哥哥。她担心在纽芬兰的英格兰渔船正处于危险中，所以命令伯纳德去提醒渔民们注意事态发展，并且保护他们免受攻击。

年轻的伯纳德严格执行了女王交代的任务，甚至在接下来的几周内抽出时间攻击了 19 艘西班牙船只，令这些船主们怒火中烧。伊丽莎白为他的成功而欢欣鼓舞，为了进一步在西班牙人的伤口上撒盐，伯纳德回到英格兰后，就被授予了爵位。

英格兰的海盗很快就在新大陆的海域里猖獗起来，西班牙印度议会被迫给国王写了一份绝望的请求信："考虑到损失与日俱增，这些海盗一日不除，我们就将永远备受骚扰。我们再次谦卑地恳求陛下寻找补救的办法。"他们补充说，当务之急是找到英格兰的殖民地，并且将之彻底捣毁，因为他们认为英格兰的海盗船就藏匿在那里。

由于缺乏可靠的情报，西班牙人处处受阻。尽管几十份报告被送到了国王辉煌的宫殿——埃尔埃斯科里亚尔，但没有几份报告有切实的消息，尽是传言。一份报告写道"这些海盗的计划和主要目标还不清楚"，另一份报告声称雷利已经派遣了 500 多名殖民者前往美洲。愤怒滋生绝望，西班牙印度议会准备了一艘军舰，"这艘军舰强大而装备精良……载有定居者、武器、火药、必要的军需品和其他可能需要的货物"。这艘军舰将同时发挥防御和进攻的作用——既可以保护佛罗里达的西班牙军事前哨，又可以对英格兰殖民地进行打击。

腓力国王完全支持这些举措，他知道要想将英格兰人逐出美洲，武力是必不可少的。但是无论是西班牙人还是英格兰人都不知道，拉尔夫·莱恩的定居者此时正在证明，他们有能力自己摧毁自己。

经历了不幸的向罗诺克河上游探险后，拉尔夫·莱恩变得非常乐观。粮食已经种下，捕鱼陷阱已经安置妥当，他还在日记里提到，粮食只需要两个月就可以收割了，届时殖民地将实现自给自足。"我们需要担心的只有这两个月了，"他写道，"如果这段时间内野蛮人不帮助我们……我们可能会挨饿。"

但是，1586 年 4 月 20 日，莱恩得到了一些可怕的消息。"我们国家唯一的朋友"安塞纳尔过世了，英格兰人失去了最忠诚的支持者。"只有他在协商过程中反对所有不利于我们的事务。"他受到许多人的尊重，足以使维吉纳屈服。几天后，更多坏消息传来，莱恩得知旺奇斯和其他几个人背弃了英格兰人的事业，英格兰人的印第安盟友如今只有曼第奥一个人了。

随着安塞纳尔之死和亲英阵营的瓦解，维吉纳又重新燃起了对莱恩的敌意，他暗暗发誓要彻底消灭殖民者。他受够了"每天都要送食物"，下令禁止部落的人向英格兰人出售任何食物。他还准备将他的定居点搬去大陆，强迫他的手下破坏所有捕鱼陷阱，这些陷阱"一经毁坏，就永远修不好了"。

事态严峻。"他们的酋长相信，"莱恩写道，"由于缺少食物，我必然会将我的手下派到不同的地方，以抓捕贝类维生。"这的确就是英格兰人采取的措施。"由于饥荒在我们之间愈演愈烈……我不得不派 20 个人跟着斯塔福特船长前往克柔投安岛。"然后，莱恩进一步减少了罗诺克岛上英格兰人的数量，他派出一支队伍前往外滩，让他们"在那里生活，并且等待船只"。同时，他还轮流派人去大陆上搜寻浆果和贝类。

没过多久，维吉纳认为英格兰人已经足够衰弱，是时候攻击他们的堡垒了。他花了很多力气说服其他部落加入他的行动，许诺在胜利后把战利品分给他们。一个叛变的印第安人将消息泄露给了莱恩，所以他提前知道了印第安人计划的伏击行动。这次伏击是印第安人精心策划的，将有几百名士兵参与其中。维吉纳的两名顾问和 20 名弓箭手将划船到罗诺克岛，然后，按照莱恩的说法："夜深人静时，他们会包围我的屋子，点燃芦苇。"如果一切按他们的计划进行，惊慌失措的莱恩"会突然冲出屋子，只穿着衬衫，不带武器，他们会趁机重击他的头"。莱恩被杀死后，他们就会杀掉哈里奥特和其他"绅士们"，接着再攻击其他吓傻了的幸存者。短短的几个小时内，英格兰人在美洲的殖民地将会从地图上彻底清除。

莱恩得知印第安人的突袭计划后，他决定采取一个只有他能想得出的大胆计划来夺取主动权。他派人送信给维吉纳，告诉他自己将带领一小队人前往克柔投安岛，因为他"听说英格兰人的船队已经抵达那里了"。这是谎言，莱恩在日记里承认："说实话，我既没有听说这种奇遇，也对此不抱希望。"但是他知道这么说会使维吉纳警惕，迫使他推迟进攻。

现在莱恩开始办正事了，他必须抓紧时间，因为印第安侦察兵很快就会识破那个谎言。他召集他的手下召开秘密会议，告诉他们，他计划在 5 月 31 日晚上进攻维吉纳的村庄。这是一次夜袭，也就是"camisado"——西班牙语本意为衬衫，之所以这样用，是因为袭击者会把他们的衬衫挂在身后，以防被自己人误伤。

　　计划分为两个阶段。进攻前夜，莱恩的人将"控制岛屿周边所有的独木舟"，这样他们就拥有了足够的船只快速渡过海湾。确保他们控制了所有船只是十分必要的，否则即将发动进攻的消息很快就会传到维吉纳那里。这一步完成后，他们会等到夜幕降临，再划船到大陆，对维吉纳的定居点发起正面进攻。

　　这场进攻从一开始就出了乱子。一群人被派去"在太阳落山时把所有的独木舟聚在一起"，但是两个印第安人成功逃脱了，拼命划向大陆。英格兰人在后边追击，追上之后，他们就立刻"砍下了那两个野蛮人的头"。不幸的是，罗诺克岛上的几个印第安人目睹了这场屠杀。"他们大喊大叫起来。实际上，他们自己也心怀鬼胎，作为间谍日夜监视着我们，如同我们对他们做的那样。"现在，时局翻转，印第安人发起了进攻，几分钟内，莱恩就发现自己被困在这座岛上，孤注一掷地战斗。"印第安人拿起他们的弓箭，我们拿起我们的武器，"他写道，"一开始，我们开枪打死了三四个印第安人，其他印第安人逃进了丛林。"莱恩的处境岌岌可危，尽管他知道逃走的印第安人不可能穿越海湾去报告维吉纳，告诉他罗诺克岛上发生的事情，但他还是觉得自己已经失去先机。现在，他别无选择，只能硬着头皮向大陆发起进攻，但是因为担心遭到印第安人伏击，他选择在黎明时分发起进攻。

　　莱恩的手下在营地内度过了紧张的一夜，担心丛林里的印第安士兵侵扰他们。这种担忧有充分的理由，因为曼第奥过去警告过他们，印第安人喜欢"出其不意，一般都是趁着天刚亮，或是借着月光"。他们整夜握着武器，但是突袭并没有发生，当他们看到第一道曙光照亮了东边的天空时，都松了一口气。

维吉纳的手下急切地想要清除英格兰殖民地。莱恩说他们的计划是猛攻他的房子，"点燃芦苇"，然后重击他的头。

　　莱恩将他的人分成两队，留下40名士兵驻守罗诺克岛的堡垒，自己带着27名士兵穿过海湾，去报复维吉纳和他的部落。他们的船还没抵达大陆前就被印第安人看到了，但是莱恩全副武装的士兵们没有过于担忧，他们有人穿着胸甲，有人穿着皮衣，所有人都带着上了膛的手枪。

　　船快靠岸时，莱恩向一个在水边的印第安人喊话，让他去告诉维吉纳，他要去克柔投安岛，但要先和酋长说几句话。那个部落人跑向定居点，很快就回来告诉他，维吉纳"正在等着他的到来"。莱恩的哄骗发挥了作用，毕竟现在他不需要杀出一条血路到定居点了。

　　莱恩的士兵战战兢兢地进入村庄，留意着可疑的迹象。七八名部落长老围着维吉纳坐在地上，但是大部分"平民"还在他们自己的房子里。莱恩意识到这正是进攻的好时机："我发出约定好的暗号——'基督佑我胜利'——然后我们用火枪向这一小群部落长老开火。"这是莱恩第一次带领手下发起这种破坏性的攻击。维吉纳第一个中枪，"一名上校开枪打中了他"，其他人躺在地上流血，不确定是死了，是受伤了，还是没有受伤，这让英格兰人有点儿不知所措。莱恩命令他的人暂时停火，"救援曼第奥的朋友"，然后再次向人群发动第二轮射击。

　　"躺在地上等死的"维吉纳突然爬起来"逃跑了，好像毫发未伤，比他的同伴跑得都快"。他的伤不严重，在莱恩的部队重新装好弹药，开始第三轮射击前，他不顾一切地逃跑。一小队人紧追不舍，担心他逃到浓密的丛林里就找不到了。

　　酋长成功逃脱的可能性非常高。他熟悉丛林里的道路，而且能够熟练地在灌木丛里快速穿行。他运气也很好：莱恩队伍里的一名爱尔兰士兵举起骑兵长枪，瞄准了射程内的维吉纳，朝他开火；维吉纳"臀部中弹"，顿了一下，但是伤情不重，他继续拼命地朝丛林深处跑去。现在，他已经甩掉了所有袭击者，只剩下两个人还跟着他，而这两个人发现穿着厚重的装备穿越密林十分吃力。

留在村子里的莱恩不知道维吉纳是死是活，"甚至怀疑是不是既没有抓到酋长又失去了自己的士兵"。但是，过了很久，两名精疲力竭的士兵从丛林里走了出来。莱恩刚走上前去想询问情况，就发现其中一个人手里拎着维吉纳血淋淋的头颅。这个士兵名叫爱德华·努甘特，维吉纳的头就是他砍下的。

后面发生了什么仍然是个谜，因为莱恩的日记有一周的中断。可能部落的长老们看到这个惨烈的战利品后就向英格兰人投降了，但我们不知道莱恩是否进一步对印第安人进行了报复。如果他真的进一步报复了，倒也符合他冷酷无情的名声。托马斯·哈里奥特也暗示他们进行了进一步的屠杀，他写道："到年底时，我们的一些同伴在杀害印第安人这件事情上表现得过于残忍了。"不过，莱恩的突袭确实给了英格兰人喘息之机。在短时间内，印第安人再无机会对他们发动进攻了，英格兰人现在要做的只是平安度过粮食收获前这段短暂的时间。

6月8日，就在进攻发生后一周多，莱恩的手下斯塔福特船长气喘吁吁地从外滩海岸的哨所跑回来，带来了莱恩期待已久的消息。一支不少于23艘船的庞大船队停泊在海上，桅杆上挂着圣乔治旗。雷利在罗诺克岛上的殖民者们已经饿得半死不活了，弗

莱恩带队对维吉纳的村庄发动了毁灭性进攻。首长被追杀逃进丛林，在那里被残忍杀害。

朗西斯·德雷克爵士终于来了。

德雷克一直对雷利的殖民计划很感兴趣。他在议会委员会任职，仔细研究过他的计划，并且因理查德·格伦威尔爵士已经成功地在罗诺克岛建立了殖民地而欣喜。但是他 1586 年夏天抵达罗诺克岛并非计划好的，而是一场意外，他原先计划的目的地距离这里 4000 多英里。

他的任务是解救西班牙人扣押的英格兰运粮船，同时也可以劫掠他看上的任何一座西班牙沿海城市。但是德雷克的计划更加野心勃勃，他计划劫掠西班牙珍宝船队，并在西属加勒比海地区发起一系列突袭。格伦威尔和莱恩的报告中的消息令他兴奋——加勒比海群岛上的防御力没有他最初想象的那样强。莱恩在一封信中写道，任何进攻都是"极光荣、可行且利润可观的"，并且补充说西班牙人的军队数量"非常少"，因此"女王派来的任何一小支队伍"都可以轻松地占据他们的堡垒。更让德雷克急不可耐的是，格伦威尔的航行报告里称"这里有糖、姜、珍珠、烟草和类似的商品"。格伦威尔和莱恩都没有要求，也没有想到德雷克会出现在罗诺克岛。

1585 年 9 月，德雷克的船队启程前往西班牙，伊丽莎白时代的许多著名人物都资助了此次航行。女王投入了两万英镑，莱斯特、哈顿、雷利等廷臣也都投入了资金、船只和物资。伦敦的民众"兴高采烈地"目送这支由 30 艘船组成的庞大船队起航，这是迄今为止从英格兰海岸离开的最大的船队。

船队离开英格兰的传言引起了腓力国王的警惕，他绝望地给前西班牙驻英格兰大使门多萨写信，敦促他"尽最大的努力从英格兰尽可能地获取最可靠的信息"。由于无法获得确切消息，西班牙人对德雷克的任务有各种猜想。门多萨认为他的目标是"在葡萄牙登陆"；西班牙海军上将马克斯·德·圣克鲁斯（Marques de

Santa Cruz）认为德雷克要去巴西；还有少数人天真地以为德雷克准备避开所有西班牙领土，直接前往雷利的殖民地。

无论他的使命是什么，他的船队在西班牙的海军将领中引起了一阵恐慌，使他们立刻采取行动。圣克鲁斯写道："我们需要派轻型帆船尽快前往美洲，把英格兰军队即将到来的消息带给那里的总督和长官们，让他们做好准备，应对可能的危险。"

德雷克直接前往西班牙。在那里，他听说大多数被扣押的英格兰运粮船已经被释放了，所以他改变攻击计划，下令前往加勒比海。这趟航行平淡无波，船上的记录员无事可记，所以当他们听说"塔博特"号（*Talbot*）的管家托马斯·奥尔格（Thomas Ogle）被抓了现行——当时他裤袜褪到脚踝，床上还有两个年轻人——时，船员们都很高兴，因为终于有事情值得记录了。被船员们指控犯有鸡奸罪后，奥尔格痛快地"供认不讳"，"因为他在房间里与两个男孩发生性关系，他被判绞刑"。

德雷克一进入热带海域，就下令船队驶向圣多明各，这是一座隶属于西班牙的著名城市，位于伊斯帕尼奥拉岛的南部海岸。他已经决定对英格兰的老对手发起史上最肆无忌惮的突袭。圣多明各是西班牙在新世界最早的政府所在地，是西班牙"最宝贵的明珠"，其富饶和繁荣长久以来都是民谣和歌曲吟诵的主题。德雷克想洗劫"这座坚固的城市"，不仅是因为他想获得战利品，也因为这里是国王腓力权力的象征。

他选择的这个目标十分难攻。从海上看，圣多明各看起来坚不可摧，其石制壁垒防御着港口的入口。西班牙总督夸下海口，声称自己掌控着"基督教世界最坚固的城市"，一座由"英俊和高效的士兵"守卫着的堡垒,他自信这个地方永远不会遭到攻击。

1585年12月31日10点后不久,一名气喘吁吁的报信者到达堡垒,带来了一个令人不安的消息——他们看到了一支船队,"应该是英格兰人的"。消息很快传遍了整个城市,但很少有人愿意相信这样的消息,他们不信英格兰人敢在没有得到许可的情况下,就航行到这座岛屿附近。尽管如此,一名船长还是被派到海上调查,几个小时后他返回并证实了传闻。这些船不仅挂着圣乔治旗,而且受到"那位弗朗西斯船长"的指挥。

德雷克在整个西班牙的新世界帝国中臭名远扬,这主要是因为他在海上的大部分时间里都在从事劫掠西班牙宝船和银矿的活动。他的胆大妄为令腓力国王的水手们震惊,他们说他是拥有神秘镜子的巫师,能够透过镜子窥视地平线之外。德雷克1580年从环游世界之旅凯旋后,被"一阵大风"托着扶摇直上,获得了女王的青睐,这引起了西班牙人的恐惧。

当圣多明各的市民听说指挥英格兰船队的人是"那位弗朗西斯船长"时,他们惊恐万分,立刻加固海港防御,击沉船只以封锁港口入口,装填好枪炮,准备"迎接"他的到来。当城市做好防御和迎战的准备后,市民们撤到山里,他们相信即使是弗朗西斯爵士,也很难战胜他们的大炮。

但是德雷克相当狡猾。他知道,虽然圣多明各城从海上看非常宏伟坚固,但是朝向陆地的这一面毫不设防,只有仙人掌树篱会挡住潜在入侵者的道路。然而,这一点从未引起城中居民的担忧,因为人们的共识就是不会有人从陆路进攻。德雷克决定利用这个弱点。这是一次高风险的赌博,因为这需要士兵们从危险的哈依那海岸登陆，那里的"海浪"是出了名的凶险。西班牙人认为，没有中型船能够在哈依那海岸停靠，因此没有安排哨兵值班，所以也没人看到英格兰人登陆。他们第一次发现情况有些不妙的时候，是几名军官看到1000名英格兰士兵正在向防守薄弱的圣多明各西城墙前进。一个人写道："他们在那个地方登陆，这事太难以置信了，我简直难以表达。"

Sʳ FRANCIS DRAKE one of the first of those wᶜʰ in his Sea voyages put a Girdle about the World. He Died upon the Seas. Anno Dñi 1595. W.M. Sculp.

弗朗西斯·德雷克爵士令西班牙人闻风丧胆。他发誓在前往罗诺克岛之前，要突袭西班牙"最宝贵的明珠"——圣多明各。

西班牙军官克里斯托瓦尔·德·奥瓦列（Cristobal de Ovalle）带领一队骑兵出城，准备向英军发起进攻。但是英格兰人早有准备，抢占了先机："我们向他们进行短促射击……迫使他们让路，使我们得以向堡垒的两扇大门推进。"第一轮小规模冲突以英军胜利告终，这也鼓励他们继续进攻。

德雷克的陆地指挥官克里斯托弗·卡雷尔（Christopher Carleill）将军队分成两拨，以便同时攻击城市的两座大门。西班牙人英勇抵抗，差点儿就杀掉了卡雷尔。但是事实证明，这场突袭中，速度才是决定性因素。"与其说行进，不如说我们是全速跑向他们的，"一位参与进攻的英格兰人写道，"我们和他们一起冲进了城门。"卡雷尔向他的手下发誓，"在到达城里市场上集合前他绝不停歇"，但即便是他，都对如此轻松获得胜利感到吃惊。西班牙最引以为傲的殖民堡垒几乎没怎么抵抗就投降了，1586年新年那天的傍晚，圣乔治旗飘扬在锯齿形城墙的上空。"就这样，"一本日记的作者写道，"西班牙人把这座城市当作新年礼物拱手送给了我们。"

德雷克的突袭是西班牙和英格兰关系的转折点。几十年来，英格兰的冒险家们一直在新世界的海域碰运气，他们劫掠船只，尝试贸易。雷利在北美殖民的举措使双方关系更加紧张，公然无视西班牙对新大陆宣称的所有权。现在，德雷克进攻圣多明各是对国王腓力二世所代表的一切宣战：贸易限制、海洋控制权、天主教和西班牙在美洲的绝对主权。他还开启了北美历史的新篇章，这一崭新的篇章将决定谁将最终主宰这片由童贞女王命名并被纳入她麾下的土地。

　　胜利的德雷克没有选择做一个宽宏大量的人。他发誓除非圣多明各的市民们给他一笔可观的赎金，否则他将把这座城市变成废墟。"我们一大早就开始烧最外部的房屋，"一份英格兰的文件这样写道，"但是这些建筑非常宏大……我们想摧毁它们非常费力。"这是一项艰苦的工作。"连续数天，我们每天天亮前就起来干活……除了点火烧房子外，什么都没干。"教堂和堡垒是最受欢迎的破坏目标。"我们在堡垒各处点火，"一个参与劫掠活动的士兵写道，"我们点燃了所有木制品，破坏了他们的教堂内最精美的艺术品。"城里的一切都在劫难逃，直到圣多明各城的大部分都被摧毁，震惊的市民们才答应给德雷克 205 万杜卡特的赎金，只要他不再毁坏尚存的建筑。

　　现在，德雷克的工作完成了：他用三艘船换来了更适合航海的船只，还厚着脸皮将最大的那艘船改名为"新年礼物"号（ New Year's Gift ）。他们烧掉了剩下的西班牙船只，包括皇家桨帆船，还释放了所有奴隶。很多奴隶很高兴终于摆脱了西班牙人的奴役，选择加入德雷克的船队。

　　在加勒比海地区四处劫掠期间，德雷克听说西班牙人要摧毁雷利在罗诺克岛上的殖民地。尽管不确定其中有几分真实性，但是他倾向于相信这些传言，后来还对一位伊丽莎白女王宫廷的客人说，他发现了切实的证据，证明西班牙人正在组织"一支队伍远航弗吉尼亚，以夷平英格兰人的殖民地"。事态紧急，他们需要立刻采取行动。在闪电般突袭了西属美洲大陆后，德雷克准备"朝弗吉尼亚航行，怀着高尚的目标，即拯救拉尔夫·莱恩和他的殖民者们"。德雷克知道西班牙人有可能从他们在佛罗里达的前哨站——可能是当地总督亲自镇守的圣奥古斯丁——派出军队。德雷克正在驶向那里，希望在西班牙人突袭罗诺克岛前先发制人，清除他们的守备部队。

5月末，船队抵达圣奥古斯丁，卡雷尔和他训练有素的队伍又被派上岸，他们的任务是"在离堡垒尽可能近的位置建立壕沟，在里面驻扎，这样就可以用火枪和最少的弹药消灭敌人"。

西班牙守备部队已经听说了圣多明各的不幸，不愿意为了保卫荒野边缘的一座破旧木制堡垒而丢掉性命。"他们十分恐慌，担心我们整支部队都在接近、准备进攻，因此在我们只杀了他们几个士兵之后，他们就迅速弃城逃跑了。"英格兰方的报告说法是这样的，报告补充说西班牙守军是"懦弱的胆小鬼"。西班牙方的报告则有不同的说法，他们回忆了守军如何英勇地击退了一波又一波的攻击："英军借着沙丘的掩护前进，他们的旗帜飞舞，战鼓齐鸣……他们攻击了堡垒，遭到了堡垒炮火的袭击，所以他们只能撤退，一艘中型船还被击沉了。"报告总结说，在登陆的英格兰军队数量远远超过守军数量后，西班牙才最终投降。

摧毁堡垒后，德雷克的人进入城镇，却遭遇了意想不到的抵抗。一名英格兰中士"被击穿了头部，当即倒地。在别人赶去救他前，他就被射击他的人和另外两三个人用刀刺伤了三四处"。尽管这令英格兰人灰心，但是他们还是继续进攻，很快就占领了这座城市。

正当德雷克犹豫要不要将圣奥古斯丁付之一炬时，他突然意识到这里有很多东西对莱恩和他的手下有用。他下令将所有能搬运的东西都装到船上，包括门、窗、锁头和金属制品。这些东西都装上船后，他们才准备烧掉这座城市。他的手下满怀着超乎寻常的热情投入这项工作，他们到达圣奥古斯丁时，"这座城里有大约 250 间房屋"，到他们离开的时候，"一间也不剩"。

德雷克本来想在圣奥古斯丁北边的西班牙堡垒圣埃伦娜重复他的胜利，但是那里的"海岸太过危险，我们的领航员无法胜任这项任务，所以最明智的做法是继续沿海岸线航行"。于是，6 月初，他们再次出海，"沿着海岸线，一路航行到沃尔特·雷利爵士数年前派遣殖民者定居的地方"。

外滩上一堆"特别的大火"告知了德雷克英格兰殖民地的位置。他想得没错，这是殖民者给船队发出的信号——斯塔福特船长正是为此点燃这堆火——德雷克下令船只在此抛锚，派他的小船上岸报信。在那里，他发现了"几名数年前被沃尔特·雷利爵士派遣到这里来的英格兰同胞"。

斯塔福特立刻走陆路去给莱恩报告这个好消息，他知道德雷克不会急着继续向北航行去罗诺克岛。斯塔福特以每天 20 英里的速度穿越了危险的地区，到达定居点时，身上有许多擦伤和水泡，令总督莱恩十分吃惊。"我必须从头到尾如实报告他的情况，"莱恩写道，"他是一位绅士，无论是在陆地上还是在海洋上，他都不畏艰难险阻、风吹雨打，尽职尽责地完成交给他的使命。"

斯塔福特带着一封德雷克的信，这封信让莱恩非常高兴。"他在信中说他带来了最丰厚的、最体面的礼物……不仅包括食物、弹药和衣服，还有三桅帆船、中型船和小船，他还根据我的需要给这些船都备好了食物、人员和设备。"

1586 年 6 月 10 日，罗诺克岛上的这一小群英格兰殖民者目睹了壮观的场面——之后的许多年里，这样的场面在美洲的海面上都不曾再现。德雷克巨大的船队停泊在外滩，他们的旗帜在近海的微风中骄傲地飘扬。大部分船只体积过大，无法驶入帕姆利科湾，所以德雷克命令他们全部停在海上。

第二天一早，莱恩划船去见弗朗西斯。盛大的欢迎仪式过后，总督被引进一间巨大的会议室。他坦诚地告诉德雷克殖民地已经陷入绝境，这里的人都是心灰意冷的懒汉，他们唯一的渴望就是返回英格兰。"我恳求他将一些身体不好的人带回英格兰……然后给我一些新的船夫、技工和其他帮手。"莱恩还请求德雷克给予他新鲜食物、中型船和小船，让他能够完成对切萨皮克湾的探索。他还要一艘足够应对大西洋恶劣天气的大船。

德雷克"以他一贯值得称赞的大方"答应了莱恩的全部要求。他不仅给莱恩提供了一艘70吨的大船"弗朗西斯"号（Francis），"还派了两艘非常好的中型船和四艘小船"，以及两名"经验丰富的船长"。一切安排妥当后，两个人握手，德雷克让莱恩派他最好的手下到领航船上来，他们好将"100个人4个月"所需的物资都记下来，然后再将这些物资运上"弗朗西斯"号。

6月13日，就在莱恩的手下装载物资时，灾难降临了。两名指挥官正在岸上商议时，一阵激烈的暴风雨突然横扫海岸线，从停靠在附近的船队中间穿过。"天气太恶劣，风雨太猛烈，船只根本经不住这种风雨，有些船船锚链子断了，有些船失去了锚。"

大风抽打着海面，海面起伏如山峦和低谷，中型船被压碎，小船被抛向空中，船帆被撕碎，缆绳被折断，巨浪冲上甲板，将船上的货物掀到海里。"雷电、暴雨，夹杂着鸡蛋大小的冰雹席卷着我们。海面上的巨浪仿佛要把天地相连。"

三天后，暴风雨才停息，被吹散的船队慢慢地聚集到外滩附近，但是有一艘船没有出现——载着莱恩的许多手下、物资和食物的"弗朗西斯"号消失得无影无踪。几周后，德雷克才不得不断言：那些心灰意冷的人以暴风雨为借口，返回英格兰了。

德雷克向莱恩提供了一艘新船——"巴尔克·邦纳"号（*Bark Bonner*），但是这艘船太笨重，无法驶入帕姆利科湾，也不符合莱恩的需求。总督也面临严峻的问题——人手不足，他意识到殖民地已经到了危急时刻，于是不情愿地"把他能够召集到的所有绅士们聚起来开会"。随着讨论展开，他们逐渐意识到他们能做的事很少了。他们不仅失去了他们的船和大部分物资，还失去了德雷克指派给莱恩的两名船长。殖民地的人数少得可怜，短期内也不太可能有补给船抵达，而且英格兰和西班牙之间大战在即，考虑到这些因素，莱恩怀着沉重的心情宣布，解决他们困境的唯一办法就是返回英格兰。如果大家同意，他将立刻"以我们所有人的名义向德雷克提出请求，德雷克很乐意让我们和他一起走"。

德雷克听了莱恩的请求，"欣然同意"，因为他知道这是唯一明智的选择。于是莱恩不再迟疑，派幸存的中型船去罗诺克岛将所有人员和食物都装到船上运过来。当罗诺克岛上的殖民者们迎风破浪朝船队驶来的时候，莱恩惊讶地看见一个身材矮小、脸色黝黑的人坐在其中一艘小船的船舵旁——曼第奥，英格兰人的朋友，他决定返回伦敦。

第八章

点烟成金

拉尔夫·莱恩离开罗诺克岛时场面很混乱。弗朗西斯·德雷克爵士的水手们担心飓风会卷土重来，甚至威胁殖民者，如果不快点儿到岸边集合，就把他们都留在这里。"天气糟透了，"莱恩承认，"……船队的许多水手都对自己将在这场危险的航行里忍受漫长的痛苦不满。"

莱恩第一个爬进等在岸边的中型船，紧接着是哈里奥特、怀特和其他绅士们。他们朝着德雷克的大船"伊丽莎白·博纳旺蒂尔"号（*Elizabeth Bonaventure*）划去，留下几名水手在岸上看管行李和箱子。这些箱子里装着过去一年收集的几乎全部资料：航海图、地图、标本、绘画和种子。这是科学的宝藏，是伊丽莎白一世的弗吉尼亚的完整记录。

一艘中型船被派去把这些箱子运到德雷克的领航船上来，但当船抵达大船附近时，莱恩惊讶地发现箱子是空的。他立刻想到这可能是因为他的东西被丢在岸上无人照管，于是命令水手们返回两英里外的海岸寻回它们，但水手们拒绝了他。水手们已经往返数次，而海风越来越大，让他们十分担忧。当莱恩重申他的命令时，一名水手告诉他这么做毫无意义，因为那些箱子已经被扔进水里了。

莱恩万分震惊，沉默片刻后，他要求了解更多情况。水手们不紧不慢地解释道，中型船超载，在帕姆利科湾的浅水区多次搁浅，他们只不过是把船上的东西都丢下去来减轻重量。"我们的大部分物品，"忧心如焚的莱恩写道，"所有的卡片、书籍和笔记都被那几个水手丢下了船。"很快，这场风暴的规模就显现出来了。莱恩的很多笔记都被扔进了海里，哈里奥特宝贵的科学笔记也被扔了，甚至"一串宝贵的珍珠项链"也被扔了。对哈里奥特而言，扔掉这串项链带来的忧伤不亚于失去笔记，因为这串项链的珍珠"均匀圆润、毫无瑕疵、光彩夺目"，他本来打算回到英格兰后将项链献给女王。甚至约翰·怀特的一部分水彩画也被丢下了船，在罗诺克岛上收集的大量材料中，只有几箱种子和一本哈里奥特的笔记被安全运到了"伊丽莎白·博纳旺蒂尔"号上。这次挫折伤透了莱恩、哈里奥特和怀特的心。

地图和笔记并不是被丢下的全部物品，他们急于起航，导致三名殖民者被不幸地留在岸上。"他们太深入内陆了，"莱恩解释道，"风越来越大，我们没法继续等下去。"此后的30多年里，这几个人的命运一直是未解之谜，并且卷入了17世纪初的一项重大悬案，这个悬案牵涉的人物包括雷利、哈里奥特、怀特、两名印第安酋长以及几十名印第安人。

德雷克的船非常拥挤。除了莱恩的殖民者，船上还载有500名从加勒比海地区抓来的非洲和印第安奴隶。返回英格兰的旅途漫长，船上要养活的人实在太多，于是除了一小群土耳其帮厨奴隶外，其他奴隶都被弗朗西斯爵士留在外滩海岸自生自灭。这是一个残忍的决定，因为他知道他们活下去的可能性微乎其微。他们被遗弃在那里，饥肠辘辘，最终的结局肯定不是饿死就是被印第安人屠杀。他们再也没有听到过关于这些人的消息。

1586 年 6 月的第三周，船队匆忙离开外滩海岸，"同年 7 月 27 日，抵达朴次茅斯港"。德雷克上岸时受到了英雄凯旋式的欢迎。他摧毁西班牙城镇的故事已经传到英格兰，港口里挤满了人，不仅急于一睹弗朗西斯爵士的风采，还想看看据说藏在他船舱里的"大量战利品和宝藏"。他没能完成他的主要任务——袭击西班牙珍宝船队——这件事已被搁置一边，人们因他对西班牙人的"暴行"而欢欣鼓舞。他对圣多明各的大胆进攻甚至使英格兰最主张和平的廷臣都兴奋不已，"激发了整个国家因为希冀大获成功而投身海上冒险事业的热情，许多人备好了船只、水手和士兵，航行周游，寻找获利的机会"。

短暂休息后，德雷克从容地前往伦敦，人们在里士满宫为他举行了盛大的宴会。"第二天，我恰好遇到弗朗西斯·德雷克，这位骑士，"一位英格兰宫廷上的德意志人写道，"他的出现让宫廷中充满了一种特别的喜悦。他的朋友和亲人都在庆祝他战胜重重艰难险阻，从如此漫长的航行平安归来。"

德雷克的归来完全盖过了拉尔夫·莱恩和他的水手们。比起罗诺克岛上失败的殖民尝试，廷臣们对洗劫圣多明各城更感兴趣，即便那些一直留意打听罗诺克岛情况的人，也不急着和莱恩联系。理查德·哈克卢特听说了莱恩那场混乱的撤离后，道德上的义愤令他不禁写道："他糊涂地把所有的东西都丢在了那里，就好像他们被一个强大的对手从那里赶走似的。事实也的确如此，这也是上帝的意旨，因为他们中的一些人对那里的原住民施以了残忍的暴行。"

雷利和莱恩第一次会面的记录已经遗失，但是他们谈话的内容毫无疑问是殖民地。莱恩留下了足够多的信件表明他对美洲的看法——特别是对罗诺克岛的看法——在那里生活的 12 个月使他的想法发生了巨大的变化。他的早期报告充满了乐观，他向宫廷保证："上帝以他的荣光每天祝福着这片土地，让我们每天都有宝贵的新发现。"在一封写给哈克卢特的信中，他甚至更夸张地告诉他"这里是世界上最好的土地"，他补充了一则诱人的消息："这里的人民天生彬彬有礼，渴望拥有衣物，尤其是布料而非丝绸制成的那种衣服。"莱恩知道这条消息会引起英格兰商人们的注意，因为羊毛和平纹布是英格兰利润最丰厚的出口产品。如果说有什么能够确保雷利的美洲殖民地幸存，那么一定是一个新的出口市场。

如今，一年过去了，莱恩改变了说法。他发现，美洲当地居民没有他原来想的那样"彬彬有礼"。他们不想要羊毛衣服和斗篷，反而迫切地想要火枪——英格兰最拮据的商人也不愿贩售这些。此外，他们还要考虑殖民地的地理位置问题，帕姆利科湾确实很隐蔽，可以躲过西班牙人的窥探，但这种安全也需要付出高昂的代价。海湾水域过浅，即便是相对较小的船也不得不在距离岸边几英里处停泊，而且海湾的三个入口都很危险。他们的经历已经充分证明了沃可肯入口的危险；圣三一入口涨潮时只有 7 英尺深；费尔迪南多入口处的水域也只有几英尺深。只有平底货船和中型船能够自由进出海湾，但这些船只很脆弱，本就不是为了抵挡大西洋的风浪建造的。由于一个安全的港湾对成功建立殖民地至关重要，所以莱恩对在整个海岸线沿岸建立殖民地都持保留态度。

莱恩最失望的要数"矿工"的失败。刚开始，他兴奋地写道他们找到了"许多有药用价值的矿物"，并且希望找到贵金属矿藏——就算不是金矿，也应该是银矿和铜矿。冶金师约阿希姆·甘兹充满信心，建立了一间冶炼室，花费大量时间熔炼混合了压碎的石头和土壤的刺鼻物质。这是一项艰巨的任务，因为他们除了"碎石"和鹅卵石，再也找不到更有价值的东西。尽管他们发现过一条高岭土矿脉，这可以治疗殖民者的腹泻，但是他们很快意识到，除非英格兰爆发全国性的食物中毒，否则仅靠高岭土是没办法为雷利带来他渴求的财富的。莱恩仍然抱着在内陆地区发现贵金属的希望，但被迫撤离的选择让他计划的所有探险活动都戛然而止。他对殖民美洲的现实情况的最终评估直率而且坚定："出于上帝的仁慈，我们发现了一条还不错的矿脉和一条通往南方海域的通道……此外就没有别的什么值得我们国家的人在此居住了。"

尽管他的说法包含很多的悲观和忧郁的情绪，但也有一丝微弱的希望。美洲的土地肥沃，这里确实有值得夸耀的"最美好、最宜居的气候"。莱恩总结说，如果他们能发现哪怕一点儿黄金，那么"其他多种多样的根茎、树胶都会成为不错的商品……否则，这些东西本身并不值得大费周章去获取"。

莱恩对罗诺克岛殖民尝试的评估一定令沃尔特爵士十分失望，他也一定对莱恩放弃了殖民地感到沮丧。唯一令他感到欣慰的是，劫掠西班牙船只获得的宝物抵偿了装备定居者的巨额费用——其数额之大甚至可能再次说服伦敦商人们去美洲碰运气。

但是雷利很快发现，一个出乎意料的发展阻碍了他的计划。在罗诺克岛上的那一年，莱恩的手下经历了可怕的苦难，他们之前以为新世界的生活舒适惬意，如今发现完全被骗了，这让他们无比愤怒。既然已经回到了伦敦，他们便开始宣泄这种愤怒，恶语中伤殖民地组织，散布关于总督和其他绅士的丑事。他们的批评并非完全没有道理：他们的总督吹嘘以凝结的狗软骨和树叶混合物维持生存是很好的选择，但是他们——和他不一样——不是经受过战争考验的士兵。他们也不喜欢住在一群危险的、有谋杀屠戮倾向的邻居旁边——曼第奥在伦敦期间向他们讲述的美洲原住民完全不是这样。相对富有的殖民者之一，托马斯·哈维因为去了罗诺克岛一年破产了，无力偿还债务，于是上了被告席。他在法院大吐苦水，进一步扩大了这些言论的不良影响。他公开抱怨殖民者的生活"非常悲惨"，说他在美洲的这一年直接导致了"他变得更穷，无法偿还债务"。法院不为所动，将他投入了监狱，但是他的困境吸引了一批现成的听众——那些在酒馆厮混和嚼舌的人，最喜爱听殖民者一边寻找食物一边大战残暴印第安人的各色故事。

"现在大家各有各的说法，"绝望的哈里奥特写道，"有许多往返国内外的人，又把这些可耻的诽谤言论散布到海外。"他担心"这些充满嫉妒、恶意和诽谤的故事"，会使"很多原本愿意支持和参与美洲冒险事业的人望而却步"。

在雷利的积极鼓励下，哈里奥特开始编写一本关于美洲的书——《一份简短而真实的报告》。这是一部出色的、精心制作的宣传作品，旨在扑灭很多殖民者讲述的"谎言"。哈里奥特在书的封面上写道："我认为这本书非常有用……因为这使你们可以共享我们辛勤劳动收获的果实，让你们知道这项事业遭受了多么不公的中伤。"他还说，他是唯一有资格陈述真实情况的人，因为只有他会说印第安语，而且"比一般人看到和了解了更多信息"。

1588 年，《一份简短而真实的报告》出版，但是它既不简短也不总是真实的。雷利雇用哈里奥特写这本书的目的本质上是说服伦敦的商人们，让他们相信美洲充满了璀璨的机遇，有可能成为"财富和利益"的重要来源。他劝他们不要忽视新世界的潜力，并向他们保证，与印第安人进行贸易"可以让他们、与他们做生意的人，以及一般的企业家都获得丰厚的财富，英格兰人都可以从这项事业中获利"。

哈里奥特的知识之渊博让人惊叹，尤其是他离开罗诺克岛时还丢失了许多资料，不过哈里奥特确实是与曼第奥——这位不被承认的合作者——一起工作的，曼第奥为哈里奥特解释了印第安人的习俗，并且提供了关于美洲特产的信息。他们一回到伦敦就重新收拾了他们在达勒姆宫的房间，不久后就开始了这项令人兴奋的计划。

他们最艰难的任务是从正面的角度宣传印第安人。戴维·英格拉姆斯和乔治·佩卡姆这样的人曾让殖民者们以为，他们一到达美洲就会见到和蔼可亲的印第安人，一门心思地为他们提供帮助。事实证明，现实情况截然不同，许多美洲土著居民对英格兰冒险者们充满怀疑，尽管他们不止一次从饥饿中救了莱恩一行人，但是这些印第安人也差一点儿就把他们全部消灭了。哈里奥特选择淡化这些谋杀和屠戮，只在一处晦暗地提及他们对维吉纳部落的大屠杀，即便如此，他也将责任归咎于嗜血的殖民者。他的目的是劝说未来的殖民者："就我们定居这方面而言，不需要担忧这些印第安人。"

当时流行的观点认为印第安人是无知的野蛮人，哈里奥特却提出迥然不同的观点。他虽然承认他们"在知识和使用我们的工具方面缺少技术和判断力"，但是他令人震惊（对伊丽莎白时代的人来说）地声称他们"足智多谋"——聪明而且有天赋——"因为尽管他们没有我们拥有的工具、工艺、科学和艺术，但是在其他事情上显示出惊人的智慧和才能"。他还补充说，如果未来的殖民者举止得体，以身作则，这些土著居民"可能在短时间内就能被带入文明社会，并且拥抱真正的宗教信仰"。

哈里奥特是个现实主义者，他可以预见，要让印第安人信奉基督教会面临种种困难，毕竟目前为止他们对《圣经》的兴趣仅限于将它的牛皮纸封面贴在肚子上抚摸。许多印第安人认为英格兰人被赋予了超自然的力量，哈里奥特极力纠正他们的看法，但是他发现他只是徒劳，当印第安部落里的人因为疾病大批死亡时，印第安人相信英格兰人的幽灵"正在向他们发射无形的子弹"来杀死他们。他们甚至设法证明了这一点，印第安人的"医生"在部落人的静脉上打了几个洞，告诉哈里奥特"他们从尸体的血管中吸出的血线，就是无形的子弹的痕迹"。

"他们分不清我们是神还是人，"哈里奥特写道，"部分原因是我们中没有人死亡。"但还有一个原因是："我们当中没有女人，我们也不喜欢他们的女人。"至于这些男人是怎么解决生理需求的，他没有给出回答，但是哈里奥特对印第安女人外表的蔑视表明，至少他本人永远不会和剃了光头的少女共享他的鸭绒被。

莱恩的殖民者们最常抱怨的问题是饮食的匮乏，这里除了橡果和牡蛎，就没有更有营养的东西了。哈里奥特驳斥了这种说法，并且对这些归乡者大力批驳。他指责殖民者们不健康地迷恋"受到污染的食物"，接着描述了数十种令人垂涎欲滴又唾手可得的食物和水果："公母火鸡、鸽子、鹌鹑、鹤、母鸡，应有尽有。在冬天，还有大量天鹅和大雁。"他本来想把"狼和狼狗"也加入他的美味肉食清单，但是为了"彰显他崇尚简单饮食"，最后决定不加了。但是他还是忍不住告诉读者，他曾经吃过一盘"狼狗肉"，并补充说"我能够分辨这些狗肉和我们的狗味道的区别"——"我们的狗"是说在罗诺克河冒险途中被吃掉的两条獒犬。

当哈里奥特记录弗吉尼亚可食用的水果和坚果时，他的食物清单就没那么有说服力了，他觉得可口的食物在别人看来完全不好吃。尽管许多英格兰士兵喜欢吃"栗子、胡桃、葡萄和草莓"，但是他们无法接受吃一大盘橡果。在哈里奥特看来，这又证明了这些殖民者大惊小怪。他辩驳说："橡果很好吃，既可以直接食用，也可以弄成粉末制成条状或者块状的面包。"

哈利奥特坚信简单的饮食对人体有益，相信平淡的食物比"酱汁"和"精细食物"更有利于消化。印第安人的饮食习惯就是证明他理论的生动范例："他们吃喝都十分简单，正因为他们不违背自然，所以他们都非常长寿。"不幸的是，伊丽莎白时期的英格兰人最不喜欢听这一套。人们不想把烤鸡肉换成烤橡果，因为整个国家都置身暴饮暴食、肥甘厚味的享乐追求中。当时的家庭开支记录表明，即使是相当普通的家庭，也觉得一顿大餐应该包括

哈里奥特不喜欢印第安女人的外表，"她们眼睛小，鼻子扁平，额头狭窄，嘴巴很宽"。

粥、炖肉、培根、猪肉、鹅肉派、烤牛肉和奶油冻；而这些还只是开胃菜。至于主菜，烤全羊、烤野兔、烤鸡、鹿肉和馅饼是很常见的。随着人们对精心制作的菜肴兴趣日益浓厚，家家户户争相制作更多不寻常的菜肴，例如杏仁馅饼不再是过去那样简单的菜品，用焯过水的杏仁配上奶油、糖、玫瑰水、黄油和鸡蛋黄来制作已经司空见惯。

哈里奥特想的没错，这些食物对身体健康没有好处。他知道他在美洲发现的一种东西，对这些吃到肚子痛、还消化不良的家伙有奇效。哈里奥特现在希望在这些肥胖却苦闷的国民身上施用这种神奇药草。他的伦敦同胞的身体是最虚弱的，"他们因终日宴饮膨胀发福，又因暴饮暴食浑身酸痛"，然而，越来越多的乡下人也开始发现"大吃大喝"的无限乐趣了。一些医生放弃了推广健康饮食的希望，因为他们意识到患者们只为他们想要听到的建议付钱，于是开始建议人们丰富饮食，以肉食为主。对那些想要身体强健的人，医生建议多吃山鸡、野鸡、斑鸠、画眉和羊肉。食用蔬菜不在医嘱之列，新鲜的药草则是禁止服用的。

但也不是所有人都相信，人可以通过吃的方式获得健康。早在 1541 年，饮食专家托马斯·埃利奥特（Thomas Elyot）爵士就用他的书《健康城堡》（*The Castel of Helth*）抨击英格兰人对过量的饮食不断增长的热爱，"晚饭后还有宴会，喝很多酒，尤其是葡萄酒"。他敦促人们少吃肉，特别是在夏季，还将很多此前许多疾病未解的病因归于英格兰人的暴饮暴食。特别是，他还注意到鼻黏膜炎的病例有惊人的增长，这是一种使人精力不振的体腺疾病，其患者临床症状十分明显："乏力、体液多、嗜睡、愚钝。"

哈里奥特责骂殖民者"贪吃"。他说印第安人的简单饮食——鱼和玉米——是他们"长寿"的原因。

　　医生们需要找到一种能让宫廷的暴饮暴食者接受的治疗方法。伊丽莎白时期的医学理论还非常粗糙，大部分治疗方法都与一种"体液理论"相关。他们认为人体中有四种体液，这四种体液的平衡决定了人的性格和脾气。暴饮暴食导致人的大脑含水更多，治疗方法显然是应摄入又热又干的东西（而不是少吃），从而使体液恢复平衡。但是，目前还没有人发现一种合适的又热又干的食物。

　　正是在这一点上，哈里奥特觉得他可以有所贡献——一种极为有效的食物，他相信它可以拯救雷利的美洲殖民地。"有一种单独播种的植物，"他写道，"当地人叫它 uppowac，在西印度群岛，根据生长的地方不同，人们对它的称呼也不同，西班牙人一般称它为烟草。"

　　烟草有奇效的原因在于它的摄入方式。与大部分泡在水里或者酒里摄入的草药不同，烟草被直接吸入肺里，据说这种新颖的摄入方式可以使之立即发挥效果。哈里奥特解释道："烟草叶子被晒干后磨成粉，他们（印第安人）用黏土制成的吸管将烟雾吸入他们的肚子和脑中。"烟草的效用非同凡响，不论是在发挥效果的速度还是治疗效果方面。"它可以清除多余的油脂和其他体液，还可以打开身体中的所有孔道。"哈里奥特补充说，经常吸烟的人最有可能保持良好的身体状态，"他们的身体明显很健康，没有英格兰人经常患的那些病"。

他提出的烟草具有特效的说法并不新鲜。20多年前，一位参与过约翰·霍金斯奴隶贸易航行的冒险家就注意到印第安人会吸食烟草，而且了解到"烟草可以排出人胃里的水和痰"。伦敦几名治疗风湿病的医生设法弄到了一些烟草，吸烟吸得神志不清后，得出结论说烟草的确是一种神奇的药物。但是烟草价格太过昂贵，获取难度也很大，因为任何货品都要先经过很多西班牙中间商。

哈里奥特很快意识到，如果他能够将吸烟变成一种流行的消遣活动，烟草就能拯救雷利的殖民地。他的动机并非单纯为了谋取利益——他自己已经是烟民了："不管是在美洲，还是回到英格兰后，我们都按照印第安人的方式吸食烟草，通过许多美妙珍贵的经历，我们发现吸烟有很多意想不到的好处，这些好处只怕需要一本专著才能够说清楚。"哈里奥特没有时间写这样的书，但是他向他的读者们推荐了西班牙人尼古拉斯·摩纳德斯（Nicholas Monades）写的《来自新世界的愉快消息》（*Joyfull Newes out of the Newe Founde Worlde*），这本书当时刚出版了英译本。

摩纳德斯花了很多时间和精力在患者身上进行烟草试验，得出了惊人的结论说，烟草能够即刻治好许多疾病，包括冻疮、水肿和便秘等。他特别推荐怀孕的妇女和儿童服用，说适当地服用烟草"可以使小孩不那么淘气，老老实实地坐在椅子上"。烟草还可以"杀死虫子"，对关节痛"有奇效"，还可以"减轻甚至消除"水肿。摩纳德斯甚至在病人化脓和溃疡的伤口上做实验，每一次的结果都令人惊讶。

"我见过一个男人，鼻子上长着许多旧疮，"摩纳德斯写道，"日复一日，旧疮都在腐烂，腐蚀着他的鼻子。"摩纳德斯的治疗方法是把烟草汁液涂抹在患处，令他惊讶的是，烟草汁立刻就发挥了效果。病人"立刻排出了20多条小虫子，后来又排出了更多虫子，直到最后完全排干净"。连摩纳德斯都震惊不已，他说："如果患者再延误治疗，我想他的鼻子会被那些虫子完全吃掉，一点儿不剩。"

摩纳德斯的主要治疗方法就是咀嚼烟草叶或者饮用烟草汁，只有水肿和少数几种疾病他才建议患者吸烟。吸烟是一个复杂的过程：患者必须头盖厚重的毯子坐在椅子上，然后烟草被"放在加热的煤炭上点燃"，患者则被要求"通过一根管子或藤条"吸烟。摩纳德斯还推荐失眠者吸烟，建议他们每天吸烟。他说吸烟多的人睡眠香甜，"安稳得就像死了一样……他们没有任何身体酸痛的感觉，睡醒后毫无疲倦……精力更加充沛"。

拉尔夫·莱恩和他的殖民者们很快就跟印第安人学会了吸烟，他们回到英格兰的时候，"带回了许多烟草和管子，以便继续吸烟"。这种新奇的做法很快就在英格兰的廷臣中间流行起来。根据一本关于药草的早期英文书籍说："从那时起，吸烟在整个英格兰盛行起来，特别是在廷臣中间。他们特意让人制作很多类似的管子来吸烟。"

沃尔特·雷利爵士是最热衷吸烟的人之一，他喜爱这种稀奇又具有异域风情的事。印第安人在他们野蛮而具有仪式感的舞蹈中使用烟草这一事实，更为烟草增加了神秘浪漫的吸引力。雷利很高兴看到哈里奥特在关于吸烟的部分，加入了印第安人"奇怪的姿势、踏步，有时还有舞蹈、鼓掌、握手，以及仰望天空、大声叫喊、用奇怪的语言交谈、发出噪声"等描写。没过多久，雷利就成功说服越来越多的廷臣们吸烟，他们也颇有兴致地养成了这个习惯。大部分人的烟斗"是用一个核桃壳加一根管子做成的"，但是雷利的烟斗更加奢侈——一只镀银碗配一根优雅的长杆。

不是每个人都迷恋这种新时尚。有些人宣称雷利正在用他的烟斗毒害女王——他当然也会劝她尝试一下——而雷利的批评者们说，他对烟草的热爱，本质上是热衷于将物质转化为虚无缥缈的烟雾，恰恰说明了他的虚伪。雷利以其特有的天赋将嘲笑转化为他的优势，他向女王夸口说，如果她给他足够多的奖赏，他可以称出烟斗冒出来的烟有多重——一项不可能完成的任务。当女王挑战他，让他称出烟的重量时，雷利称了他的烟草，然后吸烟，最后又称了烟灰。他笑着说，烟草与烟灰的重量差额就是烟的重量。女王高兴地咯咯笑，说她听说过把金子变成烟的人，但从未见过把烟变成金子的人。

哈里奥特关于美洲的报告提到的其他商品都不像烟草这么有潜力。据说黄樟可以治疗梅毒，特别是对那些私处"有硬块或者很潮湿"之类的病症有疗效，但是黄樟的价格已经很低了，而且

托马斯·哈里奥特相信自己无意中发现了一种可以拯救雷利的殖民地的植物。"有一种植物，当地人叫它 uppowac，"他写道，"西班牙人一般称它为烟草。"

很多身患梅毒的人表示黄樟没有什么功效。除了黄樟，哈里奥特还提到美洲盛产兽皮、兽毛和胡桃油，雪松木也无所不在，它们可以被用来制作"床架、桌椅、鲁特琴、维金纳琴，以及许多其他东西"，人们在这方面需求量很大。但是对雷利来说，这些东西只是面包渣，无法满足他的要求。研读哈里奥特的书稿时，他还不确定要不要放弃整个殖民计划。理查德·哈克卢特劝说雷利不要放弃，他请求说："如果你再坚持一段时间，用不了多久，你的新娘会逐渐地生出崭新丰富的物产，使你和你的亲朋好友愉悦，使那些胆敢指责她不育的人蒙羞。"他还补充说，"除你之外，没

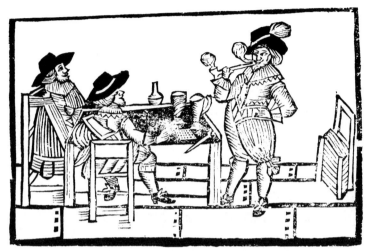

雷利将吸烟引入宫廷，甚至劝说女王尝试吸烟。烟草被特别推荐给孕妇和儿童。

有人探寻过她深藏的资源和财富"，他甚至直接迎合雷利的虚荣心，请求他"为后人留下一座不朽的丰碑，让你的名字和名声永远不会被时间磨灭"。这是一项沃尔特爵士无法拒绝的挑战。

拉尔夫·莱恩离开罗诺克岛三四天后，雷利的第一艘补给船抵达了外滩海岸，迟到了很久。这艘船"装满了各种物资，殖民地需要的一切应有尽有"——殖民者们曾经迫切渴求的东西都在这里。唯一的问题是，这艘船来晚了。

沃尔特一直打算让他的第一艘补给船紧随第一批殖民者抵达美洲，但是由于一系列复杂的原因，补给船被推迟起航了，直到1586年的春天，补给船才准备好，比原计划晚了9个多月。如果这时它立即离港，本可以及时遇到莱恩，但是未料想到竟再次延误，"过了复活节，他们才离开英格兰"。这不是雷利的过错。冬季和春季的英吉利海峡的天气出了名的难以预料，糟糕的天气经常使船只无法出海。

直到 4 月的第一周，这艘补给船才离开港口，等它抵达"人间天堂"罗诺克岛时，莱恩的人早已撤离。水手们被眼前的景象惊呆了：被飓风撕碎的棚子和木屋，碎裂的箱子散落一地。很明显，殖民者们已经离开——尽管补给船的船员不知道原因。"他们花了一些时间在这里寻找殖民者们的踪迹，但是一无所获，船只只好满载着上述货物返回英格兰。"

这不是唯一与殖民者擦肩而过的船只。雷利早就打算在罗诺克岛安置第二批殖民者。在组织补给船的同时，雷利又监督筹备一只新船队，这支船队仍然由理查德·格伦威尔爵士指挥。

格伦威尔从来不是半途而废的人，他组建的船队规模很大：包括"6 艘船，其中一艘 150 吨，其余几艘从 60 吨到 100 吨不等……船上载着 400 名士兵和水手，还有一年的补给"。这支船队计划像狼群一样航行，以便在遭遇西班牙人的船只时更高效地作战。

7 月的第一周，格伦威尔抵达罗诺克岛，眼前的景象令他震惊。他本来以为，殖民地上生活富足的殖民者和雷利的补给船上的船员都会来欢迎他，尽管他不可能因为见到拉尔夫·莱恩而欣喜，但是他认为作为总督，莱恩至少会把殖民地治理得井井有条。然而，他既没看到高兴的殖民者，也没看到欣欣向荣的定居点，只看到空荡荡的帕姆利科湾，岛上的殖民地空无一人，还有很多被毁坏的房屋。周边的一切都向他表明这里遭受过破坏，更不要说他还看到了"一具英格兰人的尸体和一个吊死的印第安人"。理查德和他的船员们都无法确定这具腐烂生虫的尸体的身份，但是几乎可以确定的是，他是一名来自补给船上的叛变水手。

格伦威尔将士兵分成小队，亲自带领他们"在各个地方搜寻，看看是否能找到一些他之前留在这里的殖民者的消息"。士兵们仔细搜寻了两周，但是当他们返回时，说法都十分相近 —— 莱恩和他的手下踪迹全无。

他们"在那里待了一段时间，没得到任何消息，加上殖民者定居的地方已经被遗弃"，格伦威尔准备离开。就在他们回船的时候，他交到了好运。他抓到了三名印第安人，其中两个人逃走了，但第三个人能够讲一点儿蹩脚的英语，向格伦威尔解释定居者和印第安人之间发生了一些冲突，因此"弗朗西斯·德雷克撤走了岛上的人"。

这个消息使格伦威尔陷入两难的境地。一方面，他知道这里发生过流血冲突，并且他也推测莱恩一定是快饿死了，才同意撤离罗诺克岛；但是另一方面，格伦威尔"不愿意失去这片英格兰人坚守了这么长时间的土地"。因此，他开始构想一个计划 —— 在岛上留下一支小规模的驻军。

"几经考虑，他决定留下一些人继续占据这里。"他留下 15 名士兵，听命于马斯特·科芬（Master Coffin），这个不幸的家伙是巴恩斯特珀尔人。"他给他们留下各种物资，足够维持两年"，还给他们提供了四门重炮。

他选择了最坏的选项。这么少的人很容易遭受袭击，即便有武器和大炮，也将难以抵御对方有组织的攻击。但是乐观的马斯特·科芬相信他们会成功，命令士兵将他们的东西运到岛上破败的定居点安置，这些士兵心情沉重地目送格伦威尔的船只离开。

他们不知道下一艘英格兰船只何时才会来到这片水域，也不知道他们可以信任哪个印第安部落。在焦虑和恐惧中，他们用罗诺克岛上的残骸建造起简陋的棚子，修补了堡垒，为可能遭遇的攻击做准备。许多人怀疑自己可能再也见不到故乡的家园了。

那个被抓到格伦威尔领航船上的印第安俘虏也因自己的处境闷闷不乐。很快，他就发现格伦威尔没有放他自由的打算，他被带到了大洋彼岸的英格兰。他的一生注定短暂且悲惨。他在比迪福德上岸，那里的教堂记录表明他在1588年3月27日接受洗礼，教名是"雷利"。就在一年后，这个雷利被埋葬了。

当沃尔特爵士听说格伦威尔在罗诺克岛安置了一批新的殖民者时，他不知道该做何反应。根据他的美洲特许令条款，他应该对这些人负责，但是他此时正忙于殖民爱尔兰，尝试将尽可能多的人安置到他爱尔兰的大庄园里，因此根本没有时间再组织一次美洲航行。他也不想再给这昂贵、构思不周、无利可图的冒险投入金钱。但是1587年春天，安东尼·巴兵顿（Anthony Babington）的被捕极大地改善了雷利的财政状况。安东尼·巴兵顿是一名富可敌国的天主教徒，因密谋杀害女王被判凌迟。当女王考虑如何处理他遍布林肯郡、德比郡和诺丁汉郡的房屋地产时，她的口中只有一个名字：沃尔特·雷利爵士，弗吉尼亚的守护者。他将获得这些财产。

现在，雷利的财富足以让他再次把目光转向美洲。他公开宣称"任何恐惧、任何个人的损失和不幸"都无法"使他远离最美的女神弗吉尼亚的甜蜜怀抱"。

前往新世界的远航将再度展开。

第九章

不幸的马斯特·科芬

马斯特·科芬一登上罗诺克岛，就立刻安排他的手下开始工作，他们弃用了大部分被风暴摧毁的房屋，匆忙地拆掉了土木堡垒，以便重建一个小规模的堡垒。格伦威尔给他们留下了"四门重炮"，他们将这些大炮打磨光亮、填装好炮弹，准备应对进攻。

15名士兵没有怎么探索周边地区。他们刚修好几座主要建筑，就开始奢侈地大吃大喝。格伦威尔给他们留下了"各种物资，足够维持两年"，因此他们在短时间内无须通过打猎或捕鱼获取食物。而且，格伦威尔还向他们保证说，补给船会在几个月内到达。

然而，船队的离开肯定令他们感到恐惧和不祥，他们知道他们与英格兰的最后一丝联系已经断绝。接下来的长期沉默明显地反映了他们的孤独，他们没有写日记，也没有写信，因为没有船会将他们的消息带回大西洋的彼岸。这些不情愿的殖民者们被判留在这里玩一场等待的游戏，他们希望有一天能够透过重重迷雾看见红白相间的圣乔治旗帜出现在海平面上。

科芬的手下可能确实有一些是自愿留在罗诺克岛的，以此逃避返回英格兰的航行。船上的生活充满危险又难以预料，尤其碰上理查德·格伦威尔爵士这种疯疯癫癫的船长。但是他们都没有

印第安人的仪式和舞蹈令英格兰人害怕。"他们和魔鬼十分相似，"哈里奥特写道，"他们正是从魔鬼那里知道敌人动向的"。

意识到——因为他们在哈里奥特返回之前就离开英格兰了——在岛上生活的这漫长的几个月甚至比返回英格兰的航行更危险、更不舒适。

这里与伦敦的殖民狂热者所吹嘘的宏大梦想相去甚远。哈克卢特的殖民梦想有着崇高的目标，在一封最初写给雷利的拉丁文信件里，他认为殖民本身是崇高的："没有什么比征服野蛮人，把野蛮人和异教徒带入文明世界，将他们从蒙昧无知引向理性更伟大、更荣耀的了。"但是哈克卢特从未体验过建造一处殖民地的艰辛，也不知道去往美洲的漫长旅途上的凶险。他最远也就去过巴黎，在那里他用瓷质餐具用餐，在英格兰使馆舒适的环境中过着奢侈的生活。

殖民地的现实生活更关乎人的意志力和生存能力，以及应对英格兰人和印第安人之间持续冲突的智慧。科芬和他的手下都很清楚与当地部落发生冲突十分危险，所以他们决定采取最安全的策略——据守要塞。这看起来似乎很合理，因为待在堡垒里可以躲过印第安人的弓箭，但是只顾着躲在泥墙后面的科芬没能察觉到，致命的力量正在谋划袭击他的队伍，一群渴望复仇、好战的部落人就藏身在附近的密林里，人数不断增长。

科芬期待着补给船的到来并非空想，雷利正在认真考虑运送一批新的殖民者跨越大西洋，但是他不打算让更多人登陆罗诺克岛。现在，他将目光投向了罗诺克岛以北 80 英里的切萨皮克湾，那里不像维吉纳的旧领地有那么多缺点。莱恩自己提出了这个新地点，他向雷利保证"切萨皮克湾附近土地肥沃……是建立新殖民地的理想地点。那里气候宜人，土壤肥沃，海产丰饶……没有什么地方比那里条件更好了"。

哈里奥特和怀特向沃尔特爵士提供了更多信息，他们曾带领探险队在冬天前往"切萨皮克湾附近"。他们划着中型船穿过海湾入口，考察了它曲折的南部海岸线。他们绘制的小地图极为精确，还据此制作了一份尺寸大一些的副本——这张地图失传了——上边标注了村庄、港口、山川，甚至还有果树和野葡萄藤。他们报告说，切萨皮克湾的土地没有帕姆利科湾的沼泽地那么令人望而生畏。"我们发现这里的土壤更加肥沃，"哈里奥特写道，"这里的树木更高更细，土壤更坚实，腐殖质更厚，平原更广阔，草地更丰美，和我们在英格兰看到的草场一样。"

这一次，哈里奥特的记录没有夸大，后来的冒险家们也宣称自己被"美丽的草地和高大的树木"打动。一位狂热的冒险家看到田园牧歌般的景色时兴奋难抑，"几乎被眼前的景色迷倒"。他们目之所及处没有泥炭沼泽，的确，"地上长满了上好的漂亮草莓"——和英格兰的小草莓不同，这里的草莓"比英格兰的大四倍，也好四倍"。

雷利还听说切萨皮克湾的统治者是一位天性活泼的酋长，对英格兰人真诚而友善。他们请探险队吃肉和水果，在缺乏食物的冬季为探险队提供健康和有营养的食物。哈里奥特喜欢他们的"鹿肉"和"烤鱼"，特别是配上玉米，但是他最喜欢的还是一道用"特别的技巧"通过陶器烹制出来的炖菜："女人在锅里注入水，然后将水果、肉和鱼倒进去一起煮。"这道菜的味道类似西班牙美食什锦菜杂烩，他们享用这道美食时总是"很愉快"。

哈里奥特的热情介绍很快使雷利相信切萨皮克湾的优势，但是在他最终下定决心前，他再次向他可靠的朋友理查德·哈克卢特寻求意见。他选择了一个很好的时机，那时哈克卢特对西班牙在北美的势力状况的调查正接近尾声，经过数月研究，这位编年史作家终于可以给出明确建议："如果你如我殷切盼望的那样，打算继续你在弗吉尼亚的殖民伟业，那你最好在切萨皮克湾建立居住地。"他补充了一个诱人的信息，说如果在那里定居的话，殖民者将离"那里的富饶银矿"非常近。

现在，雷利下定了决心，带着他惯有的热情投身新事业。他认为最要紧的事是寻找合适的人才来领导他的新殖民地。拉尔夫·莱恩没有表现出想立刻返回美洲的意愿。托马斯·哈里奥特虽然满怀热情，却更想在殖民爱尔兰方面大展身手，于是他动身前往芒斯特，开始了一项艰苦的工作——为雷利庞大的地产绘制地图。

只有约翰·怀特急着返回新世界。他非常享受那些年在罗诺克岛上的冒险生活，当雷利开始四处物色担任未来的总督的人选时，怀特就明确表示自己渴望获得这个职位。

雷利很乐意奖赏怀特之前的辛勤工作，怀特绘制的地图和人物画像的质量让他大为震惊。尽管任命一位艺术家为总督有些不合常理，雷利还是毫不犹豫地给予了支持。1587 年 1 月，他"提名、选举、选择、任命，最后指派伦敦绅士约翰·怀特为美洲殖民地总督"。

对这样一个出身卑微、默默无闻的人而言，被任命为总督是相当令人佩服的。怀特的出生日期和出生地我们不得而知，其家族史也不明，早年经历完全是个谜。直到 1580 年，约翰·怀特以

"画家与染色工行会"成员的身份被列入名册，这个行会接受所有与绘画工艺相关的从业者加入。

我们几乎可以确定的是，年轻的怀特是微型画学徒，这种职业更为得体，从业者也认为自己比俗气的普通艺术家更胜一筹。"除了绅士外，没有人应该从事这个行业，"著名的微型画画家尼古拉斯·希利亚德（Nicholas Hilliard）写道，"我给出的第一条也是重要的建议就是保持干净。"他建议有追求的微型画画家穿上丝制的衬衫和裤子，并建议他们在虔诚的沉默中工作，不过他也认为"偶尔谈话或阅读、小声地轻笑，或配以安静的音乐也是可以的"。

约翰·怀特一定和他的微型画画家同行截然不同。在他们磨炼油画技巧时，怀特却开始尝试一种古怪的媒介——水彩。水彩不但被专业肖像画家拒之门外，且通常情况下只会被用来画素描或地图的边线。但是，怀特不满于用毕生精力给伊丽莎白宫廷里的马屁精和阿谀奉承者画肖像。商人和探险家们的故事点燃了他热爱冒险的天性，年轻时，他就渴望去远方发挥他的才能。1577年，他的机会终于来了，怀特听说探险家马丁·弗罗比舍（Martin Frobisher）要去北极寻找西北通道，他似乎为自己赢得了成为本次探险活动中的画家的机会，因为他现存的最早的作品描绘了穿着皮毛大衣的因纽特人划着独木舟在冰川间穿梭的画面。这些画作也说服了雷利委派他描绘罗诺克岛的印第安人。

在帕姆利科湾的沼泽里作画困难得令人沮丧，也让怀特体会到创作微型画时的奇怪规则有其局限性。在这样的环境里给头发撒粉，穿丝绸裤子作画是不切实际的，但是他从未忘记肖像画最首要的原则是"画出本来的样子……画面上的男人、女人的形象和形体应当就是他们真实的样子"。速度是成功的关键，怀特发明了一种可以让他快速捕捉人物特征的方法，这样他就可以快速地画出素描，然后再依此画成水彩画。匆忙离开罗诺克岛时，这些素描和很多水彩画成品都丢失了，但也有一些保存了下来，被绑在一起带回伦敦。

怀特天赋异禀的消息很快传遍欧洲，他回到英格兰不到两年，佛兰德斯的大印刷商特奥多尔·德·布里（Theodor de Bry）就请求他将自己的画像制成版画。最终，这些作品成为德·布里1590年出版的哈里奥特的巨著——四国语言版的《美洲》——中的插图。

虽然怀特已经充分展示了他作为一个艺术家的能力，但是他还没有证明他具有管理不听管教、放荡懒散的懒汉所必需的领导能力。1585年的探险期间，他没表现出善谋或果决的品质。是哈里奥特精心策划了伟大的切萨皮克湾冬季探险；是莱恩领导殖民者们，让他的殖民者们在这段艰难的岁月里活了下来。他们两个人都很精明，知道用文字夸耀自己的成功，让伊丽莎白的廷臣们了解了他们的英雄事迹。相比之下，怀特在1585年的雷利殖民项目中几乎隐身了。他很少在报告中被提到，也没有因为勇敢受到表彰，如果不是他的水彩画，人们很容易忘记他是雷利探险队中的关键人物。任命他为新总督是一场高风险的赌博，他的艺术家脾气能否赢得殖民者们的尊重还有待观察。

当然，他不是一个人管理殖民地。雷利还组织了一个团队协助他，他夸张地将之命名为"弗吉尼亚雷利城的总督与助手们"。

这支队伍为怀特提供了 12 名助手，他们都是因哈里奥特关于美洲的记述燃起了热情的冒险家。

不幸的是，他们大多都缺少 1585 年远航的那批冒险家的才干和技能。英格兰最受人青睐的水手正醉心于掠夺西班牙珍宝船队，无暇参与约翰·怀特的这次探险，愿意来帮把手的人都名不见经传，并且毫无经验。唯一的例外是西蒙·费尔南德斯，他是格伦威尔"老虎"号上经验丰富的领航员，但是费尔南德斯为人骄傲自大，使他成为莱恩船队里最招人厌恶的人，水手们戏称他为"猪猡"，但即便如此，雷利还是全然信任他，欢迎他加入新队伍。

怀特的另一名助手是他的女婿阿纳尼亚斯·戴尔（Ananias Dare），他是一位砖瓦匠。他的技能或许在建造房屋时有用，但这不是管理殖民地需要的技能。戴尔的性情变幻莫测，他早年和人鬼混，糊里糊涂地有了一个私生子。在某些社交圈子里，这会严重玷污他的名誉；但是伦敦的冒险家对这种卑鄙的行为暗暗钦佩，他们同意那句谚语："不生两三个杂种，不配叫男人。"

戴尔的轻率没有令怀特困扰，他很乐意把女儿埃莉诺嫁给他。这对夫妇居住在伦敦的舰队街上，靠近圣布莱德教堂。年轻的埃莉诺怀孕了，大多数女人不会选择这种时候还去海上航行 7 周，去往未知的荒野。毕竟分娩很危险，通常也很痛，而且当时也没有什么能够减轻孕妇疼痛的方法。许多女人仍然依靠传统的方法减轻疼痛，例如吞食包裹着糖蜜的蜘蛛，虔诚且迷信的人则寄希望于圣遗物、敬拜物，甚至是教堂敲钟的绳子。如果埃莉诺待在伦敦，她有可能会借来圣布莱德教堂的钟绳绑住她疼痛的肚子。但她坚持陪伴丈夫前往美洲，于是这对夫妇开始为长途航行

埃莉诺·戴尔坚持在怀孕期间乘船前往美洲。在伦敦分娩和在船上一样危险，很多女人仍然依靠传统的方法减轻疼痛，例如吞食包裹着糖蜜的蜘蛛。

做准备。

　　约翰·怀特的其他助手仍然是个谜，我们只知道他们的名字：罗杰·贝耶（Roger Baylye）、克里斯托弗·库珀（Christopher Cooper）、约翰·桑普森（John Sampson）、托马斯·斯蒂文斯（Thomas Steevens）、威廉·富尔伍德（William Fullwood）、罗杰·普拉特（Roger Pratt）、迪奥尼西·哈维（Dyonise Harvey）、约翰·尼科尔斯（John Nicholls）、乔治·豪（George Howe）和詹姆斯·普拉（James Plat）。这些人在英格兰都没有社会地位，因为他们没有贵族血统，也没有土地。他们可能出身伦敦的工匠阶级，做着技术工作。

　　这让雷利很困扰，因为他想要身份地位显赫的人来统治他自封的"雷利城"。为了达到这个目的，雷利想出一个妙招，来让这些人成为绅士，赋予他们贵族血统。他去找首席纹章官威廉·德蒂尔（William Dethick），这个人寡廉鲜耻，敢把纹章和徽饰卖给任何贿赂他的人。雷利答应德蒂尔，只要他为约翰·怀特和其他12名助手设计纹章，就给他大笔报酬。德蒂尔沉着地完成了这项任务，即使是出身最低的助手都被他与古老的贵族扯上了关系。他对总督的纹章格外费心，做了一个异想天开的纹章设计，其纹样显示总督的血统来自至少8个显赫的怀特家族。这完全是伪造，但雷利完全不介意，因为这不过是为了宣传，目的是向潜在投资者保证，他的殖民地是由优秀的绅士管理的。雷利有可能在达勒姆宫的一次公开仪式上展示了这些纹章，并且夸耀这12位绅士"在任何时代都值得尊敬、奖赏，他们的伟业将被铭刻在各种纪念碑上，永世流传"。

1月初那忙乱的几周里，雷利也没有忘记一贯忠诚的曼第奥。曼第奥从一开始就支持雷利的殖民项目——他越来越被英格兰人同化了——也认为英格兰人出现在美洲土地上，既是合理的，也是有益的。他曾是莱恩殖民地诞生的催化剂，他提供的许多信息使1585年的远航得以成行，拉尔夫·莱恩和他的手下能够幸存下来，也是因为他的帮助。现在，沃尔特爵士决定奖励他的忠诚，任命他为新大陆的封建统治者，将罗诺克岛托付给他，并授予他"贵族称号……以奖赏他的忠诚服务"。尽管雷利不打算将新殖民地建在罗诺克岛，但是他不愿意放弃其附近海岸线的控制权，所以几乎可以肯定的是，他答应为曼第奥提供一支军队——也许就是现在马斯特·科芬手下的那15个人。

任命曼第奥的确不同寻常——也让许多人感到震惊——因为雷利相当于任命他为地方总督，虽然他仍臣服于大酋长伊丽莎白，但拥有统治他领土上的印第安人的权力，将如此重大的责任交付一名"野蛮人"，让伊丽莎白时代满怀偏见和不宽容的英格兰人一时难以接受。但这也向廷臣和平民们证明，雷利乐于挑战传统。不是所有人都沉默地接受了这个消息，可能正是因为一些更加保守的廷臣表示反对，雷利决定，曼第奥需要先受洗才能成为殖民地总督。他一抵达罗诺克岛，就要举行这个仪式。

事实证明，吸引潜在的殖民者前往切萨皮克湾远比寻找总督的人选困难得多。参与过罗诺克岛殖民的人回到英格兰后，给雷利1585年的项目带来了很不利的宣传，他们咀嚼橡果和野莓的故事深入人心。但这不是约翰·怀特招募美洲定居者的唯一阻碍，在整个英格兰，有数以百计的代理人正在招募殖民者前往爱尔兰的新种植园，他们尤其致力于招募工匠和农民——这也是怀特的殖民地需要的人。在爱尔兰和美洲之间，大部分人会毫不犹豫地选择爱尔兰，对那些住在西部郡的人来说，爱尔兰离他们只有不到两天的路程。

怀特知道他没法与这些代理人竞争，所以他不去乡村招募，反而在伦敦的大街小巷寻找殖民者。这是明智之举，因为拥挤不堪的首都是一个卫生条件恶劣、瘟疫横行的"粪堆"，很多人都想逃离这里。伦敦患病的人数已经接近9万，而且每个月都在增加。大部分人"住在城墙内"——伦敦的26个选区——但是越来越多的底层百姓被驱逐到郊区，他们像鲱鱼一样挤在萨瑟克地区臭气熏天的小房间里，这是"靠乞讨为生的穷人居住的地方"。许多人都愿意去美洲碰碰运气，因为这样他们就有机会远离那些夜间在街上游荡的流氓、妓女和小偷。阿尔德门（Aldgate）是城里最贫穷的地方之一，那里的犯罪记录触目惊心。伤人、杀人和儿童谋杀案屡见不鲜，以至于法庭已经厌倦了没完没了的听证会。一个"妓女把孩子扔进了厕所"，而有些则是在抢劫的时候"闷死了"他们的受害者，还有数十人在刀战中死亡；穷人很少死于体弱或年老。

怀特可以为生活在这些地方的老实人提供一个永远逃离的机会，人们之所以愿意听他说的话，是因为他提供的东西非常有吸引力：一片有着"温度适宜、有益健康"的气候、没有疾病和犯罪的土地。他可以大力宣传一个事实：莱恩的殖民者们回到英格兰时都很健康。"我们在美洲一整年……只死了四个人。"这在伦敦的贫穷市民眼中是项了不得的成就。除了经常席卷首都肮脏街道的瘟疫，体弱和营养不良的人还会感染上许多其他疾病，最常见的是肺结核和疟疾，此外还有腹泻、天花、蠕虫病、水肿、坏血病、胸膜炎和黄疸等——这个清单可以一直列下去。痔疮破裂致死的人数多到令人吃惊——因为创口很快就被感染了——而阴囊"破裂"带走的生命数量也同样可怕，因为接受手术的患者鲜少能从污染生锈的手术器具下幸存。威廉·温特（William Wenter）爵士经历了数年结石疼痛的折磨后，把自己交给了外科医生，手术后几小时，"他就结束了自己的生命……他的结肠和结石一起被切除了"。抑郁症患者的增加也不至于让人太过惊讶，记录显示，越来越多的人死于"内心的悲痛"——自杀的婉转说法。

怀特承诺给他的殖民者们的远不只一片没有疾病的土地，他还为他们提供了一个逃离"腐败、卖淫、醉酒"的机会。这些在伦敦无处不在，"伦敦的罪恶比尼尼微还多"。泰晤士河沿岸特别因其"浴场"，即妓院，而臭名昭著，嫖娼是精力充沛的年轻人中流行的一种消遣方式，即便大部分妓女都患有"法国痘"——也就是梅毒。而嫖娼与醉酒相伴相生，许多人热衷于从一家酒馆游荡到另一家酒馆。不过就算对"大肚量"的人而言，这种消遣方式也有些危险，因为伦敦的大街小巷到处都是酒馆。据说，萨瑟克大街的一条支巷里有不下 20 家酒馆，尤其受饮酒狂欢者的青睐。痛饮一番后，他们往往会开始踢足球，这是"血腥的杀人演练"。成群的年轻人常常借机疯狂地打砸店面、踢打过路行人，导致官方被迫禁止踢足球。

怀特努力向潜在的殖民者们保证，这回在切萨皮克湾的定居点比罗诺克岛上那次灾难性的试验要好得多。他和雷利都清楚，任何长期的殖民地都必须是基本自给自足的农业社区，必须能够及时产出大量的烟草和谷物，多余的作物还可以运回英格兰。虽然他招募的殖民者大多来自伦敦，但这应该不是什么问题：许多城市居民都会在小块地皮和花园里种植蔬菜，他们至少知道如何自给自足。

有一些人立刻报了名，但是还有很多人犹豫不决。为此，雷利提出了另一项激励措施，他"极为慷慨地……送出和授予大片土地"，向每个殖民者承诺，他们无须投资，就可以得到不少于500英亩的土地，他还保证这些土地都是肥沃的农田。这是真正的天上掉馅饼，因为500英亩的土地比大多数英格兰农场都要大，这一点引起了很多人对美洲殖民计划的强烈兴趣。雷利还进一步激励潜在的殖民者，保证殖民地会被用作英格兰私掠船的安全港，他们绝不会同英格兰失去联系，因为船只会全年在两地之间往来。这些船只会给他们带去重要的补给，在丰年，也会将殖民地的剩余食物带回英格兰，而有上进心的殖民者们完全可能借此赚上一笔。

怀特希望在春季出发，因此他只有三个月的时间招募殖民者。他的目标是招募150人左右——男女兼有——但是事实证明，这在可用的时间内很难实现。到4月时，只有100人报名，他们当中有许多单身男子，或者选择暂时离开伦敦的妻儿、前往新大陆安顿好自己的父亲。但是怀特也确实取得了不小的成绩，他成功地劝说了大概14个家庭参与殖民，此外还有17名女性，其中有几位是单身。她们完全有可能是被格伦威尔留下的那15个男人的妻子，甚至也有可能是那三个 1586 年被德雷克不小心丢在美洲的船员的配偶。还有几个年轻的男孩也报了名，他们没有亲属陪伴。

在伦敦招募殖民者的缺点也很明显：乡村来的人不多，因此能为殖民地提供农业经验和知识的人不多。殖民者马克·本内特（Mark Bennett）是农民，威廉·伯德（William Berde）是自由农，他们都可将有用的技能带到殖民地——但是除了他们以外，很少有农民出身的殖民者。威廉·尼科勒斯（William Nicholes）似乎是裁缝，托马斯·休伊特（Thomas Hewet）是律师。威廉·布朗（William Brown）可能是一名伦敦金匠，如果他希望在殖民地找到小金块做成首饰的话，他很可能会大失所望。

殖民者们来自社会的各个阶层。约翰·斯彭德洛夫（John Spendlove）自称“绅士”；约翰·海因德（John Hynde）和威廉·克莱门特（William Clement）都曾在科尔切斯特监狱服刑；去过罗诺克岛的老手很明显都缺席了：只有詹姆斯·莱西（James

约翰·怀特需要为殖民地招募农民。他在伦敦的大街小巷和集市上招人，例如东市场路，在那里，他找到一些有农村生活经验的城市居住者。

Lassie）和约翰·怀特愿意返回美洲再碰碰运气。

　　报名参与此次冒险的女性的身份仍然是个谜，部分原因在于伊丽莎白时代的英文拼写方式古怪，使人很难确定她们的身份。伊丽莎白·格兰（Elizabeth Glane）似乎是达比·格兰德（Darby Glande）的妻子，艾格尼斯·伍德（Agnes Wood）有可能嫁给了奥德利·塔潘（Audry Tappan）或者托马斯·托潘（Thomas Topan），也可能两个人她都嫁过。玛格丽特·劳伦斯（Margaret Lawrence）、乔安·沃伦（Joan Warren）、简·曼纳（Jane Mannering）和罗斯·佩恩（Rose Payne）似乎都未婚；伊丽莎白·维卡斯（Elizabeth Viccars）基本可以确定是年轻的安布罗斯·维卡斯（Ambrose Viccars）的母亲。令人震惊的是，至少两名女性——埃莉诺·戴尔（Eleanor Dare）和玛杰里·哈维（Margery Harvie）——是孕妇，还有一名女子带着一个还在哺乳期的婴儿。

　　所有这些女性都将参与一场冒险，而这场冒险在几个月前几乎是不可想象的。在伊丽莎白时代的英格兰，妻子应当服从和顺从，像伊丽莎白·格兰和艾格尼斯·伍德这样的女人生来就被教育，女人不应抛头露面，也不应发表自己的观点。伊丽莎白时代的一本家庭主妇指南建议："一名妻子应该谨慎、贞洁……谦逊、善良、温顺，有耐心且冷静。"有些指南还补充，女性应该待在家里，避免穿轻浮的服饰，不饮酒。一位作家甚至宣称，亲吻妻子的脸颊不应是为了表示爱意，而是要检查她是否饮过酒。如果她喝酒了，就应该痛打她一顿："这不是为了冒犯或者伤害她，而是……充满爱意地改变她。"

　　怀特招募的很多女性，一定都曾对伦敦戏院里流传的关于妻子的粗俗笑话报以厌倦的微笑。一出喜剧里有这样一句笑话："妻子！世界上不存在这种东西。我承认，先生们，我只有一个厨子、一个洗衣工和一个苦力供我使唤。"还有人调侃说，女人只是为了男人的享乐而存在的，声称"妻子是男人年轻时的情妇，中年时的伴侣，老年时的护士"。

一想到要进入男性的冒险世界，她们想必又害怕又兴奋。但是怀特招募女性既不是出于同情，也不是在做慈善。他曾经结过婚——他的妻子似乎已经过世了——他知道很多伊丽莎白时代的妇女在家劳动时间很长，比起她们整天赌博酗酒的丈夫，她们拥有更多的实用技能。家庭主妇的日常工作包括烤面包、酿酒、搅拌黄油、照料鸡鸭和纺织等。她们还需要煮汤——对殖民地来说是最重要的技能之一——而且她们还有一双训练有素的眼睛，能够分辨出"好的种子和草药……特别是适合煮来吃的"。她们把这些种子种下，然后收割。亚麻成熟的时候，她们会把它们洗净、捶打，将之织成"床单、细平布、毛巾、衬衫、工作服和其他必需品"。她们的一天在记账中结束，只有完成这一切后，她们才能跳上床"寻欢"，开始这种暧昧的娱乐活动。

随着冬日接近尾声，航行的准备工作进展迅速。怀特已经准备好三艘船——120吨的"狮子"号、一艘用来运载食品的不知名的平底快船，以及一艘中型船。中型船的船长是爱德华·斯塔福特，他在1585年曾效力于莱恩。

1587年4月底，船队满载着物资离开伦敦，但是殖民者们没有全部登船，许多人对这次航行感到恐惧，所以选择在船队停靠朴次茅斯和普利茅斯补给淡水的时候再登船。之后，船队向西航行，穿过英吉利海峡，希望在 6 月底前抵达切萨皮克湾。

怀特的日记始于 5 月 8 日，他们离开的那一天，其他的内容都留给人们想象了。"我们在普利茅斯港靠岸，"他写道，"然后从那里驶向弗吉尼亚。"他的日记没有记下航行第一周的情况，但殖民者们——其中有很多人之前从未见过大海——正是在这段时间开始适应船上的生活。

怀特的第二篇日记有趣很多。怀特的记录称，5 月 16 日，船队领航员费尔南德斯让船队分散航行，不幸的是，这导致载着所有食物的平底快船消失在"狮子"号的视线里。"他恶意地抛弃了我们的平底快船，"怀特写道，"把她孤零零地留在了葡萄牙湾。"这是一项严重的指控，怀特用了"恶意地"这个词，暗示费尔南德斯故意将平底快船丢弃在那里。他又添油加醋地说，领航员"夜里悄悄地溜走"，希望船长找不到切萨皮克湾的位置，"或是，停在这么危险的地方……他们一定会被俘或者屠杀的"。

怀特没有解释为什么费尔南德斯会有如此险恶的行径，也没有提供更多的细节。但是，如果他所言不虚，那么费尔南德斯确实有罪，他的鲁莽可能会导致船上所有人挨饿。正常情况下，费尔南德斯应当受到严厉的惩罚，但是怀特什么都没有做——没有鞭打，也没有把费尔南德斯绑在横杆上浸到海里。他的不作为第一次证明了他缺少伊丽莎白时代指挥官最重要的品质——无情。这已经表明，他无法将他的信条和命令贯彻到整个探险过程中，在海上航行仅 8 天后，他就将权威拱手让给了费尔南德斯。

经过 44 天的航行，"狮子"号抵达加勒比海域，疲惫不堪的殖民者们跌跌撞撞地登上维尔京群岛的海岸，并建起临时居住的房屋。对这些营养不良、饱受坏血病折磨的伦敦人而言，看到长满热带水果的树是如此令人欣喜，他们开始采摘能摘到的所有果实。这是一个很大的错误，因为他们吃的是一种有毒的梨果。"我们当中有人吃了一种像是青苹果的小果子之后，嘴里像是着了火一样，他们的舌头肿得很厉害，有些人甚至都说不出话来，我们怕得要死。"船上的婴儿对于水果反应更强烈，"一个婴儿喝了吃梨果的女人的乳汁，他的嘴里也立刻有灼烧感了，看着婴儿为此备受折磨真是很奇怪"。怀特疏忽了，没有警告殖民者们不要食用未知的水果，所幸这没有对他们造成大碍。

伊丽莎白时代一本家庭主妇指南建议："一名妻子应该谨慎、贞洁……谦逊、善良、温顺，有耐心且冷静。"她要勤劳能干，每天的劳动一般包括烤面包、酿酒、收获粮食、纺织以及记账。女性将成为殖民地的命脉。

其他一些殖民者还错误地喝了"池塘中的水，这水很毒，导致我们很多人因为喝了水生病了……他们的脸上有灼烧感，脸也肿起来了，眼睛也睁不开，有五六天或更久看不到东西"。

怀特越来越担心，因为他们缺少食物、水和盐，尤其是他们仍然找不到那艘平底快船的踪迹。他知道如果无法获得大量补给，到达切萨皮克湾后不久，他的殖民者们就会饿死。费尔南德斯多次航行穿越加勒比海，对这些岛屿很熟悉，但是他没能引导"狮子"号找到有食物和盐池的岛屿，证实了怀特对他的怀疑——他在故意破坏殖民计划。他在日记里的语气变得越来越愤怒，开始了冗长枯燥且不知真假的抱怨，声称费尔南德斯之前"向他保证"在圣约翰岛可以找到绵羊，但是实际上，那里最富营养的东西就是陈旧的鸟兽粪便。

现在是 7 月 1 日——在这个时候建立殖民地已经很迟了，更何况殖民者们仍旧没有到达目的地。有两名船员弃船逃走了——虽然怀特没有解释为什么。总督和费尔南德斯之间的关系也完全破裂了，怀特只在极少数情况下向他的领航员发号施令，但即便如此他也总是被拒绝：当他下令船只再次停下"采集植物幼苗"时，他被拒绝了；当他恳求费尔南德斯停靠在伊斯帕尼奥拉岛购买奶牛的时候，他被粗暴地告知那座岛上没有牲畜。在没有找到任何食物补给的情况下，"狮子"号只能驶向弗吉尼亚，寄希望于平底快船已经到了。

怀特停靠的第一个港口在罗诺克岛，他希望能够看到马斯特·科芬和他的手下都健康地生活着。他期待与科芬见面，"从他那里了解这里和野蛮人的情况"，他特别想知道印第安人对他们

1586年的那次突然撤离有何反应。他还希望劝说那15名英格兰士兵继续留在岛上，以便保护曼第奥爵士。他打算见证完曼第奥受洗就"沿着海岸线前进，前往切萨皮克湾，在那里，他将按照沃尔特·雷利爵士的指示，建立定居点和堡垒"。

"狮子"号在距离外滩海岸约两英里处抛锚，总督开始准备在"40名最优秀的士兵的陪同下"，乘坐中型船穿越帕姆利科湾前往罗诺克岛。经历了漫长的航行后，他们中的很多人都想要快些登岸，想要看看两年前怀特帮助建造的定居点。他们刚刚将中型船推离"狮子"号，费尔南德斯手下一个爱找麻烦的副官就靠在领航船的边缘上，替费尔南德斯向殖民者们喊话说，"狮子"号不欢迎他们回来，他们应该到罗诺克岛上碰碰运气。这个人之后还"命令中型船上的水手们不要把任何殖民者带回来，把他们留在岛上就够了"。

殖民者们几乎不敢相信自己的耳朵。他们已经习惯了各种挫折和临时变更计划，但是眼前的情况完全超出他们的想象，这与他们在英格兰精心策划的一切背道而驰。费尔南德斯的做法不仅违背了约翰·怀特的命令，也背叛了沃尔特·雷利爵士的意思。

更敏锐的人可能已经意识到，怀特与费尔南德斯之间的对决已经酝酿了几周，早在费尔南德斯"恶意地"把平底快船抛弃在葡萄牙湾时，他就已经明确地表明自己对殖民者的命运毫不在意。怀特的日记尽管偏颇，依然清楚地显示了，他的领航员对西班牙金银的兴趣远超雷利的殖民地，而他接受沃尔特爵士的任命很有可能仅仅是因为这可以使他免费乘船抵达加勒比海。现在，错过了洗劫西班牙宝船机会的费尔南德斯决定主动出击。他简略地通知总督，"夏季已经过去大半，他要带殖民者们到其他地方登陆"。他补充说会停泊足够久，以便所有殖民者都能上岸。

怀特应该当场将野蛮的费尔南德斯绞死——德雷克恐怕早就这样做了——但是在整个航程中折磨着他的软弱，使怀特又一次没有采取行动。他面临的实际上就是一场兵变，但他没有试图重返"狮子"号与无法无天的费尔南德斯对峙。他摇摆不定、犹豫不决，当得知中型船上渴望获得战利品的船员们也想返回加勒比海时，"怀特不敢不满足他们的愿望"。当天晚上，"太阳落山"时，他放弃了在切萨皮克湾建立殖民地的想法，懦弱地接受了费尔南德斯的计划。经过短暂的讨论，他同意在接下来的几天内，将其他的殖民者——总计112名男女送往罗诺克岛。

1587年7月22日，黄昏时分，怀特和先行队伍乘坐的中型船抵达了罗诺克岛东端。尽管距离英格兰人的定居点还有几英里，但是他们相信马斯特·科芬一定看到了他们登陆，很快就会来欢迎他们。但是，他们的等待没有结果，当他们向黑暗的森林呼喊时，回应他们的只有幽灵般的回声。"我们没有找到他们中的任何一个人，"怀特疑惑地写道，"也没有任何迹象表明他们在那里。"这是最令人迷惑的。科芬的手下都是身经百战、在爱尔兰的恶劣环境中生存下来的士兵，除非这里发生了大屠杀——怀特对此表示怀疑，因为印第安人显然没有重新占领这座岛屿——唯一可能的解释是，科芬他们离开这里前往内陆探险去了。

殖民者们沿着海岸线上下搜索，希望找到线索。夜幕降临时，一名殖民者焦急而绝望地喊来怀特，地上有一具灰尘半掩的骸骨，"是很久之前被野蛮人屠杀的15名殖民者之一"。这个发现令登岸的队伍震惊不已。尽管经过进一步搜寻，他们没有找到更多骸骨，但是他们现在开始担心科芬的整支队伍都被印第安人屠杀了。

他们在开阔地带度过了不安的一夜，天一亮就继续搜寻。他们走到"岛屿的最北端——拉尔夫·莱恩的堡垒处，那里应该有生活必需品和不错的房屋"。怀特仍然希望找到"那15个人留下的踪迹，或者搞清情况"，但是他很快意识到这只是他一厢情愿的想法。"当我们来到这里后，我们发现堡垒已经倒塌"——似乎已经被拆掉了——"但是房屋没有受损……各种瓜果丛生，遮蔽着房屋，小鹿在其间吃着瓜。"

被废弃的村庄荒草丛生的景象，令怀特的定居者们伤感的同时，也深感不安。马斯特·科芬和他的手下不见了，可能已经死了。"我们回到队伍里，对找到这15个人不抱任何希望了。"

曼第奥建议怀特去位于克柔投安岛上的部落，那里距离罗诺克岛约10英里，希望在那里打听到罗诺克岛上发生的事。怀特同意了曼第奥的提议，他从他的手下里挑了20个人"跟随曼第奥乘船前往克柔投安岛"。"曼第奥的母亲和很多亲戚都住在那座岛上，我们希望从他们那里了解到那15个人的情况。"

他们的到来险些以灾难告终。曼第奥的部落没有认出他们的同胞，他们认为这群人是敌对的部队。"我们刚登陆时，"怀特写道，"他们似乎要与我们交战，但看到我们的炮口对着他们的时候，就掉头逃跑了。"直到曼第奥"用他们的语言叫他们的时候"，他们才变得非常高兴。"他们丢下弓箭，有些人还来到我们身边，亲切友好地拥抱我们，希望我们不要收集或破坏他们的作物，因为他们剩的也不多了。"

怀特向他们询问是否知道马斯特·科芬和手下神秘失踪的原因，尽管他没有期待能从他们身上得到什么信息，但出乎意料的是，曼第奥的一个亲戚竟然可以原原本本地告诉他发生的事。他目睹了英格兰人遭到"30个人的攻击，这些人来自赛科坦、阿夸斯科哥克和达萨蒙古盖庞克（Dasamongueponke）"。

印第安人精心策划并发动了一场进攻，他们成功地将英格兰人骗出堡垒。"进攻者们偷偷地藏在树林里，就在他们的房屋附近，而他们毫无察觉。"几个印第安人微笑着走出树林，"用友好的手势向他们打招呼"，还表示"他们的首领应该不带武器，上前和那些野蛮人谈话"。

马斯特·科芬没有怀疑，"因此两位英格兰军官"——可能包括他自己在内——"高兴地朝他们走过去"。他们直接走进了一个圈套，为首的印第安人抓住他们中的一个，"用事先藏好的木剑猛击他的头，杀死了他"。另一个英格兰人成功逃跑，与其余的英格兰人会合，但是他们还没来得及重组队伍，野蛮人就冲出树林。英格兰人撤回到相对安全的物资储备室，但是这也没能长时间地保证他们的安全。"野蛮人立刻放火点燃物资储备室，他们被迫拿起手边能抓到的武器，毫无秩序地冲出房屋，同他们作战。"

战斗十分激烈。尽管英格兰人因为失去先机和大部分武器而处于极大的劣势，但是他们仍然英勇应战。一名英格兰人善使长弓，"他用一支前端带火球的箭射中了一个印第安人，那个人后来死了"，他发出了胜利的叫喊。这些弓箭是致命的武器，前端的火球会使中箭的人痛苦而缓慢地死亡。

科芬的手下在很长一段时间里坚守着自己的阵地，交战中只损失了一个人，但是随着战斗愈发激烈，"我们又有人被一箭射入了嘴里而死"。寡不敌众的英格兰人慢慢意识到，印第安人选择的战场十分适合他们的战术。"他们交战的地方对野蛮人极其有利，"怀特后来在他的日记中写道，"野蛮人藏在浓密的树林里，他们以树木作为掩护，既可以灵活地保护他们自己，又可以用长弓射伤我们。我们的人因为受伤或者疲惫不堪，退到水边，那里停泊着他们的船。"这时，他们才意识到自己唯一的希望就是逃跑，于是他们不再迟疑，当即跳上船划船离开。

他们一脱离印第安人的射程就开始清点损失。包括首领在内，两人死亡，数人受了严重的箭伤，急需治疗。他们还为袭击发生时正在采集牡蛎的四个人感到担忧，如果这些人在得到警告前返回罗诺克岛，必然会被印第安人屠杀。但是当士兵们划船穿越帕姆利科湾时，"他们看到那四名同伴正从这里的一条小溪里走来，他们在那里采集牡蛎，于是这四个人也上了船……他们最后在一座小岛上登陆"——可能是外滩海岸的另一座小岛。

后面发生的事情我们就不得而知了。这些受了伤、手无寸铁的人陷入绝境——他们被好战的印第安人追杀，这些印第安人认为这是彻底消灭英格兰人的千载良机。不过，这些印第安人也知道科芬手下的士兵足智多谋，十分勇猛，所以他们必然也清楚，在重新准备好武器前不宜再次发动进攻。

食物是这些英格兰幸存者最关心的问题，因为逃出罗诺克岛时，他们把所有的豆子都丢在那边了。现在，他们活下去的唯一希望就是以这座岛屿的物产为生，他们要尽可能多地收集外滩海岸上的牡蛎和浆果。怀特认为他们的处境如此无望，所以他相信他们要

马斯特·科芬靠重炮防御他的堡垒。印第安人发起突袭时，英格兰人不得不丢下所有重炮逃跑。现在，他们没有武器，身陷困境。

么冒险乘坐中型船返回英格兰 —— 一场豪赌，要么选择去加勒比海碰运气。"他们在外滩海岸生活了一小段时间，"他写道，"但是后来他们离开了那里，到现在为止，我们还不知道他们去了哪里。"

　　怀特认为这群绝望的人在帕姆利科湾海岸生存下来的可能性微乎其微，但是他或许低估了这些人的决心。与他自己带来的殖民者不同，马斯特·科芬的人身经百战，他们受过严苛的训练，习惯了在爱尔兰荒凉的土地上依靠自己的智慧活下去。爱尔兰土著居民的敌意不亚于美洲的印第安人。没有人比这13个人组成的小队更能够承受艰苦考验的了。

　　怀特很想知道这些人的下落，但是他从曼第奥的亲戚那里得不到更多消息了。他认为只有时间能够告诉我们，这些人的毅力和意志力是否能让他们活下来。

第十章

领主曼第奥

就在马斯特·科芬的手下拼命在外滩海岸寻找生路时，沃尔特·雷利爵士发现自己因与女王关系亲密而受到了越来越多的敌视。英格兰贵族廷臣们很快就厌倦了他可笑的调情举动，也受够了他们同女王会谈的尝试时常因女王渴望她的"水先生"而受挫。礼仪规定，只有女王愿意，他们才能同她交谈，但这种情况的发生频率越来越低了。比起她那群昏聩老迈的政治家们，她无比地偏爱沃尔特爵士的陪伴。

没有贵族敢公开批评女王，因为这么做最少也会让他们遭受严酷的责难。但是宫廷小丑塔尔顿的出身与那些贵族廷臣不同，他与他们那个充满甜言蜜语和谎言的虚假世界毫无关系，他的工作是用粗鄙的笑话招待宫廷上的客人，现在，在一场国宴上，他准备给女王的宠臣一次教训，让他终生难忘。

他选择了一个恰当的时机——乐曲停顿的空当——他站起身，手指向雷利的方向，"看那儿，"他咆哮道，"那个无赖控制了女王。"人们有一瞬间的安静，等待着女王的反应，伊丽莎白保持着冷静，虽然她显然很生气。根据编年史家的记载，女王"皱着眉头纠正了他"，过分自信的塔尔顿以为这是暗示他再次嘲弄雷利，于是补充道，雷利"权力太大，令人无法忍受"。然后，他坐了下来，意识到自己或许已经说得够多了。

塔尔顿的笑话在宴会上很受欢迎，但是他只说对了一半。雷利的确有很大的权力，部分在于他拥有巨额财富。但是他对女王的影响只限于情感方面，无关政治，他没有在枢密院任职，也没有在任何重要的国家机构里任职。尽管他可以与女王争论问题，但是他从未忘记他们关系的不稳定，而且这完全依靠他的个人魅力和智慧维持。走错一步或轻率行事一次都会立刻使他一败涂地。

不过 1587 年时，这一切看上去还不大可能，女王刚刚又给她的宠臣增添了一份荣誉。她任命他为护卫队长，这个职位有很高的威望，使他随时陪伴在她左右。现在，他掌管女王的护卫队，负责护送她前往教堂，以及出席盛大的国务活动。他在弗吉尼亚的管理权使他成为女王西部帝国的守卫者，现在，他的新职位使他掌握着女王的身家性命。

这份工作还给雷利带来一份制服补贴。制作制服需要"6 码黄褐色混合面料，每码价值 13 先令 4 便士，此外还需要一块黑色羊羔皮，价值 10 英镑"。这也使他不得不穿上比平时更奢侈华丽的衣服，他橘色的束腰外衣有长长的灯笼袖，长及膝盖的裙摆夸张地向外展开。他头上戴着一项包裹着丝绸的华丽羽毛帽，而浆洗得笔挺的环状领子使他下巴朝天。

雷利和他的手下总是忙得不可开交，因为他们除了需要在公共场合陪伴女王，还要为女王送饭、送信，偷听女王的女仆在女王和廷臣之间传闲话。雷利表示，女仆"就像女巫，她们只会造成伤害，不会做好事"。

雷利被提拔为护卫队长后不久，女王就决定进行一次王室巡行，这体现了她有着精明的治国才能。这次巡行使她能够向她的臣民展现自己，而花费却由她那些不幸的领主承担。伊丽莎白女王在解开其他人腰包方面从来没遇到过任何问题，这些巡行的规模都非常庞大。仅仅运输她的行李就需要200多辆马车，从她的橡木床，到便携凉亭和野餐帐篷，无所不包。

因为仅有几条路能够承受这样一支巨大的行李车队的重压，王室的随从们行进的速度异常缓慢，一天内从未前进超过12英里。随着王室队伍的来到，许多领主都会绝望地连连叹气，因为他们知道他们将作为主人，招待英格兰最熟练的寄生虫和骗子。每次宫廷到访伯利公爵西奥博尔德，他都被迫花上"两三千英镑"用于娱乐，而一次对坎特伯雷的短暂到访，就花了大主教超过2000英镑，等于在加勒比海地区进行一次长期海上劫掠航行的花费。一位不情愿的贵族担心未来可能也要接待这种王室巡行，他被这些开销吓坏了，详细记录了每一项花在食物上的开销：鸡肉和苍鹭105英镑，奶牛乳、小牛蹄、羊舌28英镑，还有红酒57英镑。

食物并不是唯一的开销，他们还需要建造新的烤箱，借来或要来锦缎和土耳其地毯，雇用表演者为女王提供娱乐活动。宫廷的竞争关系迫使领主争相为王室提供更奢侈的娱乐方式。一位领主为了讨好女王，挖了一座人工湖，上演了一出古典戏剧里的海上场景。另一位领主不甘示弱，试图用特制的烟花向天空发射活生生的猫狗（未成功）。

女王1587年的巡行是相对节俭的——在沃里克伯爵那里短暂停留后，仅又在西奥博尔德停留了一阵子。随行队伍经过赫特福德郡泥泞的村庄时，场面盛大。女王横坐在马鞍上，或乘着马车，护卫队环绕在她周围，沃尔特爵士在前面带队。当这支色彩明艳的队伍沿着大路前进的时候，住在自己板条屋里的乡下人就会走出来，惊奇地看着伊丽莎白宫廷的华丽盛况，眨巴着眼睛。

少数愤世嫉俗的人努力想瞥一眼她的腹部，因为虽然女王很受臣民热爱，但还是有很多人不相信她还保有处女之身，说她绝不是一位童贞女王，她动身来乡下只是为了隐藏怀孕的事实。不过，大多数人还是被激起了真挚的热情，开心地挥舞着他们的手帕。"她在每个地方都得到了热烈的欢呼和喜悦的喝彩，"一份文件写道，"……有时候她会命令马车前往人流最拥挤的地方，站起身来向人民致谢。"

当女王受到爱戴和崇拜时，她的护卫队长却没有受到相同的热烈欢迎。为雷利带来巨额利润的羊毛平纹布生意，被认为是针对贫民征税而被广为憎恶，而他身上的丝绸和天鹅绒衣物更是不断提醒着平民，他从他们身上榨取了多少财富。很少有人会刻意掩饰他们对雷利的蔑视，一位廷臣写道："在所有人中，他最遭人憎恨，最受穷人诅咒了，因为馈赠给他的布料使很多人变得极为贫困。"

沃尔特爵士对所有的批评不屑一顾，而且"他还常带着一种可怕且高高在上的优越感"，甚至让他的廷臣同僚都感到震惊不已。一位廷臣写道："他是世界上最可恨的人。"另一位廷臣则记录称："他完全不受人们的喜欢，因为他似乎以遭人民记恨为荣，他或是认为这是一种策略，或是不屑于得到大众的拥戴。"但乐于见到这种说法的人都是雷利的死敌，他们只要看到一点儿雷利可能倒台的迹象，都会乐得跳起吉格舞来。沃尔特爵士也有一些拥趸——他的西部郡的同胞，他们深受雷利无畏的平步青云鼓舞。雷利的这群坚定的狂热支持者甚至到他的生命尽头都从未动摇过。这种支持并不仅来自他的亲人和朋友，康沃尔"粗野而桀骜不驯的"锡矿工们——由于雷利被授权管理锡矿区，他们都成为雷利的手下——很快就被争取到新主人的一边。"您的耳朵和嘴巴总是为我们张开，倾听我们的不满，传递我们的委屈，"罗伯特·卡鲁（Robert Carew）写道，"……您不仅是一名治安官……在宫廷中，还是为我们主持公道的请愿者和律师。"这是对雷利经常利用他对女王的影响力为西部郡矿工们谋取利益的认可。

宫廷中很少有人愿意听到雷利受到这种赞扬，他的敌人们正在等待他垮台。1587年夏天，雷利的垮台似乎突然就在眼前了：女王有了一位危险的新追求者——他不愿和雷利分享女王的喜爱。这个人是埃塞克斯伯爵罗伯特·德弗罗（Robert Devereux），这是一位强大可怕的对手，决心摧毁雷利。德弗罗只有20岁，相貌英俊，生性浪漫爱幻想，他精通求爱的艺术，甚至能迷倒一个54岁的老人。

女王很快就被埃塞克斯伯爵迷住了，任命他为她的御马官，这个职位可以使他一整天都陪在她的身边。即便马儿都在马厩中休息了，埃塞克斯伯爵还陪在女王的身边。"当她在国外的时候，"安东尼·巴戈特（Anthony Bagot）1587年写道，"除了埃塞克斯伯爵外，没有人能近她的身。晚上，埃塞克斯伯爵与女王打牌，一个游戏接着一个游戏地玩，直到第二天清晨鸟儿鸣叫。"

埃塞克斯伯爵骄傲自大，能言善辩，而且"非常记仇"，他很

女王的巡行队伍由沃尔特·雷利爵士带领。雷利的傲慢态度和浮华的服装使他成了"世界上最可恨的人"。

快就学会了记恨雷利爵士与女王惬意的调情。他决心破坏雷利的名誉，利用他刚刚建立的影响力打压雷利。1587年王室巡行期间，他们的矛盾达到顶峰，埃塞克斯伯爵的姐姐之前因为婚内的不检点行为被逐出宫廷，这次却突然出现在女王在赫特福德郡住处的北厅。这种蔑视她权威的行为令女王极为愤怒，她派人把这位无礼的女士送回她的房间，而埃塞克斯伯爵认为这件事是雷利安排的，就是为了羞辱他。他言辞凿凿地责备女王，说女王陛下表现得如此愤怒只是"为了讨好那个恶棍雷利"。女王发现自己陷入了一段三角关系，也知道自己无法取悦两位追求者。这一次，她站在雷利一边，令埃塞克斯伯爵十分厌恶。他表示："看来她听不得任何关于雷利的坏话。"他气急败坏，说话时"又生气又伤心"，他告诉女王他无法服侍"尊敬这样一个男人的人"。

他们在女王的房间里争吵时，雷利——作为护卫队的领班——正站在门的另一边，每个字都听得清清楚楚。女王急忙为他辩护时，他很高兴；埃塞克斯伯爵冲出房间，骑马冲进夜色中时，他更高兴了。但是雷利的胜利没有持续多久，因为女王突然惊慌失措，请求她的廷臣们寻找埃塞克斯伯爵。当她得知他正往低地国家方向去时，女王崩溃了，因为她挚爱的菲利普·西德尼爵士不到两年前就是在尼德兰被杀了。她立刻派信使追赶她的御马官，承诺给他一个充满爱意的和解。埃塞克斯伯爵优雅地接受了，重新回到巡行队伍中，但是他警告女王，如果她试图"引导他与雷利成为朋友"，她将不仅会失败，而且还会"导致他做出其他极端的事"。

那年夏天那场激烈的冲突，让人们纷纷猜测雷利会在什么时候以何种方式垮台。宫廷上的大部分人都认为这回雷利遇到了强劲的对手——贵族出身的埃塞克斯伯爵，雷利用不了几个月就会卷铺盖走人。"沃尔特·雷利的地位岌岌可危，"一位廷臣写道，"……人们认为他永远不会再崛起了。"雷利自己也意识到他的地位有多脆弱，顷刻之间就陷入了忧郁，这种忧郁在他的晚年会越来越严重。他坐下来写下一首绝望的诗，想象了失去荣光后的生活：

> 吃的是谨慎与忧伤，
> 喝的是滚滚热泪，
> 我在阴影中黯淡无光，
> 唯有的火焰起自胸膛。

他已经达到了事业的巅峰，现在他只有衰落，只不过没有人能够预料，他会在什么时候以怎样的方式垮台，但是可以确定的是，雷利的垮台肯定会影响约翰·怀特和他手下那112名罗诺克岛上的殖民者。

怀特总督的殖民者们面临着一个极为危险的夏季。得知马斯特·科芬的队伍遭受了三个原本彼此对立的部落联合攻击后，怀特的殖民者们十分惊恐。更糟糕的是，这三个部落中有一个来自赛科坦，怀特两年前曾拜访过那个村庄。那一次，英格兰人得到了最热烈的欢迎，但是现在，英格兰人是他们仇视的对象。

总督的第一个任务就是集合众人。他们的士气极为低落，因为能够保护殖民地妇女和儿童的士兵人数很少，而罗诺克岛上被毁坏的村庄时刻提醒着他们，他们的处境岌岌可危。这一回，怀特表现出在他身上不常见的决断力，发布命令，要求"所有人都必须参与修缮那些我们发现的还未倒塌的房屋，除此之外，还要建造所需的新房屋"。

建造房屋的工作没有听上去那么难。伊丽莎白时代的房屋是在笼状木框架的基础上建成的，这种木框架由竖在地上的木材固定，它们被称作"间立柱"。在英格兰，建筑工匠一般用的是切割修整好的木材，但用粗糙的树干也完全可以。怀特的人干劲十足地投入到工作中，几天内，村庄又一次成形了。

7月25日，怀特震惊地看到一艘大船朝着岸边驶来。随着船只靠近，怀特意识到那是自从在葡萄牙湾失联后就再也没见到的平底快船。船上载着"其他定居者，安全抵达了这里……所有人都非常高兴和欣慰"。自从平底快船被"恶意地"抛弃后，怀特就一直为他的供给短缺担忧。现在，他的定居者们终于有了足够的食物，不会挨饿了。

在这次令人欣喜的团聚三天后，怀特的助手之一乔治·豪出发去帕姆利科湾的浅水里捞螃蟹。现在有更多人要吃饭，豪认为如果他能捞到足够多的螃蟹，让大家吃一顿丰盛的大餐，可以提振士气。天气暖和，所以他脱掉了长筒袜和马裤，"几乎赤裸地"涉水而过。他从泥巴里捞出螃蟹和牡蛎，不顾自己的安危，更没有意识到他正在被 16 双眼睛盯着、跟踪着。

这些印第安猎人本来是去"高高的芦苇丛"里寻找野鹿的，但他们一发现这个人类猎物就迅速放弃了原来的搜寻任务。他们等待着时机，"秘密隐藏在"茂盛的芦苇里，很高兴地看到豪"独自涉水，几乎全身赤裸，唯一的武器就是捕捞螃蟹用的小木叉"。

这个英格兰人处于非常危险的境况中，因为他"距离其他伙伴足有两英里"，就是个坐以待毙的目标。他没有武器，独自一人，毫无防备。突然，芦苇丛里传来一阵噼里啪啦的响声，他扭身回头。他被眼前的场景惊呆了：印第安战士看上去总是很吓人，何况眼前这些身上涂满颜料的印第安猎人已经举起了弓箭瞄准了他。短短数秒过后，他们飞驰的箭已经射中目标，深深扎进豪的身体。"他们的弓箭给他造成了 16 处伤。用木剑杀死他后，他们又用长矛把他的头打得粉碎，然后从水上逃到海上。"当天晚些时候，一群定居者找到了豪支离破碎的尸体。这对他们的士气是一个毁灭性的打击，同时，这也生动地提醒他们，所有定居者都处于致命的危险之中。

和怀特的往常作风一样，他这一次的第一反应还是什么都不做。他不知道是谁袭击了豪，只知道与错误的部落交战只会让他们的处境雪上加霜。他向曼第奥的部落克柔投安人寻求建议，至少迄今为止，对方表面上还是以友好的态度接受了英格兰人在罗诺克岛的存在。

怀特再三保证："我们绝对不会破坏你们的玉米，乃至任何属于你们的东西。"他告诉他们英格兰人的供给船已经在路上了，还表示"他们来这里只是为了再续彼此的旧日友谊，与他们如同兄弟和朋友般生活在一起"。这些印第安人曾因为被拉尔夫·莱恩的士兵误认成维吉纳的支持者而惨遭屠戮，现在怀特说的"旧日友谊"很难得到这些印第安人的认同。他们抱怨说"数年前，他们中的很多人都受伤了"。"为了强调他们的愤怒，他们向我们展示了他们中的一名伤者，这个人当时就被打残了，还留下了无法痊愈的疤痕。"为此，这些印第安人提出了合理的解决方案，很快就被采纳了：给他们"某种标记或者徽章"，以便怀特的手下"在村外或者岛外其他地方遇到他们时，都能知道他们是英格兰人的朋友"。这样，这些印第安人就不可能被误伤了。

怀特的人在克柔投安岛上度过了一夜。天一亮，总督就召集了一次"会议"，询问村里的长老是否愿意帮他组织一次帕姆利科湾所有部落的集会。怀特打算亲自在这次集会上讲话，告诉所有参会的印第安人他寻求和平的意愿。他希望告诉他们："如果你们接受我们的友谊，我们也愿意再次接受你们，过去双方的所有不愉快应该被彻底原谅和遗忘。"

部落的长老们接受了怀特的提议，他们"回答说愿意尽力而为"。他们有一周时间安排这次集会，怀特与他们告别后，就利用其间这几天把最后一批物资从船上转移到岸上。这件事做完后，他只能等待集会的日子到来了。

8月8日终于到了，这是约好的大日子。怀特早上就开始"期待着部落人的到来"，但是直到中午，浅湾里也没有人影。当听说好几个部落酋长忘记了"让克柔投安人送回他们的答复"时，怀特变得很焦虑；当得知是维吉纳残部杀死了乔治·豪，且他们还住在殖民地对岸后，他变得十分惊恐。

现在，怀特明白和解已经不可能了。显然，大部分印第安人对他的和平提议不感兴趣，"因此他不打算再延缓报复行动"，计划一场突袭，一劳永逸地消灭最有敌意的部落。"当天夜里，大约午夜时分，他在船长斯塔福特和24名士兵的陪同下涉水离开。"和他们同行的还有曼第奥。"我们带上他当向导，带我们去这些野蛮人居住的地方"。

这些人在天还没破晓时就过了岸——"太早了，天还黑着"——他们在维吉纳过去的定居地附近——"我们敌人居住的地方"——登陆。这是一个紧张的时刻，他们"隐秘地穿过树林，潜行到印第安人那一侧，印第安人的房屋就在他们和海湾之间"。队伍悄无声息地向围绕村庄的栅栏匍匐前进，很快"就看到了他们的火堆，有几个人正坐在旁边"。这些人是1586年莱恩突袭后留下的幸存者，他们已经学会憎恨英格兰人。

怀特知道他们不可能不战而降，也意识到占据先机将对他十分有利。"我们立刻冲向他们，"他写道，"但是我们的士兵还没来得及拉开枪栓，印第安人就快速逃离火堆旁，逃进旁边浓密的芦苇丛里。"尽管事实证明芦苇丛是很好的掩护，但是怀特的队伍决心把他们赶出来杀死。"我们感知到他们所在的方位，开枪打穿了一人的身体，随后我们进入芦苇丛，希望一次性清偿他们对我们犯下的恶行。"

很多人奇怪为什么一个还击的印第安人都没有，因为通常情况下他们会很灵活地使用弓箭。不过很快，印第安人不还击的原因就明了了。怀特和他的手下在芦苇丛里横冲直撞时，听到曼第奥紧急的呼喊，请求英格兰人停止进攻。

怀特下令停止射击，想了解到底发生了什么，结果得知了一个可怕的消息。这些人根本不是维吉纳部落的人，他错误地进攻了一群友好的克柔投安人——这些人几天前还和他一起吃过饭。他们的身份标记并没有阻止悲剧的发生，现在，沮丧的怀特有很多事情要解释。"我们被骗了，"他写道，"因为这些野蛮人是我们的朋友，他们来自克柔投安，他们来这里是为了收集这里的玉米和水果，因为他们知道我们的敌人杀死乔治·豪后肯定立刻逃走了。"

进攻持续的时间不长，但后果是致命的。一名印第安人伤势严重，另外有人中了枪伤，伤口不停地流血，还有很多人因为害怕而战栗不止，他们认出这些人几天前刚和自己吃过饭，求他们饶命。这场进攻发生的时间让问题变得更复杂。"天色很黑，"怀特写道，"我们以为他们都是男人，但其中一个其实是酋长的妻子，如果不是她背后背着孩子，让我们看出她是个女人，她应该就被当成男人杀死了。"

怀特知道他要为这场灾难负责，这次袭击可能会使唯一与他们友好相处的印第安部落反目成仇。与拉尔夫·莱恩数年前的伏击相反，怀特的这次进攻从各个方面来讲都是失败的。莱恩的战利品是维吉纳的项上人头，怀特的全部成就却是让一个迄今为止十分友好的部落对他们产生新的敌意。当双方一起讨论刚刚发生了什么的时候，总督绝望了，不得不承认印第安人"为此付出了沉重的代价"。

伤者处理完伤口，英格兰人和印第安人坐下来讨论刚才哪里出了问题。曼第奥解释说，他的族人会划船来到这片废弃的定居点，是因为原来的村民——也就是杀害了乔治·豪的凶手——过于害怕英格兰人报复，逃进了丛林里避难。"他们把所有的玉米、烟草和南瓜都扔在这里了，如果不及时收集，鸟和野鹿会把它们吃光。"很明显，曼第奥左右为难，他不知道该为英格兰人辩护还是该站在他的旧部一边，但是他最后意识到自己如今与殖民地的纠缠如此之深，他的未来已经与英格兰绑在一起了。"尽管这次印第安人被错杀令曼第奥悲伤，"怀特写道，"但是他将这次被袭击归罪于他们自己的愚蠢，他对他们说如果他们的酋长信守承诺，在指定的日子会见总督，就不会发生这件不幸的事。"总督补充说，他十分感激曼第奥："他对待我们的方式就好像他是最忠诚的英格兰人一样。"

英格兰人努力想要通过和印第安人一起劳作来修复与他们的关系，他们收集了囤积在村里的粮食。"我们收集了所有我们发现的成熟了的玉米、豆子、南瓜和烟草，"怀特写道，"……带给米纳投安（曼第奥的一位亲属）、他的妻子和小孩，以及其他和我们一起渡水回到罗诺克岛的印第安人。"

接下来的三天，英格兰人低调行事，只是种种庄稼、修修房屋。但是 8 月 13 日，周六，定居者们打理好自己的紧身上衣，准备举行一个重要而喜庆的仪式。"我们的野蛮人朋友曼第奥，按照沃尔特·雷利爵士的命令，在罗诺克岛受洗了。""为了回报他的忠诚"，从今以后，他就是罗诺克岛对岸的村庄达塞姆恩克皮尤克（Dasemumkepeuc）的领主。由于没有人能拼出后边这个村落的名称，更不要说发音了，所以方便起见，他们直接称他为领主曼第奥。

曼第奥现在是一名领主了，对当地印第安人拥有半封建权力，同时也是大酋长伊丽莎白在弗吉尼亚的官方代表。但是此时，他还只是理论上拥有这些权力，因为这片区域印第安人很少，而英格兰殖民者则仍然听从怀特的指挥。但不管怎样，对殖民者们来说，这是一个值得庆祝的时刻。这是英格兰第一次按照自己的形象塑造了一个印第安人，一个浑身文身、剃了头的部落人被教化到会向圣乔治旗致敬行礼了。他说英语，穿马裤和紧身上衣，甚至拒绝了印第安人传统的那些神祇和鬼怪。这正是哈里奥特曾经的梦想，一如他当初所写："如果管理举措得当……印第安人或许可以在短时间内被带入文明，信奉真正的宗教。"

曼第奥受洗 5 天后，英格兰定居者们又有了一件值得庆祝的事："总督的女儿，也就是助手阿纳尼亚斯·戴尔的妻子埃莉诺，在罗诺克岛生下一名女婴。"这的确是一个很好的消息，因为伊丽莎白时代死胎比例很高，而且每三个新生儿中有两个注定活不过婴儿期。很多胎儿在母亲腹中就营养不良，还有很多婴儿一出生就"歪曲畸形"。埃莉诺的孩子健康状况良好，这让定居者们满心欢喜，"接下来的那个周日，女婴受洗，因为她是第一个出生在弗

当约翰·怀特意识到印第安人没有和谈意愿的时候，他带领他的手下向占领维吉纳旧址的一群印第安人发起进攻。他没有意识到自己犯下了一个严重的错误。

吉尼亚的基督教徒，所以她被命名为弗吉尼亚"。

怀特很高兴自己当了外祖父，他明显感觉到这一周发生的事就是殖民地命运的转折点。他在日记里突然变得很乐观，对未来充满信心。"此前，殖民者所需的货物和粮食已经从船上卸完，"他写道，"殖民者还准备了要送回英格兰的信件和信物。"

怀特不明白为什么费尔南德斯还把船停在距离海岸两英里处，没有起航前往加勒比海。这位坏脾气的领航员拒绝带定居者去往切萨皮克湾，理由是说这样会耽误他追击西班牙大帆船，但他还是在罗诺克岛附近停泊了接近四周，没有要离开的迹象。怀特只能猜测费尔南德斯很享受持续折磨殖民者们的感觉，让他们看到"狮子"号近在眼前，又不允许他们上船。即使一场突如其来的暴风雨迫使他出海后，费尔南德斯也没有离开多长时间。经历了6天的风浪后，他重新回到了外滩海岸附近。

"狮子"号消失的6天让殖民者们感到不安，因为他们已经习惯看到"狮子"号停泊在不远处的海面上了。现在，殖民者们又一次陷入恐慌，他们重新评估了自己的境况。尽管平底快船的到来一度让他们高兴不已，但是他们发现暴风雨导致平底快船受损了，而且船上装载的物资也少得令人失望。怀特之前并未因此烦心——因为他知道供给船已经上路——但是殖民者们突然意识到，这些供给船将直接驶向切萨皮克湾。如果他们不在罗诺克岛停靠——实际上他们也没有什么理由来罗诺克岛——那么殖民者们注定被饿死。

"狮子"号的再次出现让殖民者们确信，他们应该给英格兰传回紧急消息，警告雷利计划有变。他们决定至少需要派遣助手中的两个人返回英格兰报信，但是选择谁回去是一个棘手的问题，因为没人愿意再花几个月的时间在海上航行。在"总督的费尽唇舌劝说"下，克里斯托弗·库珀同意一个人返回英格兰，定居者们也因为至少有一个人会返回英格兰松了一口气，安心入眠。但是他们的喜悦没有持续多久：库珀度过了一个焦躁的夜晚，这天夜里，"他在几个密友的劝说下，改变了主意，所以现在情况又和最初一样了"。他们又回到了原点。

费尔南德斯突然宣布他将要起航，如果殖民者们不立刻选出一名信使，就会错过这艘船，这使得本来已经很紧张的局势变得更加严峻。怀特再一次表现出他缺乏领导力，他的优柔寡断迫使殖民者们主动采取行动。这一回，殖民者们走到怀特身边，"一起要求他亲自返回英格兰，以更快更好地为他们索要食物、补给和其他必需品"。

这是一个不同寻常的要求，令怀特措手不及。殖民者们利用他的虚荣心，说只有怀特的身份地位才能让沃尔特爵士严肃对待这件事，但他们做出这个决定的真正原因在于他们对总督深深的不满。事实证明，怀特是一位糟糕的领导，他的优柔寡断导致他们陷入如今的两难境地。怀特的无能令这群定居者如此绝望，甚至以为没有怀特的领导，他们幸存的可能性会更大。

怀特拒绝接受他们希望他离开殖民地的想法，以许多"充足的理由"来说明他为什么不能上船。这些理由中最主要的一个是"他的一些敌人"——他没有提名字——将会散播谣言，说他从未真正打算在美洲殖民。"他们会不遗余力地诽谤我和殖民事业，"他说，"说去弗吉尼亚只是出于政治原因……带那么多人去一个自己从来不想定居的地方，把他们丢下就回来了。"

这种说法没有说服殖民者们，他们声称怀特不想离开的唯一理由就是担心他走后所有物会被别人偷走。怀特在他的日记里也承认了这一点，他担心"东西会被破坏，大部分东西会在他不在的时候被偷走"。他补充说，他"不得不再把这些东西准备一套，要不他再次回到弗吉尼亚的时候，就会发现自己一无所有"。

时间在流逝，怀特仍然拒绝登船返回英格兰。殖民者们已经下定决心要摆脱怀特，于是第二天一早，"他们再次请求总督改变想法"。他们知道财产是症结所在，所以他们承诺"让他成为他们的债主，所有人都按手印或用印章画押，保证在他回到弗吉尼亚前，他的东西会万无一失"。他们还表示"如果他的东西有损毁或者丢失，他们会补偿他或者他指定的人，无论何时，他们都一定按要求做到"。他们最后的提议起了决定性作用。"他们在一份证明上按手印或盖印章"，这份证明将保证怀特的个人财产安全，同时这份证明也说明，怀特是在"违背自己意愿的情况下"，以及在"其他人的强烈要求下"才返回英格兰的。

　　总督这才答应出航，留下他的女儿和外孙女面对未知的命运。他不知道是否能再次见到她们，也不确定雷利得知所有的不幸和灾难后还会不会继续让他当总督。无论如何，他都要向雷利解释这一系列的困难境况，其中最糟糕的，莫过于他被殖民者们赶出罗诺克岛。怀特叛变的手下正在向他们的领导明确表示，罗诺克岛不再欢迎他。

　　虽然怀特可能因为过于沉迷权力，没有意识到自己是被殖民者赶回来的。但是从他日记的语气判断，怀特很可能已经意识到自己的领导是一场灾难。带着沉重的心情，怀特与大家告别，发誓会尽快带着急需的物资回来。这是一个令人扼腕痛惜的时刻，在殖民地命运的关键转折点——敌人的军队快速聚集的时候——怀特自愿放弃了他的责任。罗诺克岛的殖民地即将迎来最黑暗的一段时期，而它将在没有总督的情况下面临这一困境。

　　他在日记中没有提及他与女儿如何告别，当时的场面应该很感伤，他为他9天大的外孙女弗吉尼亚担忧。但更令人惊讶的是，他没有提出让谁在他离开的这段时间代替他管理殖民地。他还声称，在他返回英格兰这段时间，殖民者们"打算向大陆前进 50 英里"，这就更让人不解了。

这些漫不经心的语句缺乏任何连续性，是怀特的一贯作风。他的意思只可能是：在此之前，殖民者们就表达了他们将要前往切萨皮克湾的意图，但是这一决定将使怀特返回英格兰的做法变得毫无意义。这还是个棘手的任务，因为他们只有三四艘小船可以调度。但是总督显然希望他们前往切萨皮克湾，因为他给了他们明确的指示，告诉他们离开时应该做什么——在树上刻几个字母，告知总督他们去了哪里。"我们约定了秘密符号，"他写道，"在树上或者柱子上刻下他们将要去的地方的名字。"他补充说，如果他们自愿离开罗诺克岛，他们就只需刻下目的地的名字，"但是如果他们被迫要去别的地方，那么他们就在所去地点的名字旁边再刻一个十字符号"。

怀特从来不擅长把自己的意思表达清楚，在他离开罗诺克岛前夕，他的日记变得比以往更加混乱。他身心俱疲，情绪低落；然而，如果他知道这些零碎的信息将在未来几年里被记住和反复检查——这是困扰英格兰的新世界冒险家长达近 20 年的神秘事件的唯一线索——他一定会在日记的细节上多花些精力。

当费尔南德斯得知接下来的几个月航行他将被迫与怀特为伴时，他粗暴地通知总督，他将在中午前出发，只留给怀特"半天时间准备好离开"。对怀特而言，唯一的好消息是他设法确保了自己可以乘坐那艘平底快船，而不是"狮子"号。这艘船的船长是怀特的好友爱德华·斯派塞（Edward Spicer），他肯定会用最短的时间将他送回英格兰。

平底快船准备起航时，不幸降临了。这艘船的船锚由一个缠绕着缆绳的立柱式滚筒绞盘提起，由于船锚卡在了岩石海床上，12名水手推动绞盘的直柄时，绞盘的拉力变得很大，结果在船锚终于摆脱岩石的一瞬间裂开了，绞盘的一个大直柄突然折断，将好几名水手甩到甲板上。突然失去平衡和巨大的拉力使绞盘失控，直柄快速旋转，撞向水手。

刚登上船的怀特目睹了这可怕的一幕。"12个人……被绞盘抛了出去，"他写道，"直柄飞快向他们袭来，打到他们身上，很多人受伤了，有的人伤得过重，再也没有恢复过来。"有人骨折了，其他人身上布满淤青，过了一段时间后，才有足够的人恢复精神进行第二次尝试。结果他们又一次"被撞倒、受伤"。这时，水手们放弃了：他们"伤势严重"，所以决定"切断缆绳，丢弃船锚"。怀特带着他一贯的轻描淡写的态度补充道："这是个不幸的开始。"

怀特带着这群负伤且沮丧的水手出发了，但是这些经验丰富的水手设法成功尾随了"狮子"号一个月之久。他们刚看到亚速尔群岛，费尔南德斯就宣布他要去寻找战利品，这让怀特和他的手下十分惊慌。他们极度缺乏物资，身体虚弱，还要治疗绞盘造成的可怕的伤口。15名水手中，"只有5个能胜任体力劳动"——要完成瞭望值班和划船的任务，这么几个人太少了。他们请求费尔南德斯重新考虑他的决定，但是费尔南德斯拒绝了。怀特一行人只好把殖民者的信件转移到平底快船上后，向东北方向航行，驶向英格兰。

怀特写道："希望上帝保佑我们，让我们尽快抵达英格兰。"

但是在 20 多天"多变的微风"后，"东北方向刮起了一场暴风雨"。糟糕的天气，加上淡水"即将在漏水的木桶里耗尽"，这些情况严重打击了这群筋疲力尽的船员的士气。海浪把他们泡得浑身都湿透了，船的每一次摇晃都让他们撞向木板，使他们的伤口再次开裂。更令人焦躁的是，东北方向吹来的大风把他们越吹越远，推离英格兰的海岸。"6 天后，风吹得没那么猛烈了，这 6 天里偏离的距离是我们 13 天都弥补不回来的。"他们很快就发现自己陷入了绝境，食物耗尽，坏血病缠身的船员们很快又陷入饥饿。之前已经有 10 名船员生病了，现在，"又有 4 名水手病得很重，最后有两个死了"。他们把这些不幸的人的尸体用帆布单子裹上，沉入海里。暴风雨没有减弱的迹象。"暴风雨一直在我们附近，我们的船长几乎连续四天不见日月星辰。"他也看不到陆地，这令人他们很痛苦，因为他们只有"发臭的水、啤酒渣和不足 3 加仑的红酒"。"因此我们明白，除了在海上饿死，没有其他可能了。"

终于，风向改变，天气转晴，船员顺流慢慢地向北漂流了近一个月，虚弱得已经无法驾驶船只了。他们已经放弃了所有希望，只想能够快速无痛地死去。但是，1587 年 10 月 16 日，怀特注意到海平面上有一个低矮的灰色痕迹，随着天逐渐亮起来，那个痕迹越来越清晰。他看到了陆地——"我们不知道那是什么地方"——但是这足以激励他们扬起风帆、继续航行。在接下来的时间里，陆地变得越来越近，"大约太阳落山时，我们驶入了一座港口。在那里，我们发现一艘都柏林的废船和一艘南安普顿的中型船。"中型船上的人和他们取得了联系，告诉他们"在爱尔兰西部的斯梅里克港"。

怀特和爱德华·斯派塞费力登上岸"想办法寻找口粮，以便装船后再动身前往英格兰"，但是爱尔兰的荒原没有什么食物。他们花了 4 天时间才找到不多的补给品，但这时，"水手长、乘务和大副已经死了"。

情况还在恶化，5 天后，"船长的副手，还有两名水手都生病了"。怀特的船上一个水手不剩，所以他"搭上一艘名为'猴子'号（*Monkie*）的船"。几天后，他终于在南安普顿上岸，精疲力竭、疾病缠身，但是他终于可以松口气了，他的使命即将结束。

现在，他需要做的只是去找沃尔特·雷利爵士。

第十一章

吹响号角

　　1587 年 10 月，约翰·怀特在南安普顿登陆，迎接他的却是一些极坏的消息。就在两周前，伊丽莎白女王颁布了一项"禁航令"，禁止一切没有专门许可证的船只出海。这项命令适用于战船、劫掠船，甚至是向美洲运输镐头和种子的补给船。

　　即便从未见过大海的人，也很清楚实施这项禁令的原因。国王腓力二世已经决定入侵英格兰，他正在组织一支强大的舰队——如果谣言属实的话——这只船队的实力不容小觑，人们甚至称它是"不可战胜的"。"英格兰到处都在传，"怀特写道，"……说西班牙国王精心组织了一支无敌的舰队，还与教宗联合，就为了入侵英格兰。"女王下令，一切可用的船只都要用来保卫她的王国。

　　一回到英格兰，怀特就赶去见雷利，告诉他自己把他的手下安置在了罗诺克岛，而非切萨皮克湾。雷利一定很生气，他简短地告诉怀特，第一艘补给船已经离开英格兰，前往切萨皮克湾，几乎不可能到访罗诺克岛。但是他也意识到，罗诺克岛的定居者们正处在极大的危险中，因此他提议派出第二艘补给船，"运送他认为他们需要的所有必需品"。此外，他还宣布有意派出一支大船队，在理查德·格伦威尔爵士的率领下，携带更多必需品和一些殖民者。这支船队将进行"一次准备充分的航行"，装载"足够多的物资"出海。

当怀特询问雷利到底打算如何获得航行许可证时，沃尔特爵士傲慢地告诉他，他一直认为自己的计划在政府的权限外。尽管他完全支持女王因为西班牙舰队的威胁而禁止船只出海的决定，甚至还写信给他同母异父的兄弟，强调不能有任何船只离开西部郡，但是他在附言里，补充说他自己的船只"已经获得了离港许可，可以偷偷离开"。

怀特知道补给品将很快启程运往美洲——他的女儿和外孙女所在的地方，松了一口气，但是他将发现，和过去一样，在他需要好运时，好运又辜负了他。补给船没有出发——也许是因为害怕遭到西班牙人的攻击——而理查德·格伦威尔爵士指挥的、由七八艘船组成的船队因为逆风推迟出海。到了1588年春天，船队终于"准备好"出发前往美洲，但就在这时，一位信使气喘吁吁地跑到比迪福德，带来了一些不受欢迎的消息——雷利的决定被女王否决了，"以女王的荣誉和他的忠诚为名义"，格伦威尔被直接命令不要前往美洲，他将前往朴次茅斯加入弗朗西斯·德雷克爵士的队伍，为保卫英格兰做准备。

唯一令人略感安慰的消息是：女王在格伦威尔如何处理他的小船方面留下了一些余地。他被告知，弗朗西斯爵士不需要的船，他"都可以调用，在他计划的航行中使用"。德雷克不需要格伦威尔的两艘中型船，它们太小，一颗炮弹就能击沉，所以现在它们被借给了怀特，由船长亚瑟·法西（Arthur Facy）指挥，以便让他赶往美洲解救他的殖民者们。

这些船不是跨越大西洋的理想船只。"勇敢"号（Brave）只有 30 吨，"罗伊"号（Roe）更小，几乎没有足够空间装下"15名殖民者和他们的食物"。但是他们别无选择，怀特爬上船，越来越感觉自己是天生的"倒霉蛋"。

他想的没错，离开英格兰不到一周，4 月，"勇敢"号就遭受了来自一艘法国海盗船的毁灭性攻击。法西船长的船员们对海战并不陌生，但是很快他们就发现进攻者的武器火力远胜过他们。几分钟内，一大群法国战士就通过铁抓钩爬上了英格兰的船只。这是战斗的转折点，法国海盗"猛烈地开火"，怀特被尴尬地打到了"一瓣屁股"。即便在以战伤为荣誉的时代，青一块黑一块的屁股也不是值得吹嘘的伤痕。

当他们无力再战斗下去时，就向攻击者投降了，并且成功地与他们谈判，使自己免于命丧剑下。但是法国人在索要战利品时就没那么宽宏大量了，他们夺走了所有本来为罗诺克岛上的殖民者们准备的补给品，这些补给品数量巨大，他们的两艘中型船超载到快要沉船。"他们抢走了我们所有的食物、火药、武器和补给品，"心情沮丧的怀特写道，"只给我们留下一点儿饼干，让我们勉强挨到英格兰。"他补充说，他们悲惨的境遇是上帝在"公正地惩戒那些邪恶的英格兰水手"，并且万分苦涩地总结道："我们被迫中断航行计划，本来我们是打算前往解救一年前我们离开的那片弗吉尼亚殖民地的。""勇敢"号返回了英格兰，很快，同样没能成功到达美洲的"罗伊"号也回到英格兰。

现在，怀特非常担心罗诺克岛殖民者们的安危，害怕他们在

9 个月没有任何补给品的情况下会落入"严峻艰难"的境地。但是他不知道接下来该怎么做，如今怀特束手无策，因为整个国家要与西班牙开战，雷利忙得不可开交，无暇顾及他的美洲殖民地。英格兰自身正面临威胁。

人们普遍认为，西班牙的精锐部队将尝试在西部郡登陆，占据一座港口，然后建立一个滩头阵地。因为这是雷利的领地——他仍然是西部郡的中将——因此他是"高贵而且经验丰富的船长"之一，受命指导德文郡和康沃尔郡如何最佳地"抵御西班牙国王的入侵"。他的顾问都是他的好友，他被召去参加战斗会议时，发现他身边的人尽是领导了 1585 年那场弗吉尼亚探险之旅的旧相识。理查德·格伦威尔爵士和拉尔夫·莱恩都在场，这些人都能够利用他们在美洲的经验预判西班牙人的策略。雷利后来写道："在不占据任何港口或者没有任何援军的情况下，从海上入侵一片危险的海域，于一位君主而言，这种行为与其说是深谋远虑，倒不如说是寄望于好运。"

和以往一样，雷利满怀热情地投入到工作中。他从普利茅斯的指挥部发号施令，视察防御工事，并帮助集结部队。但是他的活动不局限于陆地防御，他还帮忙组建英格兰的舰队，借出了他的几艘私掠船，以对抗无敌舰队。没有哪艘船比"皇家方舟"号（Ark Royal）更引人注目了，它是当时最先进的战舰，是沃尔特爵士两年前建造的。现在，在埃芬厄姆的霍华德上将指挥下，它将带头保卫英格兰。"我认为它从各个方面来说都是世界上最好的战舰，"他写道，"我真心认为，这世上不会有任何船能改变我的想法，并让我离开它。"

7月19日，周五，下午3点，西班牙舰队以130艘三帆快速战舰和大型帆船的惊人规模，出现在英格兰西南部海域。这是有史以来靠近英格兰海岸的最大的船队。几分钟内，雷利的第一个信号塔的火焰就呼啸而起，随后信号塔迅速沿着南部海岸一个接一个点燃，警示即将到来的危险。很快，消息送到了正在里士满的女王那里，随后快速向内陆传播，诺丁汉、德比和约克相继得到消息。一整夜，普利茅斯的居民都在迎着迅疾的西南风，试图将船驶出海港。第二日黎明时，大部分船只已经驶入大海，准备迎战庞大的无敌舰队。

很快，他们就发现西班牙人显然不打算在西部郡登陆。无敌舰队继续向东航行，沿着英吉利海峡上行，英格兰船只紧紧地跟着它们。"我们一点点地拔下他们的羽毛。"海军司令得意扬扬地写道。因为西部郡没有进一步的危险，雷利得以加入舰队，及时登上他的旧领航船去见证最终的胜利。英格兰的舰队将西班牙船只封锁在多佛尔海峡；在随后的混战中，被击溃的无敌舰队"被英格兰船只赶出了英格兰的视野范围外"。西班牙一方有数十艘船被击沉，随后还有很多船在苏格兰荒凉的海岸边沉没，只有一半的船返回了西班牙。雷利对这场战役的记述里充满了对西班牙指挥官和他们作战策略的奚落："他们以如此巨大和可怕的阵仗炫耀卖弄，在英格兰周遭游荡，却没能占领或炸沉我们的一艘舰船、中型船或者小船，甚至都没能烧毁这片土地上的一个羊圈。"

女王极为高兴。为了庆祝她的胜利，她下令制作一幅特殊的版画，描绘她站在两根石柱之间，摆出威严姿态的样子。这两根石柱代表着直布罗陀海峡两岸的海岬——那些标记着罗马帝国最

伊丽莎白女王陶醉在她对西班牙无敌舰队的胜利中。她拯救了英格兰，使其免受入侵，现在，她将自己视为新大陆上无可争议的统治者。

西部边界的岩石堆——石柱象征着英格兰这场载入史册的胜利超越了欧洲的边界。女王陛下、大酋长伊丽莎白现在认为自己是新大陆上无可争议的统治者。版画上的文字写道："她是英格兰、法国、爱尔兰以及弗吉尼亚……的女王。"

迎战无敌舰队期间，沃尔特爵士忙到没有时间与约翰·怀特见面，甚至在危机过去后，他还在爱尔兰应对国王腓力残余舰队的进攻。直到 1589 年 3 月，他才返回伦敦，此时距离他们上次联系罗诺克岛的定居者们已经过去 19 个月了。但直到这时，雷利才有时间考虑下一步的行动。他不愿意再派一支船队前往弗吉尼亚了，即便他拥有庞大的资源，事实证明这样的项目也能耗尽他的财富。配置一艘可以长时间在美洲水域航行的中型船需要花费 2000 英镑，而 1584 年到 1588 年这 4 年间，雷利派出的跨洋船只不少于 18 艘 —— 总计大约 3.6 万英镑，这些船只所需的补给品又给账单添了 1 万英镑，而确保殖民地运转的工具和食物据估计又要每年 1 万英镑。尽管有可能通过劫掠西班牙宝船获利，但并不是所有雷利的船长们都能够带着金银返回英格兰。

虽然，殖民美洲对一个人的物力来说是个不小的负担 —— 哪怕这个人极为富有 —— 但是一群商人是可以负担得起的。没有几个商人愿意加入雷利的美洲殖民计划，不过雷利还是设法与几名伦敦商人达成了一项协议，承诺他们可以在"雷利城"贸易，免税 7 年；相应的，商人需要为殖民计划注入必要的资本，确保殖民地的存续。

1589 年 3 月，这份协议顺利签订。一想到过了这么久之后终于可以和家人团聚，怀特非常高兴。但是商人们没兴趣组织船队，春去夏来，没有一艘船去往美洲。商人们逐渐明白了，不管免不免税，"雷利城"都没什么拿得出手的东西。

只有一个人发誓要派船前往那个多灾多难的殖民地 —— 西班牙国王腓力。他愈发气愤雷利的手下对西班牙船只造成的威胁，英格兰殖民地要迁往切萨皮克湾的风言风语也使他更加警惕。他的顾问认为，这表明英格兰人在罗诺克岛的殖民尝试失败了，腓力愤怒地答道："雷利改变殖民地选址这件事不代表他放弃了它，只表示他改变了它的位置而已。"

西班牙国王对雷利的殖民地感到很不安，所以他继续计划让无敌舰队在海上搜寻并剿毁英格兰的殖民地。当海战打断了埃斯科里亚尔（埃斯科里亚尔修道院，此处代指西班牙）与新世界间的联系时，西班牙佛罗里达前哨的总督决定准备一艘船，找到英格兰殖民者，并全部杀掉。

尽管没有确切消息，但是这次任务的指挥官比森特·冈萨雷斯（Vicente Gonzalez）十分确信雷利的殖民者已经迁到了切萨皮克湾，所以他直接驶过了外滩海岸，完全没有停留。船只进入海湾，开始沿着海岸缓缓前行后，他才开始认真地搜索。他的手下很高兴地看到了一块"高地"，认为这里是建立殖民地的理想位置。但是他们几经搜索，筋疲力尽，却连一个戴蕾丝拉夫领的英格兰人都没看到。

连续几天一无所获后，他们突然兴奋起来，因为冈萨雷斯成功将几名印第安人骗上了船，质询他们是否知道英格兰殖民地的所在地。双方的交流并不容易，因为他们都听不懂对方的语言，但是冈萨雷斯相信他已经基本明白了他们的意思。他写道："按照印第安人的说法，英格兰人的殖民地建立在……一条河的北岸。"他补充说，那条河流"穿过陆地联通了另一片海洋——太平洋"。由于注入切萨皮克湾的河流有很多，而印第安人无法告诉他们更多信息，所以冈萨雷斯只能不情愿地承认，依靠这么模糊的信息几乎无法确定殖民地的位置。在失望和恼怒下，他彻底放弃了屠杀雷利殖民者的念头，调转船头向南，准备驶回佛罗里达。

当他们沿着外滩海岸白色的沙丘前行时，微风突然变强，"他们被迫砍断桅杆，用船桨将船驶向岸边"。冈萨雷斯不知道自己的确切位置，但是他对海岸和水深的描述表明，他们到了费尔迪南多港——帕姆利科湾的一个入口——西蒙·费尔南德斯为纪念自己而这样命名了港口。"向北看去，我们可以看到大部分海湾，西北方向的陆地如臂弯蜿蜒，上面遍布着茂密的森林。"冈萨雷斯和他的手下还不知道，他们这时距离罗诺克岛只不到 10 英里了，基本就在拉尔夫·莱恩的堡垒视野范围内。

他们偶然发现了外滩海岸上的一座船台，这引起了西班牙人的怀疑。冈萨雷斯让一组人登上沙丘，很快，他们就在那里发现了"大量配有英格兰木桶的水井，以及其他生活遗迹"。这激起了冈萨雷斯的兴趣，他认为"很多人曾经在这里生活"，但是现在这里已经没有明显的生命迹象了，他的手下也不愿意再划船前往罗诺克岛。满潮时间将近，他让船只缓缓驶出沙洲，起航前往圣奥古斯丁。他不知道他们距离"雷利城"只有两英里了，错过了确认怀特的殖民者是否还生活在那座岛上的机会。

冈萨雷斯提供的信息尽管不多，但在西班牙引起了严重的恐慌。西班牙议会下令准备组织一次大规模远航，派出四艘战舰和一个营的士兵，目的是"尝试摧毁敌人的堡垒和定居点"，再建立"一座能够容纳 300 名步兵守备部队的堡垒，听从总督指挥。他的责任是，一旦时机成熟，就要带兵深入内陆探索"。事实证明，这对英格兰人未来任何试图建立殖民地的尝试都是一个巨大的威胁，但是一次意想不到的危机导致这支船队未能起航。怀特的殖民者们——如果他们还活着——至少逃过了过一劫，虽然他们的生存面临着许多其他威胁。约翰·怀特终于在1590年3月底起航前往罗诺克岛，这时距离他上次看到他的女儿和外孙女已经过去了足足两年6个月24天。这段时间里他没有收到任何消息，也不知道定居者们是否还在岛上。

尽管还受到"限航令和禁航令"的影响，但是雷利说服女王允许他的船只出航。怀特本人乘坐"霍普维尔"号（*Hopewell*），补给品则由"月光"号（*Moonlight*）装载。当船长柯克看到怀特想要带到美洲去的东西数量时，他简直不敢相信自己的眼睛。他拒绝让怀特携带超出最低限量的物品，甚至禁止怀特"带上一个侍从男孩，尽管他诚恳地再三请求"。怀特威胁说要向雷利报告此事。"但是船队已经准备好出海，可能我还没回来，他们就出发了。"在见他的女儿和保住他的财产间，怀特毅然选择了前者。

海上航行乏味单调的气氛常会因海盗劫掠引发的小规模冲突而活跃起来，有一次，他们甚至发起了一场大规模战斗。在加勒比海地区进行了漫长的私掠巡航，也离开了英格兰5个多月后，柯克终于带领船队向北行驶，前往外滩海岸。他们行进的速度十分缓慢，因为天气似乎决心与他们作对。失去耐心的怀特写道："狂风呼啸而过，同时天气也变得很糟糕，老是下雨，电闪雷鸣，水从天而降，直接泼进我们的船里。"8月3日，太阳穿透云层，刚好能让水手读出象限仪上的读数，他推断他们正在接近外滩海岸。瞭望的水手声称他看到了"低矮的沙岛"。"但是天气变得越来越糟，我们无法在海岸附近抛锚。"

狂风暴雨持续了整整 5 天，直到 8 月的第二周，"风暴才停下来，天气极有可能好转"。船队稍做停留，补充了淡水，然后沿着遍布茂密森林的外滩海岸向北航行，最终抵达费尔迪南多港。现在，怀特终于来到他熟悉的地界了，他兴奋地爬上主桅，以便更好地眺望远处的海岸。眼前的景象令他高兴不已："我们一在这片海岸抛锚，就看到一大缕烟从罗诺克岛升起，那里正是我 1587 年留下的殖民地所在地附近。"这是他梦寐以求的景象，因为烟雾是向船只发出信号的常用手段。"这使我们满怀希望，殖民地的一些人应该正在期待我从英格兰回来。"

他渴望上岸，但是天色已晚，柯克船长明智地警告说，现在安排人手乘小船登岸太危险了。怀特整夜都兴奋地辗转反侧。第二天一破晓，他就帮忙组织登陆队伍——柯克船长和斯派塞领导的两艘小船。他急于通知定居者们他的到来，所以"命令主炮手装填好两枚小炮和一枚大炮，按照一定的时间间隔发射出去"。这是为了通知罗诺克岛的殖民者们他们即将到达。

大船停靠在离岸几英里处，划船到外滩海岸是一项令人精疲力竭的任务。当他们划行了一英里多的时候——"我们在大船和海岸中间"——他们注意到外滩连绵的沙丘附近升起了第二缕烟。怀特和柯克都认为罗诺克岛的瞭望哨在向他们发出信号，可能是警告危险："所以我们认为最好先往第二缕烟升起的地方去。"这就费力多了，因为冲击沙岸的海浪形成了巨大的水下逆流，他们靠岸时才意识到，海浪把他们推离了原来的航线。烟雾信号距离我们登陆的地方还有一段距离。"我们停靠的地点比我们预想的远多了，"怀特写道，"……所以，我们在靠近烟雾信号前就已经很累了。"

　　水手们沿着海滩艰难跋涉，最后终于抵达了烟雾信号所在的地方。但他们大失所望。"我们没有看到任何人，也没有看到近期有人来过这里的迹象。"烟火不是人为作为信号点燃的，而似乎是闪电击中林木引发的自然火。怀特把船员们拖到这里却一无所获。

　　直到现在，水手们才意识到他们有多累。8月的太阳暴晒了他们好几个小时，所有人都又热又渴。他们沮丧地发现"一路上都没有可以饮用的淡水"，因此不得不忍着口渴，勉强回到船上。现在要前往罗诺克岛已经太晚了："所以我们把去罗诺克岛的时间推迟到第二天早上，同时让一些水手去那些沙丘挖点儿我们急需的淡水。"短暂休息后，"人们回到了大船上，所有人和小船都安然无恙"。所有人都回到船上时，天已经黑了。

　　第二天天刚亮，怀特就醒了，希望早早出发，但是他发现斯派塞船长已经起床几个小时了，还"让人乘小船上岸寻找淡水去了"。这不幸地拖延了时间，"导致怀特上船出发时，已经10点多了"。从大船到海岸的这段旅程本来就十分危险，突然而至的猛烈西北风又使情况变得更加严峻。帕姆利科湾入口处的洋流形成了汹涌的水流，即使是相当稳的船也有倾覆的危险。他们决定先前往外滩海岸，重新集合后，再穿过潟湖驶向罗诺克岛。

　　斯派塞那天早上随着第一次上岸的队伍登过岸，他一定事先提醒过怀特可能的危险，但是这位总督显然没有听进去。他坚持要前往陆地，还希望柯克船长和13名精干的水手陪他一起去。斯派塞不情愿地答应了，说等装满淡水的水桶卸完后，就紧随他们之后前去。

　　水手们很快意识到他们的小船应对不了这种环境。"我们通过了海湾的缺口，"怀特写道，"但是险些沉没，因为一个海浪打进了我们的船里，灌了半船水。"怀特疯狂地把船里的水往外舀。"感谢上帝保佑，还有柯克船长小心翼翼地驾船，我们才得以安全上岸。但是装备、粮食、火柴和弹药都湿透了。"他们已经很走运了，因为当时的风"正在往港口内直吹，风大到海水无比汹涌地拍在海岸上，入口处的潮水也被大风猛烈地刮起"。

当他们将浸湿的物品卸载到外滩海岸上时，他们看到斯派塞船长和他的水手们正在越来越险恶的海水里曲折地前进，接近海岸。无畏的舵手几乎控制不住船，不断地让船迎向汹涌的海浪。怀特不是水手，但即便是他也看出此举过于莽撞。"斯派塞船长驶向海湾入口处时，他的船帆还立着，"他写道，"当时船身已经有一半穿过入口，但是鲁莽轻率的大副拉尔夫·斯金纳（Ralph Skinner）不小心让一个危险的大浪打进了船里，船被打翻了"。海浪把小船翻了个底朝天，几名船员被困在水下。

怀特和柯克几乎不敢看这场发生在眼前的悲剧，他们知道要想把这艘船正过来，要有超乎常人的力气才行。"他们还抓着小船，"他写道，"有人在船下，有人抓着船沿，但是接下来的一波海浪将船冲向陆地——一处浅滩，巨大的冲力迫使那些抓着船沿的水手松开了手。"在水中挣扎的人努力向岸边游去，"但是海浪不停地冲击他们，使他们既上不去岸，也游不了泳，小船又在海浪中翻转了两三次"。只有几个人还抓着船沿，其中就包括船长斯派塞和大副斯金纳，"他们一直抓着船沿，直到沉入水中，不见踪影"。

就在这个悲剧时刻，柯克船长显现了其英雄本色。他不顾自己的安危，把他的小船推回水中，试图营救还在海浪里奋力挣扎的幸存者，"四个水性较好的人在较深的水里，柯克想办法把他们救上来了，他一看到他们翻船了，就脱光衣服，和另外四个水性好的人一起，以最快的速度朝他们划去"。但是他们还是太晚了，无法救起更多人。"七名主要船员在这次海难中丧生，"怀特写道，"他们是爱德华·斯派塞、拉尔夫·斯金纳、爱德华·凯利、托马斯·贝维斯、医生汉斯、爱德华·凯尔鲍恩和罗伯特·科尔曼"。

这场海难让那些亲眼看到同伴溺死的水手深感恐惧，"他们很难受，以至于不想再走更远去罗诺克岛上寻找那群殖民者了"。怀特恳求他们继续前进，经过几个小时的劝说，他们才勉强答应。

这场灾难耗尽了宝贵的日光，夜晚很快到来。"在我们抵达当初我留下那些殖民者们的位置前，"怀特写道，"天就完全黑了，导致我们偏离了四分之一英里的距离。"怀特没有绝望，因为他的目标近在咫尺，当他在海岸上发现了生命迹象时，备受鼓舞。"我们发现，岛屿北端的丛林里透出巨大的火光，而这正是我们划行的方向。"夜幕降临，但怀特还是催促水手们在黑暗中前进，他瞪大眼睛，竭力搜索殖民者的定居点，已经这么晚了，但怀特仍然急着登陆，幸好更加理智的一方占了上风。柯克警告说，如果继续前进，一旦遇到印第安人突袭，水手们无力抵御。考虑到他们离村庄还有一段距离，他们决定在船里过夜。

"他们在海岸附近抛下四爪锚"，这里刚好在印第安人弓箭的射程外，船员吃了一些从被水浸透的船底里抢救出来的食物，然后他们尝试发出信号，告诉殖民者他们来了。"我们吹起号角，"怀特写道，"又演奏了很多熟悉的英格兰旋律，友好地呼喊他们，但是没有得到任何回应。"他们离定居点还很远，海风将他们的呼喊声吹离了这座岛屿。

　　水手们在船上半睡半醒地度过了一夜，前一天的可怕遭遇不断重现在眼前。天一亮，他们就提起船锚，向岸边划去。"因此，天刚亮的时候，我们就上岸了，"怀特写道，"我们朝着火光走去，发现野草和烂树枝正在燃烧。"怀特很快意识到，一切都不对劲。前一夜的火焰——和在外滩海岸升起的烟雾信号一样——实际上都不是殖民者点燃的。

　　现在，怀特非常担心。他和船员们距离定居点只有两英里了，但是他们没有看到任何生命迹象，也没有任何理由相信殖民者们还生活在罗诺克岛。"我们从这里穿过树林，"怀特写道，"……

"我们吹起号角，"约翰·怀特写道，"又演奏了很多熟悉的英格兰旋律……但是没有得到任何回应。"

然后从这里沿着岸边返回，绕过岛屿的最北端，来到 1586 年我离开殖民地的位置。"

这些人意识到他们前一天晚上没有登岸是多么明智，因为"沙滩上到处都能看到野蛮人的足迹"。这迹象引人担忧，但是怀特并未因此绝望。他立刻派人到附近的海岸上寻找失联的殖民者可能留下的记号。他们搜索树林时，怀特让他们格外留意，因为定居者们保证，他们会把目的地刻在一棵大树的树干上。

搜索树林很费时间，因为灌木丛茂密，盘根错节，但是没过多久，一个人就兴奋地大声喊起来。怀特写道："我们从沙滩走出来时，发现一棵树的高处，奇怪地刻着三个清晰的罗马字母：CRO。"他跪下来，感谢上帝，因为这三个字母使他确信殖民者们还活着。尽管他的手下对这几个神秘字母困惑不解，但是怀特向他们保证，现在他能够"指出殖民者所在的位置"——克柔投安岛。但是，这几个字母被刻下的方式有些奇怪。尽管字母旁边没有十字标记——危险的警示——但是很明显，字母是被仓促地刻在树干上的，而且没有刻完，也许是因为他们当时正在遭受突袭。怀特下令，让船员们寻找更多标记，但是他们没有任何新的发现，于是他们很快离开港口，前往主要定居点。

怀特日记里紧张得令人窒息的语气，表明他当时正处于极度兴奋和紧张中。他即将回到那个村庄，那个他和女儿埃莉诺、外孙女弗吉尼亚告别的地方。这也使他充满忧虑，尽管他知道他的家人不在这里，但是他也清楚这里的房屋和仓库会包含很多线索，帮助他了解他们什么时候离开了、搬到了什么地方。

当他们走近村庄时，他们意识到，这个村庄已经废弃一段时间了，因为公共建筑已经倒塌，"房屋也倒了"。怀特自己的房屋是一片废墟，他女儿和女婿的房屋也是一堆碎木残骸。但是这里仍然被"高大的树木紧紧包围着，有幕墙和侧堡，很像是一座堡垒"。

粗略地看过房屋后，怀特注意到"入口右侧有一颗高大的树木。这棵树距离地面 5 英尺处的树皮被剥掉了一块，上边清楚地刻着大写字母 CROATOAN（克柔投安），而且没有十字或其他表示危险的标记"。怀特终于在这里找到了他一直渴望找到的信息。这里的字迹被清楚地刻在树干上，没有仓促写就的迹象。失联的殖民者们不是仓皇出逃的，他们是安全的。

至于他们为什么选择前往克柔投安，怀特仍然很迷惑。虽然那里是曼第奥的故乡，但是那只是一个小岛，疏于防御，又没有多少肥沃的土地。怀特本来希望，如果他们搬走的话，会搬到切萨皮克湾附近。而随着他的手下进一步搜查这座废弃的村庄，他们也越来越迷惑。"我们进入仓库，发现了很多铁棒、两块铅模、四个铁制捕鸟工具，还有铁制猎枪，以及类似的重型工具和武器。这些东西被扔得到处都是，几乎被丛生的杂草盖住。"有很多重型枪炮是拉尔夫·莱恩的殖民地留下的，除非用大船，否则这些重型武器很难运走。但是殖民者们留下了铁棒和铅模很奇怪，因为要想为他们的火枪制造子弹，这些东西是必需的。

"我们沿着水边走，朝着小溪的尽头走去，想看看是否能找到他们的小船或者中型船，"怀特写道，"但是我们没有找到任何踪迹。"一些水手被留在村庄里进行更彻底的搜索，他们很快就找到一些东西，跑到岸边通知怀特。"他们说发现了几个被藏起来的箱子，这些箱子应该在很久之前就被人挖出来了，砸开了，里面的大部分东西都被打坏、打碎了，只要是野蛮人知道是干什么用的东西，都被破坏了。"看来，失联的殖民者们信守承诺，照管怀特的财物，他们将他的箱子深埋地下，希望让它们避免被劫掠，尽管这一切都是徒劳。

"柯克船长和我来到旧壕沟的一端，"他写道，"……在这里，我们发现了五只箱子，被殖民者们小心翼翼地藏起来了。"这些箱子显然曾被印第安人挖出来了，他们砸开了箱子，洗劫了里面的贵重物品。"其中三只箱子是我的，"怀特写道，"大部分东西损坏了，我的书被撕掉了封面，画作和地图的框架因为被雨水浸泡而腐蚀发霉，我的盔甲几乎被铁锈锈蚀殆尽。"他不怪殖民者们没有照看好他的东西，因为他知道是印第安人洗劫了它们。"这只可能是野蛮人做的，"他写道，"他们看到我们的人离开这里前往克柔投安岛，我们的人刚离开，这些野蛮人就把所有他们怀疑可能埋了东西的地方都挖了。"唯一让怀特感到安慰的是，她的女儿和外孙女都在安全的地方，因为克柔投安"是曼第奥的出生地，那座岛屿上的野蛮人是我们的朋友"。

他们没有时间进一步搜索了，天色逐渐变暗，天气也在迅速恶化。柯克命令船员划船返回"霍普维尔"号，"因为天开始阴云密布，当晚很可能会迎来一场暴风雨"。返回大船的航行漫长而且艰难，他们临到最后关头才得以回到船上，"风浪已经很大，我们不知道缆绳和船锚能否坚持到第二天早上"。

他们度过了不舒服的一夜。第二天早上，风小了一些。"船长和我达成一致……决定起航前往克柔投安岛。"他们刚启程，风就又变大了，"霍普维尔"号被吹向岸边。船员们开始和大海进行一场绝望的战斗，"如果我们不是碰巧落入了深水区，"怀特写道，"我们可能就永远无法离开这里了。"

柯克船长越来越担心停留在海岸线附近会有危险，特别是此时他已经失去了三个锚，只剩下一个锚了。天气"越来越恶劣"，他只能把怀特叫到他的船舱里，并且宣布，他认为现在再留在这片水域太危险了。他建议先前往加勒比海，明年春天再返回克柔投安岛，寻找失联的殖民者们。怀特不情愿地同意了柯克的建议，但他们很快就发现，即使是这个令人不满的计划，也因狂风变得难以实现。大风裹挟着小小的"霍普维尔"号向东前进了几千英里，它无法停下地往东航行，直到驶入亚速尔群岛，才算停下来。现在，柯克船长心灰意冷，决定放弃任何返回弗吉尼亚的尝试。他厌倦了海上的厄运，于是"定下了返回英格兰的合适的航线"。

精疲力竭、心情沮丧的怀特，最终踏上了普利茅斯的土地。他知道自己再也不可能横渡大西洋了，因为他的耐心和体力都已经耗尽。他拥有的只有回忆、希望和事情本可能是怎样的幻想。在一封写给理查德·哈克卢特的信里，他疲惫地辞别，这标志着他彻底切断了与美洲的联系。怀着沉重的心情，他将对殖民者们的责任移交给"仁慈的上帝，谦卑地恳求全能的主帮助和安慰他们"。

总督怀特已经做了他能做的一切。

第十二章

取而代之

在弗吉尼亚的经历沉重地打击了约翰·怀特。事实证明，他管理一块殖民地的尝试是一场灾难，更糟糕的是，正是因为他缺乏领导能力，才导致了这场灾难。他不仅令雷利失望，也让他自己失望。

需要哀悼的事情太多了。他失去了所有个人财产，更糟糕的是，他失去了家人。怀特疲惫不堪，灰心丧气，身体也因多年的困苦经历变得虚弱，于是他搬到了爱尔兰的一座安静农场里居住，花了很多时间思考那些"可怕与不幸的事件"。他仍然抱有一线希望，认为他的女儿和外孙女还活在广袤的美洲森林中，但是他也很悲观，认为自己不可能再见到她们了。他总结说，他的总督事业以"不幸"告终，还补充道"很多人都很不走运，我也很倒霉"。

这是一段满怀希望的梦想的终结。三年半前，他无比乐观地扬帆起航，闪闪发光的新纹章标志着他作为弗吉尼亚总督的身份。他的热情曾鼓舞了许多男人、女人和儿童报名加入殖民队伍，殖民地的成功似乎触手可及。如今是时候计算代价了，这些代价不仅包括他失败的殖民尝试，还有1584年取得最初胜利后的一系列失败。数十人丧命——如果1587年的殖民者死了，那就是数百人——而且大部分都是惨死的：不是在加勒比海地区令人不适的海水中染上伤寒和流感，就是死在充满敌意的印第安人的弓箭或木棒下。

这些后果都是人的失误、误判和无能造成的。1585年"老虎"号的搁浅毁掉了拉尔夫·莱恩殖民地的机会，定居者们残酷对待印第安人更是无比愚蠢：没有土著部落的积极支持，殖民地注定失败，可是英格兰人意识到这一点时已经太晚了。

彻底放弃返回美洲计划的不止约翰·怀特一人。一个接着一个，所有领导者都退出了舞台——他们不愿意或者没能力在这项危险的事业里牺牲自己。和怀特一样，拉尔夫·莱恩也定居爱尔兰，他被任命为"守备军火枪总司令"。他勇敢地与叛乱分子作战，1593年被授予爵位。尽管他一直精力充沛，但他再也没表达过想要返回弗吉尼亚的意愿。1603年，他在爱尔兰过世，过世时近70岁。

1587年惨败后不久，西蒙·费尔南德斯就与拉尔夫·莱恩断绝了联系，可能是因为人们认为他应当对发生的事负责。他帮助迎击西班牙无敌舰队，还至少参与过一次针对西班牙的进一步行动，但他再也没有横渡大西洋。人们最后一次听到他的消息是1590年，他陪同一支英格兰战舰队前往亚速尔群岛。他可能在那次远航中去世了，因为他就此从记录中消失了。

理查德·格伦威尔爵士离开罗诺克岛的故事总体上更引人入胜。他的一生都被一股无法控制的能量驱使，如果他把注意力集中在美洲，那么毋庸置疑，他可以见证美洲殖民地的成功建立。但是他对西班牙的仇恨驱使他向南而非向西前进，1591年春，他作为一支舰队的副指挥官，起航搜寻西班牙国王腓力的宝船。当他的上级霍华德爵士看到53艘敌舰，胆战心惊、望风而逃时，格伦威尔对他的懦弱嗤之以鼻，"坚决拒绝在敌人面前调转船头，宁愿战死，也不要蒙受这种耻辱"。

接下来的战斗是格伦威尔非凡的一生中的巅峰，后来被载入了不列颠的编年史，不过这在很大程度上是因为沃尔特爵士对这场战役进行了扣人心弦的描述。格伦威尔从来不会质疑自己的能力，但是以一艘船对抗敌人的53艘船还是反映了他已经自负到了蒙蔽心智的程度。然而，他的船员的忠诚充分证明了他超凡的领导力，士兵们奋战了数小时，直至"'复仇'（Revenge）号用完了最后一桶火药，折断了所有长矛。40名士兵身亡，其余人也都身负重伤"。这场战斗是如此可怖，船上遍布人类残骸，"不堪入目，到处是血、尸体和受伤的人，就像屠宰场"。他的船也严重损毁，"船内积水深6英尺，水下三处中弹……船体碎裂、擦伤严重，不可能再起航了"。格伦威尔继续召集船员进攻，直到他的身体被子弹打得千疮百孔，几乎说不出话来。临死前，他恶魔般的本性以一种可怕的方式表现到极致，他发誓要将船炸成碎片，让船员与船同归于尽，不让西班牙人俘虏他们。事实证明，这个决定对船员们而言太过分了，他们拒绝执行他的命令。格伦威尔极度痛苦地死去，声嘶力竭地骂他的船员是"叛徒"和"走狗"。

最初的冒险家里，只有两个人还保持着对美洲的兴趣：托马斯·哈里奥特与沃尔特·雷利爵士。但是，他们的目光再次集中到西方的海平面上还需要几年时间，此时他们都忙于其他事情。哈里奥特回到了他痴迷的代数学领域中，雷利重新发现了他对女人的兴趣。

他爱上了女王的一名未婚侍女——这是一个非常愚蠢的行为，女王绝不可能容忍。两年前，他在宫廷中的竞争对手埃塞克斯伯爵，未经女王允许秘密结婚，导致伊丽莎白大怒，将埃塞克斯伯爵逐出宫廷。而当她的侍女和她另一个心爱之人暗生情愫时，女王殴打了侍女，把这个可怜女孩的手指都打断了。

我们不难理解雷利为什么会被贝丝·思罗克莫顿（Bess Throckmorton）吸引。她思维敏捷，富有激情，思想独立——这些品质源于她在艰难环境中的成长经历。他的父亲是伊丽莎白女王的第一位驻巴黎大使，贝丝 6 岁时，父亲就过世了。由于投资不善，父亲留下来的抚养费也很快被用完。她的母亲过世时，留给年轻贝丝的只有一些床幔，刚好抱得住的衣服，以及渺茫的前途。她在宫廷任职的哥哥亚瑟帮助了她，他利用他的个人魅力为贝丝在女王的私人住所争取到了侍女的职位。1584 年 11 月，她进入了服侍和崇拜女王的侍女核心圈。

贝丝与女王私人住所的其他"女巫"十分不同，沃尔特爵士很快发现自己喜欢上了她的坦率。他已经 36 岁了，逐渐厌倦了与不可触碰的童贞女王之间寡欲的关系。与女王贞洁的美不同，他的新情人贝丝是世俗的，她拥有明亮的眼睛和富有吸引力的身体。雷利沉醉于她的肉体带来的快感：

> ……芳香的呼吸，果冻般的双唇
> 她的发色既不是黑的，也不过于明亮，
> 她腹下最柔软的地方令人陶醉。

他对她的爱很快演变成激情，他写下感情炽热的诗歌："甜蜜拥抱，如此美妙，缩短了乏味的夜晚。"他们抓紧在得以避开女王的短暂的时间内偷偷幽会，巧妙地掩盖了自己的踪迹。直到几个月后，伊丽莎白宫廷里爱搬弄是非的人才得知了近几年里最火爆的丑闻：贝丝怀孕了，这对恋人秘密结婚了。

不同的人反应不同。沃尔特的内兄亚瑟担心雷利会被这件事毁了前程，冲进最近的裁缝铺，花了9英镑给女王买了一件背心和两个漂亮的环状领子，希望这些昂贵的礼物能平息她的怒火。雷利本能地打算逃往国外，就在他要登上一支私掠船的时候，尚不知情的女王阻止了他。贝丝努力假装没有什么不愉快的事情发生，等她的肚子大到难以掩盖她怀孕的事实时，她嗫嚅地向女王请求，借故离开女王的宫廷。1592年2月，亚瑟在日记中写道："我的妹妹来到这里，躺在床上等待生产。"

3月底，婴儿出生了，为纪念雷利金雀花王朝的祖先取名为达梅瑞（Damerei）。三周后，贝丝返回宫廷，继续当女王的侍女，装作什么都没有发生。没有人谈论这件事——虽然消息很快不胫而走，但是宫里人人屏息以待，期待着女王做何反应。

伊丽莎白得知这个消息后的反应很奇怪。她没有在公共场合爆发，也没有表现出剧烈的情绪波动，贝丝返回宫廷后的三个多月里，她都不置一词。当雷利终于因为一件私事去见她时，她可能以为他会诚恳地道歉。恰恰相反，雷利大胆地请求她在谢伯恩城堡的租约上签字。女王照做了，将他一直渴望得到的西部郡地产授予了他，希望她的慷慨可以让他请求她的宽恕。

她在玩一场猫鼠游戏，暗示雷利一个低声下气的道歉就可以平息她内心的怒火，但是雷利拒绝回应。他太骄傲，太自负，太习惯于操纵女王，无法承认自己的失败。"沃尔特·雷利爵士……与女王的一个女仆交往过深，"一位廷臣窃笑道，"所有人都认为伦敦塔将是他的新居。"他们猜得没错。1592 年 8 月的第一周，雷利和贝丝被关了起来——而此时，伊丽莎白正在进行一场王室巡游。每个人都在猜测他们会被囚禁多久。

贝丝心神错乱，立刻提起羽毛笔，在羊皮纸上用她特有的古怪拼写方式给女王写信。"我每天都希望我的信能够送达您的手上，"她写道，"我保证，如果沃尔特·雷利爵士不再爱您、服侍您，那我不会、也永远不会渴望自由。"

雷利的信更加自作多情。"我的心从未像今日这般破碎，"他写道，"我听说女王去了遥远的地方……而我现在被她留在身后，孤身一人在黑暗的监狱里。"严格来说，这不属实，因为他和他心爱的贝丝被关在了一起，还有几个仆人，但是雷利从来就不羞于夸大其词。他给把他投入监狱的女王写了更多夸张的信："我再也无法注视着她像亚历山大一般骑马，像戴安娜一般狩猎，像维纳斯一般散步。微风把她的秀发吹过她纯洁的脸颊，使她看上去像是仙女。有时她像女神一样坐在树荫下，有时她像天使一样在歌唱，还有的时候，她像俄耳甫斯一样游戏玩耍。"

贝丝的请求和雷利的奉承都没有使他们获得释放，使他们获释的是另一件事：伊丽莎白统治时期截获的最大宝船——体积庞大的"马德雷·德·迪奥斯"号（*Madre de Dios*）——载着 540 吨芳香的肉豆蔻、丁香，还有珍珠、琥珀和麝香，抵达达特茅斯。几个小时内，数百名小贩和投机商聚集到港口，与登上岸的水手们就他们走私上岸的这些战利品讨价还价。女王勃然大怒，她宣称这里的大部分货物都是她的，派罗伯特·塞西尔（Robert Cecil）前去制止他们抢夺战利品。但是她这位驼背的廷臣无法控制这帮不服管的水手，他绝望地写道："我从来没见过像他们这样狡猾、不顾一切、顽固的人。"他估计女王已经损失了 2 万英镑，这个数字每天都在增加。这场灾难的规模如此之大，使她不得不尽快派能够应对这些野蛮窃贼的人出马。约翰·霍金斯爵士宣称只有一个人能够胜任这个任务，他恳请将"那个人"——沃尔特·雷利爵士——立刻从伦敦塔释放，那时他仅被关了五周。

女王都没有低声抱怨就照做了，命令她的囚犯去找回她的战利品。雷利抓住机会，发誓要向抢走女王战利品的商人们复仇。"如果让我碰到他们中的任何一个，"他斥责道，"我要用最严厉的方式惩罚他们，剥夺他们的一切，让他们就像刚出生的婴儿一样，一无所有。因为他们劫走了女王无数的战利品，而且都是最稀有的东西。"雷利没有提到，他和女王一样，在这场劫掠活动中投入了巨额资金，迫切地想要追回自己的那份战利品。

雷利对那些贪污水手们的影响力令塞西尔震惊万分。塞西尔令人费解地没有引起任何关注，但是雷利得到了整个西部郡的热烈欢迎。"我向你保证，"塞西尔羡慕地写道，"……所有的水手都欢呼雀跃地冲向他，我一生都未见过有人要如此费劲地使他们安静下来。"

雷利以极高的效率追回了女王的财富，他出色地完成了任务，大部分战利品都拿回来了。但是他很清楚，乌云还笼罩在他的头顶，塞西尔评论道："他的心碎了……当人们祝贺他重获自由的时候，他会说：'不，我仍然是英格兰女王可怜的俘虏。'"

如果他期待自己的努力可以获得回报，那么他将受到不小的打击。女王分配战利品时，剥夺了雷利的那一份，这让他负债累累。他为这次冒险投入巨资，但是现在他一无所获。她对自己倒是非常大方：她只投入了两艘船和1800英镑，但是她这笔极小的投资获得了高达8万英镑的回报。"如果上帝把这些收入当作我的赎金，"雷利写道，"我希望女王陛下，以她的慈悲之心，收下它。"

女王对待雷利的方式的确好一些了。在短暂地将他押回伦敦塔不久，她就释放了他和贝丝，让他们过上了1592年的圣诞节。雷利仍然失势——这种状态还会持续5年——但是至少他自由了。

雷利这么多年来第一次发现自己的经济情况很紧张。他前几年投资的几次劫掠冒险活动基本都没有收益。他又在一次前往加勒比海的冒险中，在购买粮食、缴纳关税，以及给上将的惯例分成等各个方面花了一大笔钱，导致他轻蔑地写道："派他们去捕鱼，挣的没准都比这多。"美洲计划吞噬了他大部分财产——哈克卢特说，仅1587年的殖民尝试就花了3万多英镑——而在那段歉收的艰难岁月里，他的地产能提供的收入非常有限。

手头可以用的一点儿钱都被他花在了新居谢伯恩城堡上。这座城堡风景如画，但是陈旧发霉，不是沃尔特爵士想和他的妻子、其他家人共同生活的地方。他拆除了大部分建筑，开始重建：他建了一个优雅的庄园，有大量烟囱，装饰了许多纹章动物，它们像滴水兽一样从六角形的塔楼上凸出来。花园也是富丽堂皇，他非常喜欢在花园里种上从遥远的地方带回的稀有灌木和花朵。

雷利没有忘记怀特的殖民者，但是直到他被从伦敦塔里释放16个月后，他才重新关注起那些殖民者的命运。一些令人不安的消息吓得他采取了行动，1594年4月，约翰·怀特的女婿阿纳尼亚斯·戴尔，根据一条古老的法规——失联7年意味着死亡——被法庭宣告死亡，他的地产将转手到一个亲戚手里，对方将托管这些地产，直到阿纳尼亚斯的私生子年满18周岁。这个消息惊动了雷利，他在法律上拥有弗吉尼亚的前提是在7年之内建立起一处永久的殖民地。只有1587年那批殖民者还活着，雷利才能保住这个头衔。

戴尔案在伦敦引起了激烈的讨论，并引发了一系列关于失踪的殖民者下落的谣言。药草商人约翰·杰拉德（John Cerard）——1589年从雷利手里购买了殖民地贸易权的商人之一——谨慎地猜测殖民者还活着，"只要谋杀、瘟疫、被污染的空气、血吸虫，或者其他致命疾病没有过早地导致他们死亡，或毁了他们"。未来的坎特伯雷大主教乔治·阿博特（George Abbot），使用了一种令人迷惑的双重否定句式表达了他消极的看法："弗吉尼亚的所有权没有终止，如今那里被留给它过去的居民。"

当雷利终于振作起来时，他最关心的是如何填满自己的金库，于是他的殖民目光首先投向了南美洲的财富宝库圭亚那。雷利的血管里流淌着幻想的血液，他对黄金国（El Dorado）的渴求正是这种幻想的表现。但是黄金不是他唯一的目的，他还打算亲自到访罗诺克岛——这是他第一次也是唯一一次尝试亲自前往那里——为"那些被他派到弗吉尼亚殖民的英格兰人"提供补给。

这次任务在各方面都失败了。雷利既没有找到传说中的黄金国，也没有挖出任何金块。当他驶向罗诺克岛时，"极端的天气使他无法靠岸"。雷利返回了英格兰，甚至比之前更穷了，也没有带回任何关于那些殖民者命运的信息。

他一回来，女王就把他召回伦敦，恢复了他护卫队长的职位，5年的不光彩终于告终。雷利惊讶地发现时间夺走了女王的美貌：她的脸颊消瘦而憔悴，牙齿也变得棕黄。她戴着一顶漂亮的红色假发，这更凸显了她苍白、没有血色的皮肤。尽管她一如既往的机智敏捷，但她只是他曾经崇拜过的那个风情万种的女王的苍白幽灵。不过，雷利也不再是年轻人了。在圭亚那的艰难时光使他的头发变成了银灰色，在亚速尔群岛的行动令他的左腿受伤，现在，他走起路来明显一瘸一拐的。但是他仍然保持着他那温柔的魅力，很快，他就"与女王一同出国，还与她私下会面"。雷利的陪伴让伊丽莎白十分喜悦，她宽恕了他所有的罪过。终于，他重获女王的青睐。

他与伊丽莎白和解时，又重新燃起对罗诺克岛的兴趣。1599年前后，他派出探险队前往外滩群岛搜寻失联的殖民者，这是数次寻找殖民者的远航中的第一次。前两次远航都没能抵达罗诺克岛，留下的信息也很少，第三次远航据说"遭遇了极端天气，船队丢失了主要的锚泊装置"。1602年，雷利开始准备第四次远航，他准备让塞缪尔·梅斯（Samuel Mace）和巴塞洛缪·吉尔伯特（Bartholomew Gilbert）担任船长。两位船长接到了一个命令——一个再清楚不过的命令："为沃尔特·雷利爵士，寻找1587年被留在那里的人。"

梅斯指挥过之前的远航，这次起航前，他与哈里奥特取得了

雷利出发前往圭亚那时，他发誓要解救"那些被他派到弗吉尼亚殖民的英格兰人"，他一定要到罗诺克岛。

联系，询问那些被留在美洲 14 年全靠自己生存的殖民者可能需要什么补给品。哈里奥特极度乐观地认为那些被怀特留在美洲的人们有充足的资源，他相信他们能够制作衣服、钉子和锅碗瓢盆。哈里奥特知道制作工具对他们来说会非常困难，所以他建议梅斯携带 60 柄小斧、20 把鹤嘴锄、20 把铁锹、600 把小刀，以及铅粉和弹药。他给了他一份简短的阿尔冈昆语单词表，以便英格兰搜寻队与印第安人交流。

第四次远航背负着很高的期望扬帆起航，"但是风刮得很厉害，海浪过高"，船队很快就被大西洋的风暴打散。巴塞洛缪·吉尔伯特的船只被吹往切萨皮克湾，他们在那里抛锚上岸。这是一个糟糕的决定，因为"印第安人袭击了他们，有一两个人受伤倒地"。只有几个人成功回到了英格兰。

另一艘船的轨迹就更加神秘了。几个月以来，塞缪尔·梅斯似乎一直试图驾驶着船只穿越暴风雨和旋涡般的海上迷雾，未能确定他们在地图上的确切位置。1603 年夏，他一回到伦敦，就直接冲向达勒姆宫，急于告诉沃尔特·雷利爵士他此次航行的经历和发现。

第十三章

野蛮人中的奇迹

1603年3月26日晚，一小群人聚集在达勒姆宫里的雷利书房的窗前。他们把头埋在蕾丝拉夫领里啜泣着，悲痛欲绝地望着下方泰晤士河河边的盛况。一支点着火把的驳船队伍正沿着泰晤士河缓缓前进，气氛悲伤忧郁，这支队伍载着的正是童贞女王、弗吉尼亚大酋长伊丽莎白经过防腐处理的遗体。伊丽莎白一世过世了，一个黄金时代结束了。第二天黎明时，她的铅制棺椁就已经被安放在怀特霍尔宫，棺椁被摆放在铺着黑色天鹅绒的床上，周围装点着一束束充满异域风情的鸵鸟羽毛。即便是死亡，伊丽莎白也很张扬。

女王过世后随之爆发的举国沉重悲痛是如此富有传染性，导致一些人怀疑这个国家能否再振作起来。每当有人提到女王的名字，伦敦人就会直接哭出来，宫廷也因为失去了往日的光辉核心，沉浸在失去正义女神阿斯特拉（Astraea）的悲伤中。大自然似乎也染上了悲恸，按照威廉·卡姆登（William Camden）的说法，泰晤士河里的鱼看到载着遗体的驳船时悲痛欲绝，"眼中流出了珍珠"。

一个多月后，女王才正式下葬。4月28日，女王的棺椁被送葬的队伍抬到威斯敏斯特大教堂。四匹裹着黑色天鹅绒的马拉着棺椁，载着棺椁的棺架上还有蜡制的等身女王雕像——身着朝服，双手分别握着一个球和一柄权杖。马车后面跟着上千贵族、廷臣、传令官和政府官员，他们都在默默哭泣。队伍中有很多年轻人，他们是已故的女王早已过世的宠臣的后代，队伍的最后是一个年迈、走路一瘸一拐，但是依旧英俊的廷臣——沃尔特·雷利爵士，他带着很多上了年纪的绅士，他们手持镀金的长戟斜指向地面，以示哀悼。所有人都清楚这是一个时代的终结，一位旁观者这样写道："她的枢车仿佛在水中漂浮的小岛，周围是泪水的海洋。"约翰·斯托（John Stowe）后来回忆说："人类有史以来从未见过或者听说过一个人的死亡能带来这么多哀叹与泪水。"

伊丽莎白的继任者是苏格兰国王詹姆斯六世，一位缺少魅力的君主，几乎在任何方面都无法与其杰出的前任媲美。詹姆斯对奢华繁复的服装和礼节不感兴趣，对礼仪社会中的寒暄客套不屑一顾。他在餐桌上十分邋遢，据说只要研究他衣服上黏着的干掉的食物残渣，就可以判断出他过去 7 年吃过的每一顿饭。他怕水，不论是用来饮用还是用来清洗自己，他只偶尔用沾湿的餐巾末端轻轻地"擦一擦手指"。因此，他身上常年瘙痒难忍，经常抓挠他汗湿的皮肤。他紧张的时候，还有一个惊人的习惯——摆弄他男裤前面的遮阴袋。

与已故女王一样，詹姆斯也喜欢粗俗的笑话和下流的暗讽，但是他缺少伊丽莎白那种精妙的诙谐。当伊丽莎白的廷臣成群地迎接他、离他太近的时候，他警告说："如果你们再靠近，我就脱掉裤子，让你们看我的屁股。"这是个令人不快的威胁，廷臣们很

在女王的葬礼上，雷利带着很多上了年纪的绅士走在队伍里。所有人都知道这是一个时代的终结："周围是泪水的海洋。"

快向后退去。

这样的人不太可能喜欢雷利，他们的第一次会面也不成功。沃尔特爵士骑马到北安普顿郡迎接他的新国王，却发现自己被新国王用一个简单粗暴的玩笑打发了："我的天哪，我从没听说过你。"雷利的一切都令国王不悦，甚至他戴的耳环都是詹姆斯最讨厌的点之一。国王还厌恶烟草，鄙视沃尔特爵士将烟草引入了宫廷，他认为英格兰珍贵的白银储备正在流入西班牙烟草商的口袋，这些商人迅速建立、发展烟草业，以满足越来越多的烟民。继位不久，国王詹姆斯就写了《抵制烟草》（*A Counterblaste to Tobacco*），谴责吸烟是毁掉这个国家的"玩物"，他还带着非凡的先见之明指出："吸烟使人体内的某些部分变得肮脏不堪，烟草的油烟就像厨房里的烟灰一样，弄脏或者感染这些部位。"他指责雷利引进了"这种野蛮人的习惯"，并且趁机抨击他把"野蛮人"带

国王詹姆斯不关心宫廷生活。他很少洗澡，所以身上常年瘙痒难忍。他紧张的时候，习惯摆弄他男裤前面的遮阴袋。

进英格兰。"那些可怜的野蛮人死了，"国王写道，"但那些邪恶的、野蛮的习俗还活着，还有着新鲜的活力。"他补充道："在我看来，这种来自如此邪恶的土地，由如此令人厌恶的人（雷利）引进的习俗，怎么会如此受欢迎。"加冕不到一年，詹姆斯就对烟草进口征收新的重税，从每磅两便士提高到"大约每磅 6 先令 8 便士"。

雷利与国王的第一次会面就是一段注定失败的关系的不详开端。雷利不知道的是，詹姆斯国王的思想已经被野心勃勃的廷臣们所蒙蔽，他们急于抹黑雷利的名声，以确保自己的地位。亨利·霍华德（Henry Howard）爵士就是其中之一，他给国王写了一系列密信，将雷利描述成"我们这个时代最大的路西法"，说他"比所有活着的人都骄傲自大"。这种侮辱被神经紧张的苏格兰君主当真了，很快就开始与这位伊丽莎白宫廷上的宠儿作对。国务大臣罗伯特·塞西尔一听说国王憎恶雷利，就不念旧情地匆忙抛弃了他的这位旧友。然后他还火上浇油，以马基雅维利式的狡猾抹黑雷利，暗示他是一个危险奸诈的无神论者。

雷利垮台的速度比他曾经平步青云的速度还快。詹姆斯即位不到两个月，就收回了所有的王室特许权。一夜之间，雷利失去了他主要的收入来源。14 天后，他又被剥夺了护卫队队长的职务，6 月，国王命令他搬出达勒姆宫。这是一个沉重的打击。雷利花了一大笔钱将破败的达勒姆宫变成他的家和科学实验室，这里也是英格兰探索新世界项目的中枢。詹姆斯轻蔑地无视了雷利的抗辩，命令他在两周内离开，也不会给他任何补偿。

他的垮台很快就带来了更大的不幸。1603 年 7 月，他因为牵涉进一起背叛国王的阴谋而接受质询，在他无法向枢密院的敌人证明自己的清白后，立刻被以叛国罪的罪名关进了伦敦塔。"我做过的好事都被遗忘了，"他在一封写给贝丝的信里写道，"……我所有的付出、冒险和开销——为殖民、探索发现、战斗付出的那些，以及提出的意见和其他的一切——都被恶意遮蔽。"他对即将到来的审判十分焦虑，害怕被判叛国罪，因此对塞缪尔·梅斯从弗吉尼亚回来的消息无动于衷。

塞缪尔·梅斯返回伦敦的时机不能更糟了。不仅他的雇主身陷囹圄，而且伦敦本身正"遭受严重的瘟疫侵袭"，整个宫廷都迁到了乡村。"受到瘟疫的影响"，国务瘫痪，"这个时候把大批人聚到一起是非常危险的"。

梅斯找不到愿意听他的故事的人。托马斯·哈里奥特担心自己与沃尔特爵士的关系而受到牵连被控叛国，早就躲了起来。伦敦的编年史作者——他们通常会主动找刚返回英格兰的船长——现在和宫廷一起消失了。

对一场激动人心的冒险而言，这种收场方式十分不幸，这意味着梅斯的弗吉尼亚之旅注定成为关于罗诺克岛的故事中最神秘的篇章之一。无论是他在美洲登陆时的情况，还是他带回的关于失踪的殖民者的消息，都没有详细记录。只有一些信息片段保留了下来，但是这些信息都显示，关于怀特的定居者们，梅斯发现了一些令人兴奋的消息。

他似乎还从弗吉尼亚带回了一些印第安人，因为有几个就住在塞西尔位于河岸街的家里，那里距离雷利家旧址很近。狂热的殖民支持者沃尔特·科普（Walter Cope）爵士那时正在塞西尔家，他让这几位印第安客人展示他们驾驶独木舟的技巧，根据塞西尔家的账簿记录，这几名印第安人得到了 5 先令的丰厚奖励。接着他们回到岸边，塞西尔爵士家的一名仆人款待了他们。

接下来发生的事我们就不得而知了，因为住在塞西尔家的人都认为他们不应记下发生在那宏伟外墙后的对话。科普很可能从哈里奥特那里学习了足够多的阿尔冈昆语知识，以便从印第安人那里骗出一些关于失踪的殖民者们的信息。或者，梅斯从切萨皮克湾沿岸的美洲土著那里得到了一些信息。尽管细节永远不可能真相大白，但是有一点可以肯定：在瘟疫肆虐的 1603 年夏天，有人通过某种方式发现了证据，表明雷利的殖民者们还活着。

航海家乔治·维莫斯（George Waymouth）是知道那些殖民者还活着的人之一。他在 1604 年关于美洲的文章《艺术之宝》（*The Jewell of Artes*）里断言，有一小部分人经历了 17 年的严酷考验活了下来，但是他也承认，"英格兰人在弗吉尼亚的根基还非常薄弱"，这些幸存者处在极度危险中。"他们难以抵御异教徒的入侵，"他写道，"他们与异教徒们生活在一起，面临着各种困境和危险。"维莫斯曾两次将他的文章呈递给国王，敦促他派人运送建筑材料去美洲，这样殖民者就可以建造有防御能力的城镇。他的文章显然是假设国王詹姆斯知道这些失联的殖民者们，而这篇文章是在礼貌地提醒国王陛下——在遥远的大西洋彼岸，还有一些子民需要他负责。

维莫斯不是唯一听说失联的殖民者们还活着的人。他们还幸存着的流言开始在酒馆和客栈里流传，很快，他们的艰辛经历就广为流传，以至于被伦敦的剧院善加利用，写成叙事诗，印在大幅海报上。1605 年，上演《向东呀》（*Eastward Hoe*）的剧院座无虚席，观众们残酷地因有关怀特失联的殖民者们的玩笑而放声大笑。"那里整个国家都是英格兰人，"海鸥船长说，"他们是 79 年（他指的是 1587 年）被丢在那里的人的后代。"他们与印第安人通婚，让他们生出和英格兰人一样漂亮的孩子，所以印第安人非常爱英格兰人，将他们拥有的所有珍宝都摆在英格兰人脚下。

雷利在监狱里苦苦等待审判，无力再派船前往弗吉尼亚。他被剥夺了管理美洲的权力，也不必再对失联的殖民者负责——继续殖民的权利也被国王收回。但是詹姆斯对一片生活着"野蛮人"的土地毫无兴趣，尽管维莫斯船长一再努力劝说他重启美洲殖民项目，但是国王不想听。在他眼里，弗吉尼亚是"邪恶的"，与"野蛮人"相处太久，即便是最文明的英格兰人也会变成野蛮人。"我们应当……贬低自己，去模仿这些野蛮的印第安人吗？去模仿这些西班牙人的奴隶，这些拒绝了这个世界、不知道上帝的神圣契约的人吗？"詹姆斯用挖苦来强调自己的观点，建议热衷殖民的人应该在头上插上羽毛，裸着身体到处走。国王詹姆斯不会去寻找失踪的殖民者，也不打算策划任何新的殖民美洲的项目。他有更多、更重要的目标，其中之一就是摧毁沃尔特·雷利爵士。

1603 年 11 月，沃尔特爵士接受审判。直到在法庭上听到人们对他的指控，他才最终清楚地知道他的罪名是什么，由于他被控叛国罪，因此不能有律师。没有对原告的交叉询问，也没有对证据进行调查。法庭早已判定雷利有罪，问题只是如何在最短的时间内证明这一点。

雷利断然否认对他的指控，并为自己的行为激烈地辩护。"你的话不能定我的罪，"他告诉恃强凌弱的大法官，"我的清白便是我的辩词。如果你能向我证明你所指控的任何一条，我将供认一切。"他以高超的技巧为自己辩护，来面对铺天盖地的辱骂、讽刺和伪证，但是无论他说什么，都无法向这虚伪的法庭证明自己是无辜的。尽管没有证据证实这些指控，陪审团还是很快就做出了判决。雷利被判叛国罪，这项罪名只有一种惩处方式："你将被关在囚笼里，在街上公开游行，到达你将要被处决的地方，"首席法官波帕姆宣布，"在那里，你将被吊起来，活活砍断，你的身体将被剖开，取出心脏和内脏，切下私处，当着你的面丢进火里。然后，你的头会被砍下来，身体被肢解成四部分，按照国王的意愿处理。"波帕姆停顿了一下，接着又说："愿上帝宽恕你的灵魂。"

　　这场审判和判决给詹姆斯国王带来了最不愿意看到的结果。多年来，雷利一直是穷人憎恨和嘲笑的对象。现在，这些人又开始同情这位失败者，使他一时成为风云人物，被誉为真理和正义的捍卫者。有人说："从未有人在这么短的时间里如此受人憎恨，又如此受人欢迎。"与此同时，詹姆斯国王的一位苏格兰朋友警告说："我第一次见到沃尔特·雷利爵士时，受到大部分人的想法影响，对他无比厌恶，甚至愿意走 100 英里去看他被绞死，但是我见过他一面，分别之后，我愿意走 1000 英里去救他一命。"国王詹姆斯仔细考虑了这种始料未及的事态发展，然后不自在地摆弄着他裤子上的遮阴布，向民意屈服了。在雷利处决的当天，国王发出死刑缓期执行的指示，将雷利送回伦敦塔——他现在是被剥夺了所有权利的叛国罪囚犯。"名声、血统、身份或财产，我什么都没有。"雷利绝望地写道。他现在生活在借来的时间中。

事实证明，伦敦塔里的生活出人意料的舒适。沃尔特爵士有两名仆人照顾他的起居，还有一名仆人给他送来新鲜的麦芽酒。贝丝也搬了进来，还带着他们第二个儿子沃特（达梅瑞夭折了），托马斯·哈里奥特也是这里的常客。雷利仍然梦想着再派船队前往弗吉尼亚，就在他入狱前不久，他在写给罗伯特·塞西尔的信中就预测："我将在有生之年，看到它成为英格兰人的国家。"然而，即使是他也一定很沮丧，因为从他手中接过那根折断的殖民接力棒的不是别人，正是主持他的审判的首席法官约翰·波帕姆（John Popham）。波帕姆是新一轮殖民事业的主要组织者，其角色与雷利十分相似，但是他的动机远不及雷利和哈里奥特那般高尚。他对教化"野蛮人"和在"野蛮人的"土地上传播福音没有兴趣，他最近完成了一份议会草案，这份草案提议将流浪行乞的人流放到"海洋之外的地方"，许多廷臣私底下说，波帕姆对新殖民地的唯一兴趣是将其作为人类垃圾场，一块"可以把英格兰所有监狱都搬过去的土地"。

波帕姆的计划花了一些时间才成形。直到 1606 年春天，这个"高大、肥胖、丑陋的家伙"才宣布，他"对殖民弗吉尼亚的事业满怀深情"，并开始征集"绅士和商人来参与他的事业"。王室应该基本没有参与，因为国王詹姆斯一点儿也不关心童贞女王的土地。在他为数不多的几次提起弗吉尼亚的场合中，他问南安普顿勋爵，弗吉尼亚的天空是不是真的全是飞翔的松鼠。南安普顿勋爵给了他肯定的回答，后来又向自己的一个朋友吐露："你很清楚他对这些动物有多痴迷。"

弗吉尼亚的新探险计划根植于过往的胜利与失败中，对那些参与其中的人而言，这代表着伊丽莎白时代的最后一场伟大探险——一个正在衰落的时代的能量与热情的爆发。指挥官、殖民者、水手被点燃了，格伦威尔和莱恩也曾这样被点燃过；甚至他们船上装配的地图和航海图，都是 20 年前雷利的手下准备的那些。即使是为了"在美洲的那个地区稳固地建立起由我们的人民组成的殖民地"而成立的新弗吉尼亚公司，也是雷利的手下控制的。这个公司的主要受让人之一，正是雷利的老朋友理查德·哈克卢特，他关于远洋探险的鸿篇巨制《重要的航程》重新唤起了人们对新世界的热情。这部书包含了罗诺克岛探险事业的所有资料，其中有拉尔夫·莱恩、约翰·怀特和托马斯·哈里奥特的日记，以及船上的日志、信件，还有关于美洲的航海图。对新的航海事业来说，这部书是无价之宝，因为它将"伟大富饶的弗吉尼亚"已知的一切汇集在了一起。

1585 年，当雷利派他的殖民者出航时，他得到了女王伊丽莎白一世的支持，她借给他一艘船、一些武器和弹药。国王詹姆斯没有打算效仿她，因此新弗吉尼亚公司在组织探险行动时，不得不通过购买更陈旧和便宜的装备来削减成本。盔甲、刀剑和小圆盾是伊丽莎白时代就被丢下的东西，都是过时的装配，在当时欧洲常见的攻防战中也派不上什么用场。供给新殖民者的帐篷和纺织品也都已经褪色、磨损，封条布上印着已故女王的徽章。甚至钱币也是伊丽莎白时代的，殖民者们携带的先令、六便士、四便士银币上面都刻着已故的女王的肖像。

关于新的殖民探险的传言像野火一样燃遍伦敦的街头巷尾，为航海做的准备也在紧锣密鼓地进行。从雷利流产的殖民地的错误中吸取教训，新的探险队很快就准备好恰当的工具和食物。哈克卢特的参与对新弗吉尼亚公司至关重要，他曾为1585年的罗诺克岛殖民项目准备过清单，上面列出了必须准备的人力、工具和货物。沃平的码头很快就热闹起来，物资正在被打包、装箱和准备运送上船，十分繁忙。

甚至准备船只也没有费太大力气。弗吉尼亚公司的商人们租了三艘船——120吨的"苏珊·康斯坦"号（Susan Constant）、吨位小一些的"平安"号（Godspeed），以及吨位最小的"探索发现"号（Discovery）——唯一阻碍筹备迅速进展的是某天"苏珊·康斯坦"号上的船员"喝得大醉"，没有控制好他们的船只，导致他们撞到了另一艘船。

随着事情基本按着计划推进，弗吉尼亚远航者们开始寻找一位合适的指挥官领导他们的探险。考虑到航行到罗诺克岛可能会遭遇的那些灾难，他们选择了可靠的克里斯托弗·纽波特（Christopher Newport）担任指挥。纽波特是伊丽莎白时代的冒险家，他爱虚张声势，而且只有一只手臂，他1590年曾陪同约翰·怀特参与了罗诺克岛的援救行动，是黄金时代最富经验的水手之一。他被人称为"独臂船长纽波特"，但是残疾没有阻止他全身心地投入他的新工作。他被授予"全权指挥权"，直到探险队抵达弗吉尼亚；那时，也只有在那时，他才会打开一个密封的包裹，上面写着新殖民地总督和委员会成员的名字。

三艘船上一共有大概104名殖民者，其中半数是"绅士"，其余人是劳工。第一批船队成员中没有女人，也没有农夫，这表明他们没有从罗诺克岛远航的惨痛经历中吸取教训。过不了多久，这些殖民者们就会叹息他们"缺少有技巧的农人去种植葡萄，甘蔗、橄榄、油菜、大麻、亚麻、石蒜、西梅……"

1606 年圣诞节前不久，船队起航离开伦敦，迅速驶向加勒比海。从这里开始，他们按照已然很熟悉的路线沿着弗吉尼亚海岸航行。船队的目的地是切萨皮克湾——哈克卢特确保了这一点——殖民者们的第一要务，就是找一块战略要地建立起一座有防御能力的村庄。最初的几个月里，他们不会去寻找约翰·怀特失联的殖民者，他们的首要任务是尽全力在完全陌生的土地上站稳脚跟。但他们没有遗忘失联的殖民者，伦敦有很多人好奇失联殖者的命运，关于他们能否在一艘英格兰补给船只都没有的情况下，在荒野中生存近 20 年，人们讨论了很多。怀特曾提出所有殖民者都迁往了克柔投安岛，但是基本没有人相信他。大部分人认为，大部分失联的殖民者在靠近切萨皮克湾南部的海岸安顿了下来，因为所有研究过在罗诺克岛探险的人都知道，切萨皮克湾南部的土壤肥沃，那里的野蛮人友好，"无论如何都是最好的地方了"。

没有人比弗吉尼亚公司的商人更急于知道失踪的殖民者是否还活着，他们非常清楚，这些殖民者将提供关于这片土地和这里生活的"野蛮人"最宝贵的信息。但他们也知道，新殖民者的首要任务——也是他们起航的原因——是在弗吉尼亚安家落户，建造房屋和仓库。寻找怀特留下的殖民者将是一项艰巨的任务，因为切萨皮克湾和帕姆利科湾北端之间有 60 多英里，这片区域大多是未知的森林，居住着熊和"狼一样的狗"。要搜索如此广阔的荒地，需要大量全副武装的殖民者，特别是考虑到他们还有可能途经敌人的领地。当然，这是一项需要尽快执行的任务，只不过不是在新殖民地刚建立的最初几天。

4月底，也就是起航大概4个月后，水手和殖民者们醒来就看到了美妙的景象，有人写道："这里有着美丽的草地和漂亮的树丛，清澈的溪水流淌过树林，我看第一眼时就被迷住了。"这并不令人惊讶，因为早在1586年冬天，哈里奥特到访这些海岸时，就曾经用抒情的笔法描绘过这些景色。他还说这些地区的印第安人热情友好，所以殖民者们急忙划船上岸，期待受到热情的欢迎。船上许多人都读过哈克卢特巧妙编辑过的莱恩和怀特的日记，完全接受了野蛮人天性快活这种谎言。很快，他们发现这些当地人既不想和他们交朋友，也不想要他们的小装饰品和玻璃珠。"那些野蛮人嘴里叼着箭，四肢匍匐，像熊一样拼命从山坡上朝我们直冲下来。"登陆的英格兰人小队被这场进攻的凶猛程度吓呆了，箭雨几乎将他们赶回水里。直到那些印第安人"感受到枪炮的厉害"，才逃回森林里。很快，殖民者们意识到，他们来到的新大陆不会给予他们哈里奥特引导他们去期待的那种欢迎。几年后，他们才会知道，《一份简短而真实的报告》其实并没有夸大切萨皮克湾印第安人的友善，他们遭受的这次无缘无故的突袭背后有着奇怪而邪恶的原因。

纽波特船长宣布，现在是时候打开密封包裹，公布新殖民地总督和委员会成员名单了。他展开这份文件时，大家都相当兴奋，因为这50多名绅士中有许多都期待自己当选，但他们中的大部分人都失望了。和预想的13人组成的委员会不同，纽波特手里的名单上只有7个名字，而且缺少了很多明显的人选。人们不情不愿地接受了爱德华·马里亚·温菲尔德（Edward Maria Wingfield）被任命为新殖民地的总督，他帮助建立了弗吉尼亚公司，但是他的 7 名助手基本上都名不见经传，委员会里唯一算得上有些才干的人是约翰·史密斯船长，他是一名冒险家，其辉煌的功绩在伦敦已经引起了许多人的注意。他吹嘘说自己曾做过海盗和雇佣兵，甚至宣称他曾在肉搏中杀死了几名奥斯曼苏丹的摔跤手，他后来被抓住卖为奴隶，直到他用打谷棒杀了土耳其看守，成功逃回英格兰。

史密斯几乎在各个方面都算得上是一个有趣的人。他的大脑袋上顶着一丛蓬松的红发，他满脸胡须和胡渣，看起来更像是动物而不是人。作为一名十足的伊丽莎白时代冒险家，他注定胜过他的绅士同僚们。

纽波特一念完委员会名单，就将注意力转向伦敦派给他的第二个任务：寻找"最稳妥、最有益健康、土地最肥沃"的地方，建立英格兰的新殖民地。经过几周的探索和侦查，他宣布他已经选出了一个完美的地点——詹姆斯河附近的一座地势低矮的岛屿，这个地点与罗诺克岛的地理环境惊人的相似。不幸的是，纽波特缺少拉尔夫·莱恩的军事眼光，他选择的岛屿很快就被证明实则是一个潜在的死亡陷阱。这里很容易遭到来自河上的进攻，泥泞的土壤也远非"有益健康"，周围的沼泽是毒蚊子滋生的完美沃土。更糟的是，定居者们被迫把这里的河水当成水源，从距离排污口只有几英尺远的地方取水。

起初，没有人看出这座临水岛屿的缺陷，就连约翰·史密斯也说"这里是建立一座大城市的理想地点"。那座"城市"——

事实上只是一堆破帐篷的集合 —— 被命名为詹姆斯敦，以向实际上对美洲和定居者们毫不关心的国王致敬。这对雷利而言是个残酷的打击，因为"雷利城"——坐落在这里往南仅 100 英里的地方 —— 现在已是一片废墟。

殖民者刚登陆，就有上百名"野蛮人"以"一种要开战的方式"集合起来，"被派去消灭他们的据点"。这场袭击只打了几下就结束了，但是印第安人的敌意使定居者们警觉，也使他们意识到帆布帐篷抵御不了锋利的箭，于是定居者们砍下"大树枝"，"将树枝扔在一起，堆积成半月形"。

整整一周，他们都在忙着将船上的补给品搬上岸。耐不住性子的纽波特船长急需一场冒险，他提议沿着詹姆斯河浑浊的河水向上游探险，寻找托马斯·哈里奥特之前反常地没能找到的东西 —— 矿石。21 名快活的绅士怀揣对刺激冒险的期待出发了，但是他们没走多远，就偶然发现了 8 名划着独木舟的印第安武士。这些印第安人用灿烂的微笑回应英格兰人的致意，不仅没有表现出丝毫敌意，还给他们提供了一份河流草图。当他们邀请英格兰人去他们的定居点时，纽波特觉得他们太热情了。那里的酋长送给他一项王冠 —— 一件非常不合适的礼物 —— 纽波特回以"各种礼物，如小刀、架子、铃铛、玻璃珠和玩具等"。在继续微笑和玩笑后，"他们坐在一起，和印第安人一起宴饮，看他们跳舞和吸烟"。

纽波特的探险已经进行了将近一周，他的队员乔治·珀西（George Percy）开始起了疑心。他发现了一个印第安男子，如往常那样带着弓箭和长矛，还拿着"能把人砍死的铁质武器"。这敌响了警钟：印第安人没有冶铁技术，这些金属只能来自欧洲人。没有证据表明这些武器来自怀特的殖民者，珀西也认为不宜向印第安人打听他们是如何获得这种具有潜在威胁的物品的，但是这件事足以使他好奇到将之记在他的日记里。

珀西锐利的眼睛注意到的怪事不止这一件。他在一座村庄里瞥见"一个野蛮人男孩，大概 10 岁。他有一头完美的金发和相对白皙的皮肤，这在野蛮人中实属奇迹"。这回珀西真的大吃一惊，他跳到男孩面前，想询问他，但是白皮肤的"野蛮人男孩"已经悄悄地溜进了树林里。

英格兰探险队很快就了解了一些在切萨皮克湾居住的不同部落的情况。这些情况与拉尔夫·莱恩在帕姆利科湾经历的情况截然不同。这里的部落都与一位大酋长——"皇帝"波瓦坦（Powhatan）——结盟，后者以胆量和诡计牢牢地控制着自己的领土。"他手段残忍而且争强好胜，"一个人写道，"就为了让他们对他的力量和权力既敬畏又恐惧。"据说他仇视所有外国人，绝不可能善待在他的地盘上殖民的英格兰士兵。然而，事实证明，他手下的酋长们却是讨喜的同伴，一位酋长称纽波特是他的"wingpoh chemuza"——船长后来发现这个亲切的称呼意思是"坐独木舟的同伴"。另一位酋长十分喜爱英格兰的"啤酒、白兰地"，甚至把自己喝晕了。第二天早上，他才意识到醉酒是需要付出代价的。他一边治疗头痛，一边将他的"痛苦"归罪于纽波特的"辣饮料"。

误解总是不可避免的，尤其是纽波特觉得应当正式宣布这块土地属于国王詹姆斯时。"他立起一个十字架，上面刻着'詹姆

约翰·史密斯船长看上去与众不同。他有一头红发，满脸胡须和胡渣，看起来更像是动物而不是人。

斯一世国王，1607'，下面是他自己的名字。"对殖民者来说，这是一个意义重大的时刻，这标志着他们已经在新大陆的土地上扎根了。"在十字架矗立起来的地方，我们为我们的国王，以及在他的引领下我们所取得的辉煌成就祈祷，宣告他是这片新大陆的国王。"

很多印第安人对英格兰人竖立十字架的行为感到困惑，"开始崇拜它"，没有意识到他们刚刚见证了自己的土地被正式吞并。但有些旁观者对此不以为然，让纽波特解释这是什么意思。船长感觉到了敌意，试图缓和局势。他目光闪烁，解释说"十字架的两臂代表国王波瓦坦和他自己"。他的说法在詹姆斯敦附近海岸地带激起热烈的讨论。"很多印第安人抱怨我们从这里夺走了他们的土地。"部落的长老出面干预，才让他们冷静下来。长老对多疑的部落成员说："只要他们不伤害你们，不用武力夺走你们的东西，就不必觉得被他们冒犯。他们只不过拿走了一些荒地，那些荒地对你我而言都没什么用处。"

带领探险队返回詹姆斯敦后不久，精力旺盛的纽波特突然宣布自己已经完成了将殖民者送抵美洲的使命，打算返回英格兰。1607 年 6 月 21 日，所有的殖民者和水手都获得了圣餐。随后不久，纽波特起锚离开，并承诺在 20 周内带着补给品回来。

他离开的时间恰逢殖民者们第一次从那位意图不明的"国王"波瓦坦那里得到消息时，此前，他的间谍一直密切关注着英格兰的殖民地。波瓦坦对白人的不信任由来已久，他知道 16 世纪 80 年代雷利的冒险家在罗诺克岛上做的所有事，甚至知道之前更早一次在北美的殖民尝试——西班牙耶稣会教士在切萨皮克湾登陆时的事。这次白人进入美洲给他带来如此不安的主要原因是迷信的部落长老的预言，他们告诉他"一个国家将在切萨皮克湾升起，它将瓦解并终结他的帝国"。他们的警告还有一个令人不安的附言：他们告诉波瓦坦，白人前两次尝试都会失败，但是"第三次，他们将征服自己（印第安人），印第安人将沦为他们的臣属"。

这样的预言让波瓦坦十分担忧，但他决定等待时机，先派使者前往詹姆斯敦，表示友好。为了证明他的善意，他保证印第安人一切制造不和的举动都将立刻停止。这个消息短暂地鼓舞了殖民者们，但是很快，他们就发现还有更加紧迫的事。"只要纽波特的船还停在河上，在某种程度上说，我们的日子就会好过一些，因为水手们日常偷偷卖、赠或者交换饼干给我们，以获取钱、檫木、毛皮或者爱情。但是纽波特的船离开后，酒馆没有了，啤酒屋没有了，娱乐场所也没有了，只剩下共用水壶。"这种共用水壶实际上就是一个公用的煮锅，煮出来的食物也令人反胃："半品脱小麦和差不多半锅水都没怎么煮熟就是一个人一天的食物。而这些在船舱里捂了26周的小麦里边蠕虫几乎和麦粒一样多。"尽管乐观的约翰·史密斯能高兴地大嚼滋生蠕虫的粮食，但那些绅士殖民者们反感这样的食物。没有人比乔治·珀西更忧心如焚，他是诺森伯兰伯爵眼尖的兄弟，纽波特只给他们留下了"少得可怜的食物"，他无法愉快地接受这种他觉得只能给动物吃的食物。

没过多久，殖民者们就开始挨饿生病。"不到十天，"珀西写道，"我们当中就有差不多10个人没法走路，连站着都十分费劲，极度的虚弱和疾病压迫着我们。"闷热的天气和成群的蚊子也让疲惫的殖民者们苦不堪言，人开始像苍蝇一样倒下，几乎每天都有人被拖进坟墓。"8 月 6 日，约翰·阿斯比（John Asbie）死于血吸虫病。9 日，乔治·福楼瑞（George Flowre）死于肿胀。10 日，威廉·布鲁斯特（William Bruster）绅士死于野蛮人造成的伤口。"死亡率令殖民者们胆战心惊，每个人都担心下一个死的就是自己。有些人，像是杰罗姆·阿里考克（Jerome Alikock），"受伤而死"，还有的人是"突然死亡"，毫无征兆。他们将死者浅浅地埋在坟墓里，这种无知又增加了死亡率。"15 日，爱德华·布朗（Edward Browne）和史蒂芬·盖尔斯罗普（Stephen Galthrope）死亡。16 日，托马斯·高尔（Thomas Gower）绅士死亡。17 日，托马斯·芒斯利（Thomas Mounslie）死亡。18 日，罗伯特·彭宁顿（Robert Pennington）绅士和约翰·马丁内（John Martine）死亡。19 日，德鲁·皮格阿兹（Drue Piggase）绅士死亡。"8 月 22 日，疾病夺走了第一个殖民委员会的成员，死者是伊丽莎白时期的私掠船船长，也是沃尔特·雷利爵士的朋友——巴塞洛缪·戈斯诺尔德（Bartholomew Gosnold）。"他被体面地安葬了，营地里的所有大炮鸣响致意，人们还进行了多轮火枪齐射以示哀悼。"

　　疾病无差别地袭击殖民者们，不分身份和地位。没有人知道是什么造成了疾病蔓延，也没有人能给这种病命名。乔治·珀西被他看到的一切吓坏了，生动地描述了定居者经历的痛苦。"我们的人被可怕的疾病——如肿胀、流感、高烧——和战争摧毁，还有些人突然死亡，但是大部分人是被饿死的。从来没有英格兰人在外国的土地上像我们一样经历了这么悲惨的事，晚上我们躺在寒冷的地面上，第二天无论是什么天气我们都要忍受，我们就这样成为最脆弱的可怜虫。"

共用水壶现在几乎空空如也。"我们的食物只是一小听肉罐头倒在水里煮的汤，这是五个人一天的食物。"水源也出了问题。"我们喝的是从河里打上来的生水。涨潮时，河水很咸，退潮时，里边都是烂泥和污物，这也毁了我们中的很多人。"大部分人病得动不了，那些还没有感染伤寒和痢疾的人也因为饥饿而浑身无力："无论黑夜还是白昼，营地的每一个角落，都能听到我们的人在痛苦地呻吟，令人不忍倾听。"甚至一向身体强健的约翰·史密斯也情绪低落，但是疾病并没有阻止他开残酷的玩笑，"如果我们能从所有的罪恶中解脱出来，"他写道，"我们可能会被封为圣人。"

在这样严峻的局势下，人们开始寻找替罪羊。殖民地总督温菲尔德显然成了目标。从来不受欢迎的他，现在被指控"偷吃……麦片、米酒、油、白兰地、牛肉、鸡蛋和其他食物"。温菲尔德全部否认，极力为自己分配食物的公平程度辩护："我一直是忠实地按照每个人的份额分配食物的。"他也不承认私藏食品的指控，但是他为自己私自烤松鼠辩护时，却发觉自己有些手忙脚乱。"我只吃过一只烤松鼠，"他结结巴巴地说，"我把其中一部分给了当时还病着的船长拉特克利夫，剩下的才留给我自己。"这场争论他输了，温菲尔德被免职了，约翰·拉特克利夫（John Ratcliffe）船长取代了他，当选为新的殖民地总督。

领导权的变更并没有阻止死亡。现在，已经有50人丧命，疾病还在肆虐。这些人完全不知道是什么原因造成了这场灾难。他们此前都研究过拉尔夫·莱恩和托马斯·哈里奥特的记录，对莱恩夸耀美洲环境有益健康的说辞——"我们一整年里……只死了四个人"——很熟悉。这些话在幸存者看来十分残忍，他们的主要任务是为死者挖坟墓，"很多时候，一晚上就要挖三四个墓穴，一到早上，他们的尸体就像狗一样被从小屋里拖出来埋葬"。

好战的酋长帕斯帕恒手下的印第安人没有趁机发动突袭，这让幸存的40名殖民者十分惊讶，因为他们已经没人守备营地，甚至都没有几个人还有力气发射火枪。"如果不是仁慈的上帝将恐惧植入那些野蛮人的心中，"珀西写道，"那些野蛮残忍的异教徒会将我们赶尽杀绝。"

当几名印第安人来到营地时，英格兰人震惊地看到，他们携带的不是弓箭，而是装满面包、鱼和肉的篮子。这一意外惊喜的原因很简单：现在粮食已经收成了，当地人有多余的食物来和英格兰人交易。"这让我们这些脆弱的人恢复过来，"珀西写道，"否则我们都会死掉。"获得食物的同时，闷热的天气也过去了，疾病和死亡也就此戛然而止。就连史密斯也心存感激。"上帝，"他写道，"……改变了野蛮人的心灵，让他们带来这么多的水果和食物，好像他们都不需要似的。"

新鲜的食物立刻发挥了效果。很快，共用水壶里装满了炖肉。不到三周，"总督就调养出了20名能够工作的人"。约翰·史密斯抓住时机：他被选为首席商人（或供应官），带上一批他选出的最健康的人，前往未知的内陆进行一系列以收集食物为目标的探险。他大胆的举措很快就得到了回报，他发现自己可以用小装饰品交换野味、牡蛎和玉米。转凉的天气也带来意想不到的新鲜食物供应，因为"河里到处都是天鹅、野鹅、鸭子和鹤"。"我们每天都会享用美味的面包、弗吉尼亚豌豆、南瓜、李子、鱼、禽类和各种我们能吃到的最肥美的野生兽类。此时，除了我们当中那些穿着塔夫绸的任性绅士，没有人想回英格兰"。

圣诞节到来之际，殖民者们感谢上帝让他们在严酷的考验中幸存下来。詹姆斯敦里充满了崭新的乐观情绪，现在，他们决定派约翰·史密斯前去会见波瓦坦，以换取粮食。饥饿使他们意识到——就像罗诺克岛的定居者们曾经意识到的那样——他们的命运最终掌握在印第安人手里。他们也知道，如果有人知道怀特神秘消失的殖民者们的命运，那这个人一定是"皇帝"波瓦坦。

第十四章

国王最心爱的女儿

12 月初，约翰·史密斯出发去会见波瓦坦。他挑选了 9 名同伴，其中 6 名负责划船，他又借来殖民地吃水浅、适于探险的小船。

他们沿奇克哈默尼河逆流而上，这条河与詹姆斯河的交汇处距詹姆斯敦大约 5 英里，越向上游河道越发曲折狭窄，树枝垂得太低，史密斯不得不用剑砍断树枝让船前行。不久，河道变得太浅，连小船都不停触底，史密斯不得不将人分成两拨。他和另外两个人用物物交换的方法，换来一艘独木舟和两名印第安向导，然后继续逆流而上，进入"广阔未知的荒野"，其他人则乘小船返回一个小湾，等待史密斯回来。他下达严令，"在他返回之前，任何人不允许上岸"。

但是史密斯与他们分开没多久，他们其中的一个人，乔治·卡桑（George Cassen）就偷偷溜进水里，游上了岸。这是个愚蠢的举动，因为他立刻就被一群印第安人抓住并成了人质，他们要求他说出英格兰人此行的目的。卡桑拒绝回答——这又是一个错误，因为印第安人决定教训一下这个傲慢的俘虏。卡桑被按住、剥光了衣服，手脚被粗绳子绑住。接着，印第安人搭起一个大火堆，这名浑身发抖的英格兰人知道，这不是为了给他取暖才点燃的。大火熊熊燃烧，卡桑被"绑在一棵树上，行刑者用锋利的贝壳或是芦苇一个接着一个地切下他的指头，然后扔到火里"。卡桑尖叫着求饶，但这些漫不经心的印第安人仍在继续折磨他。他们切断并取下他的手指和脚趾，剔除表面的肉，将剩下的白色小骨头当成纪念品收起来。接着，他们将注意力移到他的上半身，用"贝壳或是芦苇剃下他头和脸上的皮肤，然后将他的肚子划开，掏出他的内脏"。可怜的卡桑在印第安人铲起燃烧的煤堆到他旁边时还活着，"他们将他和那棵树以及附近的所有东西一起烧了"。一个英格兰人写道，他被"献给了魔鬼"。

此时此刻，史密斯对此还一无所知，因为他前往会见波瓦坦的路上很顺利，很快就又行进了 20 英里。这里的河道泥泞不堪，芦苇丛生，精疲力竭的探险队决定休息几个小时。他们将独木舟系在岸边，小心翼翼地上岸。史密斯立刻和其中一名印第安向导出发探索周边情况，留下两名同伴杰休·鲁宾逊（Jehu Robinson）和托马斯·埃姆里（Thomas Emry）看船。他警告他们拿好手中的火枪，"只要看到印第安人……就立刻开枪发信号"。

史密斯离开没多远，就意识到出了大问题："离开不到 15 分钟，我就听到一声大叫和印第安人的吼声，但是没有听到鸣枪警告。"他反应迅速，确信他和他的同伴们中了埋伏。他抓住印第安向导，"用一根束带将他的胳膊紧紧地绑到自己的手上，用枪指着他，随时准备报复"。但是那群印第安人早有准备，史密斯准备自卫时，发现自己已经被包围了。

接下来的进攻迅速而猛烈。"我的右大腿中了一箭。"他回忆道，尽管紧身软皮革裤把箭弹开了，但是他很快就发现自己"被200名印第安人包围了"。他拔出他的法式轮锁手枪，开始朝进攻者开火。"我开了三四枪，"他写道，"但是他们包围着我，每个人都拉开了弓。"他还在用他的印第安向导做肉盾，那个可怜的家伙很怕死，对着进攻者尖叫，请求他们停火。他的话产生了惊人的效果，因为部落成员突然放下武器，开始和这个长相粗野的英格兰人交谈。"他们收缴了我的武器，说其他人都被他们杀了，只打算留下我的性命。"

如果说史密斯这边的情况已经很严峻了的话，那么独木舟那边的情况则称得上是恐怖凶残。鲁宾逊和埃姆里正懒懒地躺在高高的草丛中，突然就遭到了印第安人的围攻。鲁宾逊坐了起来，发现20多支箭朝他射来，紧接着，他就一下子倒在草丛里血流如注而死。托马斯也被杀了，尽管他的死法不得而知。

与此同时，史密斯决心自救。他抓起他的枪，一跃而起，拼命逃跑，希望能在他们杀掉他之前回到独木舟上。不幸的是，他"很快走进一片沼泽"，寒冷的泥浆直没到他的膝盖。他越是挣扎，沉得就越快，很快，冰冷的沼泽就没到他的肚子，他只能咒骂着他那笨重的身躯。再过几分钟，他就会完全沉入沼泽，他知道他活下去的唯一希望是被印第安人拉出来。"我决定尝试获得他们的怜悯，"他写道，"我高举着胳膊，直到他们把我拽出泥塘。"他的计划成功了，绝望的史密斯被拽出臭气熏天的沼泽，浑身湿透，没有武器。

这群印第安人的酋长恰好是波瓦坦的同父异母兄弟，他是个令人生畏的战士，不太有慈悲的一面。然而，他不确定该如何处置史密斯，史密斯非同寻常的满脸长着浓密胡子的样貌让他震惊，这给了史密斯时间，他想起了托马斯·哈里奥特书中迷惑人的诡计。史密斯记得哈里奥特曾经用他的"数学仪器"迷惑了印第安人，于是，他伸手从流着泥浆的紧身上衣里取出一个象牙罗盘，无论他如何改变罗盘方位，指针总是指着同一个方向——指向史密斯。"他们对指针总是指着我这一点感到十分惊奇，他们可以清楚地看到指针，却摸不到，因为罗盘上盖着一层玻璃。"史密斯意识到他偶然发现了一个绝妙的伎俩，让印第安人对他产生了敬畏。他接着给他们讲了"地是球面的、天空、太阳、月亮和其他星体……他们站在那里听，赞叹不已"。

史密斯的"巫术"救了他一命，至少目前来说是这样。他被带到附近的村庄里，村里的长老们为他准备了一顿丰盛的晚餐："四分之一头鹿和约10磅的面包"。他刚吃完晚餐，早餐就到了："三只大盘子里盛装着上好的面包和十个人都吃不完的鹿肉。"尽管他担心他们是不是要把他喂肥后就宰了，但他还是一边大快朵颐，一边继续打探土地和资源的情况。

他的其中一个问题的答案使他惊得立刻坐直了身子。史密斯一直询问酋长不同部落的情况，酋长告诉他，在乔万河西边的一个遥远村庄，有"一个叫作奥卡霍南（Ocanahonan）的地方，那里有一群人和史密斯一样都穿着衣服"。这是个振奋人心的消息。印第安人用"穿着衣服"的人形容白人或者欧洲人——和他们不一样的人。这个证据虽然模糊，但表明了有白人生活在切萨皮克湾的南岸，他不能确定这些人是不是约翰·怀特的失联殖民者，因为酋长指的也可能是一场船难的幸存者，甚至还可能是1586

史密斯船长勇敢地与 200 名印第安人作战，他陷入一片沼泽后才被抓住。印第安人非常高兴，因为史密斯是一个有价值的俘虏。

年理查德·格伦威尔爵士留下的那15名探险者中憔悴疲惫的幸存者。但是不管怎么说，这个消息为寻找消失的殖民者提供了诱人的新线索，必定会在伦敦引起兴奋。史密斯请求酋长再多透露一些信息，但是酋长无法再提供关于更多这些人的消息了，他们很快就不再谈这个话题了。史密斯需要再等几个月才能更深入地调查。

圣诞节后几天，他走陆路前去拜见难以捉摸的"皇帝"波瓦坦和他的宫廷。辛苦跋涉后，他最终抵达了他在森林里的定居点，经过一些仪式后进入了皇帝的宫殿。这座建筑没什么值得记录的，只是一间用粗树枝和细树枝搭建的大木屋而已。屋里一片漆黑，史密斯过了一会儿才适应这种昏暗。但是当他的眼睛终于适应了之后，眼前的景象令他大吃一惊，"200多名冷酷的廷臣站在那里打量着他，好像他是一头野兽"。史密斯也是这样想他们的，这完全可以理解，因为他们把头涂成鲜艳的红色，头发上装饰着羽毛，但是史密斯聪明地没有发问，而是努力自己从中找出波瓦坦。

最后，他在房间的远端发现了皇帝，"他傲慢地靠在一张1英尺高的床榻上，上边垫了10来个席子，脖子上戴着很多串珍珠项链"。史密斯在日记里将波瓦坦描绘成东方式奢华的化身，浑身戴满珠宝，身边陪侍着从女眷中挑选出来的最美的女人。"他身边坐着一个女人，脚下坐着另一个女人，两侧地上的垫子上各坐着一位重要的廷臣……他们身后坐着很多年轻女人，每个人的肩膀上都戴着一串巨大的白珍珠链……他表情严肃威严，能在赤身裸体的野蛮人身上看见如此仪态，不禁令我肃然起敬。"

波瓦坦彬彬有礼，心情愉悦。他递来几个"盛装着各色晒干食物的大盘子"，之后将注意力转向他最关心的问题——爱惹麻烦的英格兰人为何会在他的土地上建立定居点。

史密斯当场编了一个故事，描述了他们是如何被暴风雨吹到切萨皮克湾，又是如何被迫建立一个临时定居点的。他意识到波

波瓦坦既令人畏惧也令人尊敬，看起来就像个皇帝。"能在赤身裸体的野蛮人身上看见如此仪态"，史密斯很是佩服。

瓦坦对他们出现在他的海滩上不太高兴，所以特意强调他们是因为意外才来到这里的。他迫切想要打听那群消失的殖民者，他知道这位强大的统治者一定知道那些殖民者这些年是否在弗吉尼亚幸存下来；但是他也清楚现在提这个话题，会暗示他们对殖民的兴趣比他展现出来的多得多。因此，他用编造的故事打消波瓦坦的顾虑，说他们所有人都听从纽波特船长的指挥。"我们称他为meworames，用印第安人的说法就是'水之王'。"他向"皇帝"保证，只要这位"王"回来接他们，他们就离开这里。

当波瓦坦得知英格兰的强大时，他没有"一丝恐惧"，相比之下，他更担心史密斯明显有超自然力量。部落长老的预言使他胆战心惊，导致他认定史密斯死了比活着更保险。当然，这造成了另一个两难境地——什么才是杀死这名红头发男巫的最佳方式。波瓦坦最喜欢的杀人方法是活剥人皮，"把人活煮"或者"将他的头打爆"。经过长老们"长时间的讨论"，他们最终决定选择后一种方法。"两块巨石被搬到波瓦坦面前。然后，他们纷纷用手按住史密斯，将他拖过来，把他的头按在巨石上，随时准备用手中的棍棒把他的脑袋打爆"。

就在他们要打爆他的头时，"国王的爱女波卡洪塔斯（Pocahontas）发现恳求不起作用，于是用胳臂环住史密斯的头，将自己的头放在他的头上面，救了他一命"。这是波卡洪塔斯一系列勇敢行为的第一次，史密斯在日记中记录了这些故事，这深深地吸引并打动了史密斯的读者。在不到一代人的时间里，波卡洪塔斯的名字就在伦敦家喻户晓，不是作为真实人物，而是作为寓言和传奇故事里的虚构角色。

波瓦坦为了保险起见，决定处死史密斯。他命令部落人做好准备，"将他的头打爆"。

　　波瓦坦几乎不敢相信自己的眼睛，他将女儿的干预视为神迹，所以立刻下令饶史密斯一命。史密斯非但没有被活活打死，反倒被皇帝"收养"，并且被封为享有一些权利的领袖。唯一的条件是史密斯必须"返回詹姆斯敦，给他送来两门大炮和一块磨石，而他将永远认史密斯为儿子，授予他卡帕霍沃斯克的土地（Country of Capahowosick）"。

对波瓦坦来说，这是一项精明的政治举措，他证明了自己相比罗诺克岛附近的酋长，更擅长处理有关殖民者的问题。史密斯回到詹姆斯敦，别无选择，只能执行他新认的"父亲"的命令，给他提供武器、工具和机械设备。波瓦坦已经占得先机，这令英格兰人十分不快。

史密斯与波瓦坦见面时，沃尔特·雷利爵士已经在伦敦塔里住了四年多，而且没有迹象表明他会被释放。他的命运完全取决于国王的意愿，只有詹姆斯本人愿意，他才有可能恢复自由。1608年，这看起来和他刚被关进来的时候一样，几乎不可能发生。

雷利很幸运，他和朋友诺森伯兰伯爵住在同一间牢房。被称作"巫师伯爵"的诺森伯兰伯爵在火药阴谋中受到牵连，火药阴谋是天主教徒策划的一场试图炸毁国王和整个议会的秘密行动。由于无法摆脱不实指控，他被关进了监狱。诺森伯兰伯爵花了很多钱使他们两个人的监禁生活过得尽可能舒适愉快。他建造了一片保龄球草坪，用碎石子铺平伦敦塔的人行道，还在小路上搭起帆布遮篷以阻挡正午的阳光。他甚至还在他光线暗淡的房间里凿出了一扇新窗户。

与此同时，雷利也一直在做他的建筑工程，他将伦敦塔一处废弃的外屋改成一间科学工作室，他和诺森伯兰伯爵两人在那里喝着蒸馏的外国利口酒度过无数的漫漫长夜。他们最喜欢的是甜酒，这是一种用"冰糖""米酒"和"玫瑰露"调味的白兰地。

但是他们没有把全部时间都花在喝烈酒上。雷利对于殖民的兴趣没有减弱，即便被囚禁在伦敦塔里，他和诺森伯兰伯爵还是能够继续他们的研究。因为伯爵将他数量惊人的藏书的一部分搬进了监狱，并且继续订阅和接受感兴趣的图书。而且，他还定制了两个新地球仪、两只铜球、两部钟表、两块手表，以及两只罗盘。

他们两人通过诺森伯兰伯爵的兄弟乔治·珀西寄回伦敦的零星信件跟进弗吉尼亚的事态发展。年轻的乔治1606年和纽波特船长一起出发前往美洲，有可能是受到托马斯·哈里奥特的劝说——他们那时都住在塞恩宫——也可能是受到沃尔特·雷利的劝说。他在信中记录的刚刚建立的殖民地的信息——这些信件最早由纽波特的船队带回英格兰——对雷利来说意义重大，因为他正扮演着弗吉尼亚公司非官方顾问的角色，汇编大量文件和备忘录，为商人们提供最佳的行动策略。

沃尔特爵士渴望回到殖民美洲的最前沿，他甚至写信给王后，请求她代他向国王求情。"我冒昧地请求您允许我为您的弗吉尼亚项目服务，"他写道，"只需要一些以前准备过的物资，陛下就可以从殖民事业中获得荣耀和安定。"他补充道："我卑微地请求您，我宁愿在为国王和国家效力的过程中死去，也不愿再在这里慢慢死去。"王后满怀同情地倾听了他的诉求，但是她无法采取行动，沃尔特爵士在弗吉尼亚公司的角色仍然是保密的，因为商人们知道，如果詹姆斯国王得知雷利参与其中一定会非常恼火。但是并非所有人都不知道雷利在其中发挥的作用，他的一封信落入西班牙驻英格兰大使唐·佩德罗·德·祖尼加（Don Pedro de Zuniga）手中，后者正在拼命搜集有关詹姆斯敦的信息。"我有一封沃尔特·雷利写的信，"他写信告诉西班牙国王，"他被关在伦敦塔里，正是他发现了弗吉尼亚，这里的人认为他是一个伟大的人。"他补充道："弗吉尼亚委员会的人会根据这封信来行动。这是他的原稿，所以我们正在这里（伦敦）翻译，等到信翻译好了，我们会比较这封信和航海图。"

沃尔特爵士提出的具体建议我们不得而知，因为这封信很不幸地遗失了。但是信中的部分内容可以通过雷利关于殖民的著名文章窥见一斑。在那篇文章里，他借探索新大陆的大量经验，提出了建立和维持一个美洲殖民地的最有效方法。他指出，屠杀美洲土著居民对任何人都没有好处：莱恩和格伦威尔早在1585年时就证明了这一点，西班牙人在他们的海外领地上也证实了这一结论。仅为了获得资源就在印第安人的领地上建立殖民点也是不对的："没有任何基督教的君主和领主，可以以基督教为幌子，企图入侵任何不在其统治下的自由民族。"相反，雷利认为，英格兰人应当在法律和宗教方面教导印第安人——"教会他们理解文明自由的艺术"，帮助他们"结束无信仰的状态"。然后，不用费太多力气，他们就会作为优秀忠诚的臣民"聚在英王身边"，这种政策将带来"财富与荣耀，是不流血的征服"。1586年，酋长欧克伊斯克欧在罗诺克岛与拉尔夫·莱恩见面，宣布向大酋长伊丽莎白称臣，承诺"从此以后，他和他的臣民将承认她是他们唯一的君主"，可见这种政策已经初见成效。雷利的想法是在这个成功的基础上继续发展，这是一个大胆而简单的计划，部分源于他与曼第奥的相处。这也是一个预言，在这篇不长的文章中，雷利描绘出了未来大英帝国的蓝图。

他的观点很快在弗吉尼亚公司的宣传中得以呈现。"我们去那里是为了在他们的国家扎根，"罗伯特·约翰逊（Robert Johnson）

写道，"不是为了取代或赶走他们，而是为了让他们从现在原始的生存状态进入更好的状态。"没过多久，伦敦的商人们就开始制订计划，要将弗吉尼亚当地的酋长降为效忠并服从于英格兰大酋长的君主。1608 年夏天，他们派克里斯托弗·纽波特重返美洲，命令他将波瓦坦封为向大酋长詹姆斯一世称臣的封王。他们承认这不是一项容易完成的任务，但是他们相信纽波特可以胜任。他们给了他一顶廉价的铜王冠、几件猩红色的长袍、一只皇家洗脸盆和一个大水罐。商人们买了一张特大号的床，作为加冕礼的礼物。

纽波特回到詹姆斯敦，发现情况已经大变。船长史密斯已经取代其腐败的前任成为新总督，并已经开始重新建设定居点，修补仓房，恢复军事训练。在殖民地应该如何运行上，他也有自己的想法。在听说纽波特船长接到的命令是给波瓦坦加冕后，他在一封寄给伦敦的信中表达了他的疑惑。"关于波瓦坦的加冕礼，"他写道，"……我不知道，但是请允许我告诉你们：我担心在我们再次收到来自伦敦的消息前，这个命令会让我们这里的所有人迷惑不解。"他建议不如邀请这位皇帝到詹姆斯敦"接受他的礼物"，并补充道，任何有关加冕礼的想法都该被彻底放弃。

纽波特同意第一个建议，但是否决了第二个建议。命令就是命令，伦敦想让波瓦坦加冕。但是他不愿意亲自告诉酋长这个消息，他告诉史密斯，作为殖民地总督，把这个消息告诉波瓦坦是他的任务。

史密斯和他的手下到达波瓦坦的村庄时，波瓦坦出门打猎了。年轻的波卡洪塔斯招待了他们，同时派出信使叫她父亲回来。她招待他们的方式使他们久久难忘。"30 个年轻女人赤身裸体地从树林里走出来，只在私处前后用几片树叶遮掩，她们的身上涂着颜料，有的涂着一种颜色，有的涂着另一种颜色。"起初，英格兰人很谨慎，因为事实证明印第安女人都很擅长活剥人皮，但是波卡洪塔斯再次出现，打消了他们的顾虑。她告诉史密斯，"如果她们有任何不轨意图，他们可以杀了她"。她没有计划伏击这些英格兰人，而是要好好招待他们，这些女人以"恶魔般的喊叫……歌声和舞蹈……以及地狱般的激情"招待他们的客人。

波瓦坦第二天一回到村庄就与史密斯见面。按照惯例行礼过后，史密斯向皇帝传达了英格兰方面的消息：他将到詹姆斯敦，接受来自英格兰的礼物。史密斯的无礼令波瓦坦异常愤怒，他拒绝接受。"如果你的国王给我送来了礼物，"他说，"我也是国王，这是我的领土。8 天之内，我将在我的领土上接受礼物。你的父亲纽波特要来拜访我，而不是我去见他。"面对如此强硬的回应，史密斯只得不情愿地补充，他们还希望为波瓦坦加冕。

显然，现在他们必须把礼物和加冕礼服从詹姆斯敦运来。匆忙地交流后，纽波特带领一大支探险队缓慢地朝皇帝的村庄前进，而大床和其他礼物则通过船只运输。

所有英格兰人都抵达后，他们迎来了一场喜悦的重逢。一组人被命令卸下大床，并将其安放到波瓦坦的长屋里。完成后，所有人都坐下来享用了一顿丰盛的大餐。英格兰人知道——而波瓦坦不知道的是——"明天就是他加冕的日子"。

第二天一早，纽波特和史密斯醒来，想到要执行他们的使命，不禁感到有些恐惧。他们都没有参加过加冕礼，不熟悉它的程序。国王詹姆斯加冕的时候，是在随行队伍的陪同下耀武扬威地步入威斯敏斯特大教堂，接受了圣礼，进行了加冕宣誓，然后接过象征王权的宝球和权杖，坐在王座上等待加冕。如果两人中有任何一人了解如何完成加冕礼这最后的步骤，他们就不会这么不知所措了。现在，他们只能和之前一样随机应变了。

"礼物都带给他了，"史密斯写道，"水盆、广口水壶、大床、家具，一切都准备就绪，要让他穿戴上猩红的袍子和其他饰品则费了不少功夫，在纳曼塔克（他的仆人）的劝说下，波瓦坦才终于相信他们不会伤害他。"第一步没有经历太多困难就顺利完成了：波瓦坦穿上长袍，准备加冕。但是，现在到了程序中最棘手的一步。如果按照英格兰人通常的习惯，波瓦坦早就应该坐到那个临时准备的王座上了。不幸的是，波瓦坦还在到处闲逛，完全没有坐下接受王冠的打算。"最麻烦的是要让他跪下来接受王冠，"史密斯写道，"他既不懂得当国王的威严，也不明白王冠的意义，不知道屈膝跪下，忍受了这么多的劝说、示范和指示，他已经受够了。"他们恳求他坐下来，哄骗他，和他讲道理，但波瓦坦拒绝听从他们的指令。纽波特和史密斯意识到，现在只能采取直接行动，"最终，他们使劲靠在他的肩膀上，使他稍稍弯下腰，三个人手捧王冠，放到了波瓦坦的头上"。波瓦坦最终按照伦敦的指示加冕了——这是在北美洲土地上的第一次，也是最后一次加冕礼。

现在是时候以真正的英格兰人的方式庆祝了。"英格兰人在小船里齐声鸣枪以示庆祝，而国王波瓦坦却因此受到不小的惊吓，直到他看到一切如常，才镇定下来。"史密斯急忙走到他身边，向他保证没有危险。在克服了最初的怀疑后，波瓦坦突然喜欢起他廉价的王冠和长袍，"他想起来要感谢他们的善意，于是将自己的旧靴子和斗篷给了纽波特船长"。英格兰人大声喊着"国王万岁"——波瓦坦一定认为这说的是他——将他们的帽子抛向天空。

现在，波瓦坦是一位封王了。理论上来说，他是大酋长詹姆斯一世的附庸，在英格兰人看来，他理应遵从英格兰国王给他的命令。但是正如史密斯所担心的那样，加冕礼只是增加了波瓦坦的自负。当纽波特要求波瓦坦派几名向导带他逆流而上，进入敌人的领地时，波瓦坦坚决地拒绝了他。他也不打算给他的"领主"提供急需的食物，他只比以往多给了七八蒲式耳的粮食。纽波特很恼火，但也没有太沮丧。他返回詹姆斯敦，很满意自己完成了弗吉尼亚公司的第一项任务。

事实证明，第二项任务更加艰巨。弗吉尼亚公司的商人们要求他搜寻并找到"沃尔特·雷利爵士派去的人"，也就是1587年那批消失的殖民者。伦敦的商人们知道，发现这些殖民者对詹姆斯敦的定居者而言有很多益处，因为怀特的殖民者们在新大陆生活了20多年，他们能够为新的殖民者们提供关于这片大陆及其资源的宝贵信息。他们应该能说一口流利的阿尔冈昆语，而且有可能已经和印第安人通婚。但他们也会被这段经历彻底改变。弗吉尼亚·戴尔——约翰·怀特的外孙女——快要21岁了，可能嫁给了印第安人。如果是这样，她的孩子很有可能在外表上更像生活在森林里的印第安人，而不像他具有英格兰血统、却从未见过英格兰的母亲。那批殖民者中的女人可能也生过一两个孩子，增加了殖民者的人口，这样即便每年都有几个殖民者死亡，总人数还会与1587年的人数不相上下。所有人应该都学会了如何在充满敌意的土地上生存，很多人快速褪去了身上残存的英格兰的痕迹。

他们身上伊丽莎白时代的服装早就破烂不堪，现在，他们应该穿着动物的皮毛，甚至他们的英语都可能已经生疏；尽管他们平时还会用英语交谈，但是他们的通用语很可能已经变成阿尔冈昆语。

史密斯一直好奇切萨皮克湾南部有白人居住的谣言，他早就发誓一有机会就要派出搜索队。被波瓦坦俘虏后，这是不可能实施的，但是他一回到詹姆斯敦，就立刻开始计划通过陆路探险，寻找那些消失的殖民者。1608 年，他与之前敌对的帕斯帕恒部落建立了友好的关系后，他的计划实施起来就容易多了。帕斯帕恒部落的酋长沃温克沃庞克（Wowinchopunk）表示支持史密斯寻找英格兰殖民者的提议，愿意陪同两名詹姆斯敦的殖民者步行穿越丛林茂密的海岸，前往切萨皮克湾的南部。他们的目标是神秘的奥卡霍南村庄，没有印第安人能在地图上指出它的确切位置，但是大部分人都同意它位于罗诺克河或者乔万河的岸边——这两个地方，莱恩、怀特和哈里奥特都曾探索过。

这次探险的细节从未落在纸上，但是约翰·史密斯提供了一些线索，再加上一张詹姆斯敦周围土地的草图，我们可以部分重建他们此次远行的经历。爱冒险的酋长和两名探险者深入荒原，他们似乎到了罗诺克河丛林茂密的河岸。他们从那里转向内陆，继续前进，直到他们疼痛的双脚把他们带到一串小村庄附近。他们挨个打听，最终得到了一些有价值的信息。一个部落的人告诉他们，在一个名为帕克里克安尼克（Pakerikanick）的村庄里，"有四个穿衣服的人，他们从罗诺克岛来，要到奥卡霍南去"。

因为某些不明原因，可能是因为他们的印第安向导拒绝同行，他们没有继续向内陆行进、前往奥卡霍南。相反，他们直接掉头返回詹姆斯敦，将这个令人激动的消息告诉史密斯，他们的调查报告也被立刻送往英格兰。

纽波特的指令不仅是要找到约翰·怀特的殖民者，还要设法劝说"一个失联的同伴同意返回英格兰"。史密斯尽全力完成他的任务。1608年冬，他在另一个部落里"寻找愿意去乔万河附近的向导"，跟随第二批探险队深入荒原。他们派出了"麦克·西克莫尔（Michael Sicklemore），一名诚实、英勇又直率的士兵，他带着两名向导和一些指示，去寻找沃尔特·雷利爵士消失的殖民者"。西克莫尔按照指示进入荒原，但是他的艰苦只是徒劳，"他从乔万河河岸回来，没有发现任何关于沃尔特·雷利爵士的殖民者还幸存的迹象。看上去他们幸存的希望也不大，西克莫尔发现那条河并不宽阔，周围人烟稀少，全是松树"。另一支探险队被派往曼果阿克（Mangoak）部落的领地，尽管纳撒尼尔·鲍威尔（Nathaniel Powell）和阿纳斯·杜希尔（Anas Todhill）勇敢探索，"但他们只得到了那些殖民者都死了的消息"。那些失联殖民者还活着的谣言仍在继续，印第安人一再诉说着切萨皮克湾南部的一个部落，住着"一些用石头建造房屋的人，一层上面又建一层，是那些英格兰人教他们的"。

这些彼此冲突的说法令史密斯迷惑，如果不是急着找到更多食物，他一定会扩大搜索范围。然而，纽波特带来了更多殖民者，其中包括第一批女性殖民者，这使得殖民者总数达到200人。填饱这么多人的肚子不是件容易的事，尤其是大多数殖民者都有一个毛病——懒惰，这个毛病也曾经断送了罗诺克岛殖民地的未来。他们不停地抱怨，当他们被命令去砍树的时候，"斧头经常将他们柔软的指头磨出水泡，所以他们通常砍三下就大声咒骂一回"。

史密斯认为要让一个殖民者活一天至少需要一品脱（1 英制品脱 ≈ 568 毫升）谷物，这就意味着每天他需要通过以物易物的方式，和印第安人换 200 品脱的谷物，或者说每周大概 22 蒲式耳（1 蒲式耳 =64 品脱）。虽然这在食物充足的秋天是有可能的，但在冬天和春天就很难了。与印第安人的几次冲突使得他们的关系逐渐恶化，而且英格兰人还曾用武力抢夺过几次粮食。之前，纽波特成功地用武器换取了额外的食物，但是他起航返回英格兰后，史密斯就叫停了这种愚蠢的行为。波瓦坦十分愤怒，发誓要饿死这些殖民者。

不久，食物就开始紧缺，史密斯不得不立即采取行动避免灾难发生，1608 年的圣诞节前不久，他出发去会见波瓦坦，让他恢复对英格兰殖民地的食物供给。

这个冬天很冷，殖民者们不得不在奇克哈默尼河布满碎冰的水面上艰难前行。经过将近两周的艰苦跋涉，他们抵达了波瓦坦的领地附近，并发现"岸边近半英里处的河面都冻住了"。史密斯被迫用船桨凿开厚厚的冰面，直到他和他的手下抵达半结冰的沼泽。他们无法再坐在船里继续前行，唯一的办法是滑进齐腰深的水里，涉水到岸边。

史密斯"亲自示范……如何在齐腰深的水中前行，穿越这冰封泥泞的冰冷泥塘"。他的一个手下，马斯特·罗素（Master Russell）"有些生病，身体太重，精疲力竭，无法前进，其他人费了好大劲儿才将他拖上岸，救了他一命"。浑身泥污的小队迫切地渴望得到波瓦坦的热情欢迎，但结果是，这位酋长的话—— 史密斯在他的日记中记了下来——和冰冷的天气一样冰冷。

"史密斯船长，"他说，"我对你来的目的有些怀疑，所以我不会轻易就友好地招待你们，因为很多人告诉我，你们来这里不是为了贸易，而是为了侵略我的人民，占领我的国家。"史密斯装出一副愤慨的样子，向波瓦坦保证他绝没有这样的打算。但是他拒绝交出武器的举动使他的说法失去了说服力，导致波瓦坦厌倦地展开了一番有关双方合作好处所在的演讲。"你一定觉得我很单纯，"他说，"你以为我不知道，与被驱逐，睡在树林里，以橡果、树根和那些垃圾为食相比，吃好肉，和自己的女人、孩子躺在舒服的床上，愉快地和你们大笑要好得多？"他补充说，他厌倦了照管英格兰人，再次要求史密斯交出武器，向他保证这将带来永久的友谊。但是史密斯以波瓦坦无权在这里发号施令为由，拒绝了他的要求。

"波瓦坦，"他说，"你必须知道如同我只信仰一个上帝，我也只效忠一位国王。我是你的朋友，而非你的臣民，只是以尽量让你欢心的方式生活在这里罢了。"在这段简短的对话中，他们触及了一个核心问题：谁是弗吉尼亚的统治者？波瓦坦认为是他自己，约翰·史密斯认为是詹姆斯国王。

现在，波瓦坦对英格兰人厌恶到了极点，决定"取船长史密斯的项上人头"，命令他的族人杀了这个满脸红胡子的人和他的所有手下。他知道，没有史密斯掌舵，詹姆斯敦就无法生存下去。

杀手们将在当晚行动，趁英格兰人的小船还困在结冰的泥塘里时动手。他们准备在英格兰人睡觉的时候发动进攻，然后把他们交给波瓦坦，处以"酷刑"。但是波瓦坦发现他以一种意想不到的方式失败了。"他最心爱的女儿波卡洪塔斯深夜穿过密林，告诉我们的船长……波瓦坦和他能调动的所有人随后就到，要杀死我们。"告诉史密斯具体的进攻计划后，"她希望他们马上离开……她泪流满面地说，她不敢被人看见……如果波瓦坦知道她来过，她就死定了"。

　　史密斯简直不敢相信他的好运：这个 12 岁左右的早熟女孩，一年内两次救了他的命。和 20 年前的曼第奥一样，波卡洪塔斯着迷于英格兰殖民者和他们一系列神奇的工具及设备，她希望能学到更多他们的奇妙技术。这一次，她的行动使史密斯和他的手下迅速逃走。他们逃到小船上，设法凿开结冰的河面，迅速返回詹

C: Smith takes the King of Pafpahegh prifoner. A° 1609.

史密斯的身材并不高大，但他暴烈的个性给印第安人留下了深刻的印象。波瓦坦甚至私下里和他手下其他部落的酋长表达对史密斯的钦佩。

姆斯敦，他们饥饿难耐，但是还活着。

波瓦坦没有意识到他的女儿扮演着两面派的角色，他好几次派她去詹姆斯敦给殖民者转达消息。在短暂的英格兰人和印第安人和睦相处的时期，波卡洪塔斯是殖民地的常客，她带给他们谷物、火鸡和面包。"每隔四五天，波卡洪塔斯和她的仆人就会来到这里，给史密斯带来很多食物，这些食物救了很多人的命，如果没有这些食物，大家都要忍饥挨饿。"年轻的殖民者尤其欢迎她的到来，他们特别喜欢看她在定居点附近裸体表演侧翻。"她是个美丽而放肆的女孩，"殖民者中的一名书记员写道，"有时她拜访我们的营地时，会带上几个年轻的男孩去集市，让他们手撑地、脚朝上倒立，然后像车轮滚动一样，一个接一个地侧翻筋斗，然后，她自己会跟着他们翻筋斗，赤身裸体，绕营地一周。"

随着她逐渐成熟，她的智慧也显现出来，她"比她部落里的其他印第安人聪明得多"。史密斯非常惊讶，他总结说"她的智慧和精神在波瓦坦的领土上无人能及"。

1608 年 12 月，波卡洪塔斯不再来拜访定居点了，来自波瓦坦的礼物也随之中断。弗吉尼亚的冬天很考验人，当大雪单调乏味地落在詹姆斯敦时，殖民地的情况更是从不幸上升到灾难。殖民者中的两个尼德兰人确信詹姆斯敦这回一定完蛋了，所以他们转而效忠波瓦坦，偷走了殖民地里的小斧头、刀剑和火枪以示背主。不久后，史密斯派出 11 个人组成探险队搜集食物，但是"在这个极端寒冷的季节，风是如此猛烈"，他们的小船在詹姆斯河里翻了个底朝天，11 个人全部遇难。

但是最大的打击是在殖民者们开始清理仓库的时候。"我们检查装谷物的木桶时，发现有一半腐烂了，剩下的被一大堆老鼠吃掉了……我们不知道怎样才能保住所剩不多的粮食。"史密斯唯一能做的，就是派人轮流深入荒原搜寻橡果、浆果和任何能够杀死的猎物。

终于，1609 年 6 月，一艘英格兰来的补给船抵达，带来了好消息。詹姆斯国王因为实在缺少对新大陆的兴趣，不再将弗吉尼亚公司置于王权的直接管控下，现在，弗吉尼亚公司的管理权转移到私人手中——在拥有特殊许可证的情况下——杰出的特拉华男爵（Lord De La Warr）被任命为终身总督。一夜之间，殖民项目中注入了新鲜血液。一支巨大的补给船队正在准备前往美洲，他们将带去新的人手和一位副总督——经验丰富的老兵托马斯·盖茨（Thomas Gates）爵士。

在弗吉尼亚，好消息总是伴随着坏消息，事实证明，这一次也不例外。船队确实按照计划起航了，但是船队穿越大西洋时遭遇了飓风。领航船"海洋冒险"号（Sea Venture）闯入了百慕大群岛臭名昭著的珊瑚群礁。其他 7 艘船的情况稍微好一些。简单修补了破碎的船板后，船队勉强驶入詹姆斯敦的港口，带来了不多的补给品、"不守纪律的"船员，以及额外 400 张要吃饭的嘴——包括女人和儿童。无论在什么情况下来说，这已经相当艰难了，但是雪上加霜的是，彼此对立的两拨人还对在新的章程下、史密斯是否应结束总督任期的问题争论不休。这位伟大的幸存者本来已经做好了捍卫自己的准备，却被意外情况打了个措手不及。一个下午，他在一艘小船里睡着了，不幸的是他还随身携带了一瓶火药。不知道怎么回事，这瓶火药碰到了一根燃烧的火柴，火药立刻就被点燃了，"爆炸的火药将史密斯身体和大腿上的肉炸飞，九到十英寸的范围里，血肉翻飞，场面凄惨；为了扑灭在他衣服上的熊熊烈火，史密斯从船上翻身跳入足以淹没他的河水里，差点儿淹死"。没有人能断言这是一次意外还是蓄意谋杀，但是可怕的烧伤击溃了从不气馁的史密斯。他辞去了总督职位，拖着精疲力竭的身体，选择乘坐第一班船返回英格兰。他的统治结束了。

他的继任者是乔治·珀西，他的兄弟诺森伯兰伯爵仍然与老朋友沃尔特·雷利一起被关在伦敦塔里，日渐衰弱。按照史密斯的说法，珀西是一个"野心勃勃、卑鄙无耻，并且非常自负的家伙"，并且患有癫痫和哮喘。他还痴迷于自己的外表，把大部分时间花在着装和饮食上。在一封写给他兄弟的信中，他说自己有些后悔，因为到了美洲后，他已经花了超过 432 英镑。但是他又解释道，对处于他这种地位的人来说，"每天保持自己时髦的绅士形象"是必不可少的。他还随信附上一笔价值 6 英镑 18 先令的订单，订购一条金花边和一顶奢华的尼德兰海狸皮毛帽子。如果珀西将要成为殖民地的总督，他只可能是看起来像。

事实证明，在冬天喂饱他的殖民者比穿上华丽的衣服要困难得多。喂饱 500 张嘴每周需要 50 多蒲式耳的谷物——这还只是维持生计。由于波瓦坦拒绝给予任何食物，珀西被迫继续史密斯的策略，派小队前往乡村搜寻食物，这些探险有几次都以灾难告终。中尉西克莫尔和他的手下在一次收集食物的行动后没有返回营地，一小队人被派出去调查情况，结果发现他们全部"被杀死了，嘴里塞满了面包，看起来就是为了羞辱他们"。

食物补给很快就短缺到了危险的程度——"一人一天的配给

只有半听肉罐头"——珀西决定赌一把，派遣船长拉特克利夫和30个人去与"狡猾的老狐狸"波瓦坦协商。但是皇帝没有发慈悲的心情，他将心中的怒火发泄到他们身上。只有杰夫雷·肖特里奇（Jeffrey Shortridge）活了下来，讲述了那些人是以何种他们如今已经很熟悉的方式被杀死，还有拉特克利夫的恐怖死法留给他的记忆。"他们活捉了拉特克利夫，剥光了他的衣服，把他捆在树上，他的面前有一堆火，女人们用锋利的贝壳将他的肉从骨头上剃下，当着他的面把肉丢在火里。"

没有可能从波瓦坦那里得到食物，詹姆斯敦的殖民者们面临着最寒冷的冬天——这次的冬天比他们以往经历的都要糟糕。他们被敌对的部落包围，太害怕离开相对安全的定居点。很多人因为被污水感染，病得很重，那些还一息尚存的人知道，只有健康和幸运的人能熬过这个艰苦的冬季。

"现在，詹姆斯敦的所有人都开始感到饥饿的刺痛，"珀西写道，"没有人能真实地描述出来，但是他们都尝到了其中的苦涩。"几个人因为偷了最后残存的食物而被处决。"我们开始吃马和其他还活着的动物，如果可以换换口味我们也会很高兴，例如狗、猫和老鼠。"接下来被吃掉的是"靴子、鞋和其他皮制品"，一旦这些东西都被吃光了，饥饿的人"就被迫到森林里找蛇吃，或者挖掘野生未知的植物根茎果腹"。

最虚弱的人被印第安人逐渐消灭，幸存下来的人饿得发疯，做出"令人难以置信的事情，例如从坟墓中挖出死尸吃掉，还有人舔食从他们虚弱的同伴身上流下来的血"。有些尸体"被煮着吃"，有些是"和植物或者块茎炖在一起"，这两种吃法都不太健康。

没过多久，一半的殖民者就死了。很多活着的人精神错乱，跑进了树林，再也没人见过他们。"饥饿时期"驱使人们做出了更可怕的事："在所有人中，这个人是最可悲的：我们中的一个殖民者杀了他的妻子，把孩子从她的子宫中拖出，丢在河里，然后把母亲切成碎块，用盐腌成食物。"直到"他吃了一部分肉"后，他的罪行才被人发现。

珀西宣称自己对这起"残忍非人性的罪行"感到非常震惊，他立刻折磨罪犯，"用绳子捆住他的两个大拇指，把他吊起，然后在他脚上捆上重物"，直到他对罪行供认不讳，"珀西才判决他死刑"。这个故事最终传回了英格兰，快速引发公众的想象。吃妻事件给婚姻带来了全新的视角，男人们开始生动地讨论烹饪妻子的最佳方法——所有讨论都充满了黑色幽默。"我不知道现在最好是用烤的，还是用煮的，"一个人说，"但是我从未听说盐渍妻子这道菜。"

随着冬天临近尾声，殖民地面临着消失的命运。440名左右的男女已经饿死或者"惨遭杀害"，60名幸存者骨瘦如柴、奄奄一息。几近彻底绝望时，一名眼神锐利的瞭望者注意到地平线上出现了一片模糊的船帆："我们看到两艘中型船驶入港湾。"他们很快意识到这些船为他们带来了殖民地的副总督托马斯·盖茨爵士，他奇迹般地从百慕大船难中幸存下来。他和他勇敢的手下建造了两艘新船，航行到了詹姆斯敦，迟到了一年。

他们很快就觉得自己不如留在暴风雨肆虐的中大西洋上。"趁着下一轮涨潮，他们来到詹姆斯敦，他们可能从我们脸上读出了我们的悲惨经历，看出我们食物不足。"他们完全不是以他们期待的方式被迎接的。"饥饿时期"使殖民者们"骨瘦如柴，令人不忍卒视"。"极度的饥饿逼疯了很多人……他们瘦得如同干尸，大声喊着：'我们要饿死了！我们要饿死了！'"

眼前的景象令盖茨震惊，"詹姆斯敦看上去更像是一个古老文明的废墟，而不是任何活人居住的地方"。他很快意识到，这里一定遭受过巨大灾难的严重打击，不可能再恢复了。"我们看见栅栏被推倒，港口大开，铰链从大门上脱落，空屋（屋主已死）被拆毁烧掉。"盖茨本来希望到达一个士气高涨、刚刚补充过劳动力的殖民地，但眼前的情况是，新来的人都死了，其他人正在挨饿。

当他穿过这处半废弃的定居点时，他知道自己也无能为力了。他没有补给品，食物也很少，而且又带来了148名船员需要吃饭，这只会增加殖民地的灾难。带着沉重的心情，他得出结论，詹姆斯敦的殖民计划注定会失败。雷利一直是对的：没有当地部落的支持，殖民地无法维持自身的生存。如果定居者更加勤奋、更有决心，他们也有可能成功。但是除了约翰·史密斯比较出色外，其他的指挥官都令殖民者们失望，他们没能为殖民地带来纪律和秩序。

5月底，他们终于崩溃了。"托马斯·盖茨爵士和全体殖民者达成一致，他们要全速返回英格兰。"帷幕最后一次落下，英格兰人放弃了美洲。

生病和挨饿的人热烈地赞同了这一决定，开始准备返航。"我们大部分人开始着手干活，有人制作沥青和焦油来整补船体，有人烤面包……没用多久，四艘中型船就准备就绪。"他们将前往纽芬兰海岸，在那里他们可以捕捞鳕鱼，幸运的话，还可以找到更结实的大船载他们回家。

　　登船前不久，这些殖民者准备了柴火，打算把他们曾经居住的房屋付之一炬，这反映了他们对詹姆斯敦的感情。托马斯爵士及时制止了他们。"如果他没有阻止，我们的人会把詹姆斯敦烧掉。"

　　殖民者爬上船的时候没有丝毫的不舍。他们受够了詹姆斯敦极度贫乏的生活，也目睹了骇人听闻的可怕事件，因此，他们宁愿在盖茨手工建造的中型船里冒险，也不愿继续留在这座城里。鼓声将幸存者召集到船上，他们朝树林里鸣枪，用这样的方式告别这块充满敌意的土地似乎很恰当。

　　船队顺流而下，詹姆斯敦缓缓地消失在他们的视野中，它的木质庇护所也很快消失在天际，"正午时分，他们抵达了霍格斯群岛，第二天一早，到达马尔伯里点"。他们终于踏上了回家的路，远处就是切萨皮克湾的入口和广阔的大西洋。

第十五章

罗尔夫夫妇去英格兰

　　日出后不久，准备离开的殖民者们注意到一艘小船正在朝他们的中型船驶来。从远处看，那看起来像一只印第安独木舟，但随着小船靠得越来越近，他们惊讶地发现那艘船的舵柄上飘扬着圣乔治旗。这是一艘英格兰船，它给这些忧郁的人们带来了最坏的消息：一支新船队已经抵达切萨皮克湾，带来了工具、食物和殖民者，还有一位可怕的新总督——德拉瓦尔勋爵、尊敬的托马斯·韦斯特（Thomas West）阁下，一个性情暴躁的人。

　　当得知定居者们已经放弃詹姆斯敦，正在返回英格兰的路上时，他勃然大怒。他对他们经受的苦难毫不同情，拒绝听他们的遭遇。总督气得满脸通红、浑身发抖，指责他们"虚荣又懒惰，严肃地表示希望他们不要再让他发现此类问题，否则，他将不得不以正义的刀剑惩罚这种违法行为"。殖民者们立刻被送上岸，双臂被反剪着一路押送回詹姆斯敦，德拉瓦尔勋爵发誓要在那里按律鞭笞他们，直到他们守规矩。他任命了一个新的委员会，制定了严厉的刑法，并坚持无论何时，每当他在公共场合露面时，他们都要表现得庄严肃穆。

　　很快，殖民者们意识到这是个无法违抗的人。德拉瓦尔勋爵第一次在周日前往新修缮好的教堂时，殖民者排列成好几队，人数太多，导致他们很难在行进中不被彼此绊倒。勋爵大人由船长、军官和绅士们相伴，"他的侍从是一支由50人组成的长戟兵队伍，都披着上好的红色披风，位于他的左右和后方"。为了不让他的臀部受凉，他们将一把"盖着绿色天鹅绒的椅子"抬进教堂，为了避免祈祷时膝盖不适，他们又将一块"天鹅绒的垫子"安放在粗糙的地面上。但是这对习惯了奢华生活的人而言提供不了多少安慰。当德拉瓦尔德勋爵走进他简陋的房间巡视时，他不安地发现，这里没有一件曾经装点过他伦敦的家的家具——"没有挂毯，没有镀金的威尼斯装饰品，也没有云杉制成的室内装饰品"。

德拉瓦尔勋爵是个冷酷无情的人，他对雷利失踪的殖民者无动于衷，也没有任何寻找他们的意愿。尽管他一定知道，对詹姆斯敦的定居者而言，此时找到他们，比以往任何时候都更重要，但是他也同样清楚，那会减损他的统治和行动取得的成就。在他写给"精明的皇帝波瓦坦"的第一封信中，他选择完全略过消失的殖民者不提，只要求国王立刻归还之前数年间得到的英格兰武器。他以惯例的寒暄开头，但是很快，他暴烈的本性就占了上风。这封信用一些印第安人可以理解的英文写成。德拉瓦尔勋爵在信中提醒波瓦坦，印第安人是"大酋长"詹姆斯国王的臣民，波瓦坦"之前双膝跪地，接受王冠、权杖和其他装饰品时，不仅正式宣誓与英王建立友谊，也宣誓对英王效忠"。他借这个机会告诉他，这些是"文明国家和基督教世界的象征"，因此他们要求他"履行对英王的义务"。

波瓦坦一定对这封信倍感困惑。波瓦坦完全不了解加冕礼的象征意义，尽管他非常喜欢他的王冠，但是他不知道为什么这个廉价的铜环可以在不知不觉中让他失去权威。波瓦坦非但没有遵从勋爵大人的要求，还愤怒地回应德拉瓦尔勋爵，要求他"老老实实地待在詹姆斯敦……否则他将命令他的人民把他们都杀了，用各种可怕的方式伤害他们"。他补充说，"除非……他们准备给他送去一只沙发和三匹马"，否则英格兰人就不必再派任何信使了。

　　德拉瓦尔勋爵从未被如此无礼地对待过，波瓦坦的不服从"激怒了他"。更糟糕的是，周边的印第安人对英格兰人的进攻愈发大胆，詹姆斯敦周围的乡村现在已经非常危险，总督派人去采摘他喜欢在晚饭后享用的野草莓这种事已经不安全了。他决定立刻采取强硬行动。他抓到了一名印第安人——"一个著名的恶棍"——用刀子把他的"右手砍掉了"。然后，他派这个只剩一只手的印第安人给波瓦坦送信，说如果波瓦坦不立刻归还英格兰人的武器，他将把这种惩罚施加到每一个他抓到的印第安人身上。

　　德拉瓦尔勋爵懒得等待波瓦坦回应，直接派出部队屠杀敌对的部落，尽可能地屠杀和破坏。乔治·珀西率领了一支屠杀队，他被派去伏击两个尤其好斗的部落——帕斯帕恒和奇克哈默尼。珀西很高兴能接到这个命令，欣然地接受了。"我们朝他们扑过去，"他写道，"杀死了15或16个人，其他人几乎都逃跑了。"帕斯帕恒部落的女酋长和孩子被俘虏，其他长老被斩首。然后，珀西命令手下"烧毁他们的房屋，砍倒他们即将收获的谷物"。

　　杀红了眼的士兵们带着不该有的快意完成了任务，回到珀西跟前，请求他允许他们杀死女酋长，并"处死孩子"。珀西放过了女酋长，但是允许他的手下屠杀孩子。"孩子们被丢下船，然后他们在水里打爆了他们的头。但是这样的残酷屠杀还没有让士兵们满足，我费了好大力气才在当时保住女酋长的命。"

珀西返回詹姆斯敦之后，他发现德拉瓦尔勋爵很恼火他还留着女酋长的命。他命令"处死她"，当珀西询问如何杀死她的时候，德拉瓦尔勋爵冷静地回答，"他认为最好是烧死她"。就连珀西也不禁对这种野蛮的行为犹豫不决："我回答说，当天我已经看了太多的血腥屠杀，现在，就算我怎么冷血，也不想看到更多惨状了。"他补充说："我不认为烧死她是恰当的做法，用枪或刀给她个痛快比较合适。"

珀西的意见最终胜出，处决女酋长的任务被交给了戴维斯船长，他"和两名岸上的士兵将她带到树林里，用刀杀了她"。

新总督大屠杀和大破坏的政策与雷利此前 20 年所力图推行的所有殖民方略背道而驰。雷利要求殖民者和殖民地的总督们应避免血腥屠杀，认为"任何基督徒都无权怀有敌意地入侵异教徒的土地……无权以忠诚为名，杀死、折磨或者征服异教徒"。德拉瓦尔勋爵极度反对这个观点，他的强硬手段很快就成功而残忍地令当地印第安人臣服。部落酋长们被杀死，数以百计的部落人被屠杀，成片的村庄被夷为平地。但是英格兰人还没来得及庆祝，他们的总督就生病了。"我发高烧，染上了严重的疟疾，"他写道，"然后我开始感染其他严重的疾病，这些疾病接二连三地袭击我。"每种病都使他更加虚弱，使他的身体更加无力抵抗各种在詹姆斯敦流行的疾病："我突然染上了流感……痉挛让我脆弱的躯体疼痛不堪；然后是痛风……使我的身体虚弱到无法移动，让我什么都做不了的病是坏血病。"他的医生命令他立刻离开詹姆斯敦，德拉瓦尔勋爵欣然遵从了医嘱。1611 年 3 月，他乘船前往加勒比海上的尼维斯岛："试试上天保佑我洗个热水澡能给我什么帮助。"

如果殖民者们指望能借机从艰苦的工作和屠戮中得到喘息，那么现实会给他们无情的打击。德拉瓦尔德勋爵离开仅 8 周，一支新船队在托马斯·戴尔（Thomas Dale）爵士的指挥下声势浩大地驶入詹姆斯敦。托马斯·戴尔爵士是个令人生畏、严格执行纪律的人，他多年来在部队中升迁的经验教会他，使人臣服需要通过恐惧。他被任命为詹姆斯敦的执法官，但是在德拉瓦尔勋爵不在的时候，他担任了总督的职责，并且将自己一套特殊的纪律在殖民者身上实施。他上岸后第一件事就是揪住克里斯托弗·纽波特的胡子，威胁要将他吊死，因为他说殖民地很繁荣的报告误导了伦敦。他大叫道："难道你的意思是，弗吉尼亚的人应该以树皮为生吗？"戴尔确实被眼前看到的一切震惊了，他将殖民地的灾难归咎于住在詹姆斯敦里的那些"没有规矩的人"。他们是"如此好咒骂，如此不受约束，心里充满反叛"，所以戴尔决定好好教训他们一番，让他们永生难忘。他抵达詹姆斯敦还不到一周，就颁布了一项新的法令，几乎所有的罪行——上至亵渎上帝，下至偷一根玉米穗——都要被判死刑，甚至从邻居花园里摘一朵花都是死罪。

戴尔认为，痛快处决一无是处的定居者们太过人道，所以他发挥想象力，想出许多恐怖可怕的手段处决那些不老实的殖民者，"有些人被吊死，有些人被烧死，有人被车轮碾死，有些被钉在木架上，还有的被枪决。他用极度残酷的方式折磨他们，就是为了杀鸡儆猴"。戴尔的惩罚太过残暴，人们甚至念旧地怀念起德拉瓦

尔勋爵的统治，唯一赞扬新任总督严格执法的是殖民地官方编年
史家拉尔夫·哈默（Ralph Hamor）。他写道："戴尔既不暴虐也不
严厉，人们对残忍、疼痛和异乎寻常的死亡方式的恐惧比死亡本
身更有约束力。"

　　处理掉詹姆斯敦的罪犯后，托马斯爵士开始处理那些他留了
一命的殖民者们。他命令木匠"建造房屋和农舍"，其他人都被派
到田里去挖地、播种、种植谷物。这些工作持续了5天后，许多
人希望他们能得到一两天的休息时间，但是戴尔不打算放过他们，
直接派给他们其他工作，命令他们"维修快要倒塌的教堂和仓库，
为他们的马建一个马厩，还要建一座武器库、一座火药库和一口
新水井"。他们烧制砖头，建起了码头和一座大谷仓。刚刚完工，
戴尔就写信给他的老朋友索尔兹伯里勋爵，要求他"明年4月份
前，再派2000人来这里"。他承诺"在两年内在詹姆斯河和约克
河间建造一系列堡垒和定居点，然后把这个国家献给国王陛下"。

　　印第安人惊惧地目睹了戴尔的工程进度，他们意识到他的
怒火转向自己的时刻即将到来。他们没想错，戴尔从英格兰带来
了"大量盔甲和弹药"，他打算利用它们对印第安人发动彻底的进
攻。他的目的是"使精明但不听话的国王波瓦坦臣服，让他在这
片土地上无立足之地、无藏身之所，迫使他成为英格兰人坚定的
盟友"。

　　盔甲是戴尔的秘密武器。他在伦敦塔发现了成堆的伊丽莎白
时代废置的盔甲，正躺在那里慢慢生锈。这些胸甲、肩甲和护胫
甲无法抵御任何铅弹，但是可以有效地防御印第安人的弓箭，让
他的火枪手可以在开火前足够靠近目标。戴尔迫不及待地想发动

进攻，很快就把他的手下训练到可以投入战斗的程度。没有遭到任何挑衅，戴尔就带领他全副武装的士兵们进攻好惹麻烦的部落南西蒙德（Nansemond），这个部落位于切萨皮克湾西岸。戴尔大胆而鲁莽地打头阵，险些把自己害死：一支箭"正中他头盔的边缘，如果箭再稍微低一点儿，就会射穿他的头"。

印第安人此前从未见过穿着全套盔甲的人，他们的箭从金属盔甲上弹回来，造成不了任何伤害，这让他们万分吃惊。"他们转而求助魔法、祷告和咒语……"一名士兵写道，"希望天上可以降雨，弄湿我们的火药，让我们的火枪报废。"但是雨没有来，印第安人被杀死或者被俘。英格兰人陶醉于这次轻而易举的胜利，"他们砍倒他们的谷物，烧毁他们的房屋，杀掉他们，又另外把一些人抓到堡垒里关起来"。

托马斯·戴尔爵士残暴高效的领导以一种即便是德拉瓦尔勋爵也无从想象的方式，使詹姆斯敦的人们摆脱了懒散状态。离定居点最近的部落几乎已经被瓦解，武力威胁甚至让好战的波瓦坦屈服了——至少目前来说是这样的。但是，如果想让詹姆斯敦繁荣起来，戴尔还需要解决一个重要的问题，他必须为殖民地寻找一种可以长期依赖的财富来源——一个可以让弗吉尼亚公司花在补给船上的钱变得合理的理由。

难点就在于找到这种可以成为财富来源的商品。早在1586年，拉尔夫·莱恩就总结说，除非殖民地创造的财富超过其维护成本，否则任何美洲殖民地都不可能生存下来。"一处优良矿藏……或者一条通往南部海洋的通道……除此之外，没有其他办法使这里成为我们的居住地。"哈里奥特赞同莱恩的理论，但是他的结论更有想象力，在没有黄金和白银的情况下，他总结说，烟草是唯一有可能获得巨额利润的商品。

这在 16 世纪 80 年代是不可能的，因为那时候吸烟还是一件很新潮的事。但是几年内，很多事情都发生了变化。吸烟已经变得司空见惯，远非一种奢侈的行为，尽管国王詹姆斯明确表示他厌恶吸烟，但是越来越多的廷臣效仿雷利，开始吸烟。这种新消遣方式的流行还引起了一阵探讨吸烟利弊的出版浪潮。尽管那时候还没有人有先见之明，提出吸烟有害健康，但是已经有批评者暗示吸烟有成瘾性，批评对烟草的"恣意及过度使用"。但是更多人称赞吸烟的好处。罗杰·马贝克（Roger Marbecke）便是其中最响亮的声音之一，他在《烟草的辩护》（*Defence of Tabacco*）一书中支持重度吸烟者，重提了一个经典的论点——烟草可以有效治疗风湿类疾病，他还提醒反对吸烟的人："我们的体质本身就容易遭受湿气过重和感冒的影响。"这种论证思路被大肚子精英们兴高采烈地接受了，因为按照这种说法得出来的唯一符合逻辑的结论便是，一个人吃得越多就越需要吸烟，而一个人吸烟越多就越要多吃。

持续增长的需求把烟草的价格推到了天价。1600 年，按照约翰·奥布里（John Aubrey）的说法，烟草的"价格等于与其等重的白银"。他宣称听到"几个自由民邻居说，他们去马姆斯伯里或者奇彭纳姆的市场时，会拿出最好的先令去买同重量的烟草"。对詹姆斯敦来说，这本应是最好的消息，但是这当中有一个重要的不利因素，甚至哈里奥特也没有提道：在弗吉尼亚生长的烟草是黄花烟草，这种烟草的烟叶味道酸苦，"尖锐刺人，一股苦味"。

这种烟草的味道是如此令人难以接受，即便是最狂热的烟民，用烟斗抽一晚上这种烟也受不了。詹姆斯国王即位时，几乎所有英格兰人抽的烟都是一种来自西属新大陆的烟草，这是一种味道好得多的植物。然而，这在经济上造成了严重的后果：成吨的英格兰白银最终流入了西班牙烟草商的口袋，这加剧了反对吸烟者对烟草的批判，他们哀叹说"英格兰的财富变成了一缕青烟"。

约翰·罗尔夫（John Rolfe）同意这一结论，但他也是个顽固的烟民。他曾乘坐"海洋冒险"号前往弗吉尼亚，那艘船1609年在百慕大群岛附近失事了。他幸运地从海浪中救出了他的箱子，他在箱子里的紧身衣和环形领间藏了一小包种子，他希望在抵达詹姆斯敦之后播种。这些都是味道很好的烟草种子，罗尔夫希望种植足够多的烟草，好让自己余生都有烟抽。但他也一直关注着他能否靠这个发财，罗尔夫家族很精明，约翰·罗尔夫父亲的墓志铭可能同样可以作为他的墓志铭："他通过出口英格兰的丰富物产，进口英格兰匮乏的物资……来增加自己的财产。"

罗尔夫抵达詹姆斯敦不久就种下了他的种子，令他大吃一惊的是，这些种子长出了健康的植物，它们的叶子很快就可以被采摘和加工了。接下来等待烟草晒干的时间十分漫长。几个月后，罗尔夫邀请殖民地的伙伴拉尔夫·哈默来参与"体验"，两个人点燃烟斗没多久，就意识到他们正在品尝一种上等烟草，这种烟口感顺滑，味道强烈，回味悠长。哈默写道："太阳底下没有哪个地方的烟草比我在詹姆斯敦品尝到的更加怡人、甜美且浓烈。"他给伦敦的商人们写了一封信，告诉他们这个令人兴奋的消息，用不了多久，罗尔夫和殖民地的同伴们"就会在今年内制作这种烟草并运回英格兰，英格兰人也会承认它的美味"。

罗尔夫本人则更加谨慎，但实验的成功确实令他备受鼓舞，把晚上的时间都花在了处理烟叶上。"这种烟草很容易种植，"他写道，"它们长得很快，毫无疑问，经过更多的试验，再积累一些经验后，它将足以与西印度群岛最好的烟草媲美。"

这场"试验"花费了将近两年时间，但是到了1612年，罗尔夫确信他的烟草可以与西班牙人种植的任何烟草相媲美了。他运了一小批回英格兰，等待伦敦廷臣们的回应。他们一致认同罗尔夫的烟草与西班牙商人的烟草一样好，很多人预测他的烟草将拯救詹姆斯敦。"这种商品烟草，"雷利的老友罗伯特·哈考特（Robert Harcourt）写道，"……将给烟草商带来巨大的好处和收益，堪比西班牙人从他们所有印度群岛最富饶的银矿中获得的收益。"他说的没错，很快，大包大包的烟草就被运回英格兰以满足巨大的市场需求，大部分殖民者逐渐"可以为他们和他们的家人购买衣服和生活必需品"了。很快，他们挣的钱已经足够委任弗吉尼亚公司派来一艘船，"载满服装、生活必需品，以及足够建立一家书店的报刊杂志"。烟草快速成为詹姆斯敦的"主要商品"——殖民地也有了第一家商店。

罗尔夫和伙伴们的勤劳令戴尔警觉而非喜悦。他花了很大的力气说服他们耕种土地，种植急需的粮食作物。现在，令他沮丧的是，他发现在田地里茁壮生长的不是小麦或者燕麦，而是烟草。这必将导致粮食短缺，所以他立刻发布了另一条臭名昭著的法令："任何农夫……不得种植烟草，除非他每年为自己以及每位仆人种上两英亩的谷物。"如果殖民者们遵守这项法令，那么"他们想种多少烟草就可以种多少烟草"，如果他们不遵守，那么"他们所有的烟草都将被没收"。

戴尔对粮食短缺的担忧没有错，因为冬天临近时，食物又开始短缺了。为了避免重蹈"饥饿时期"的覆辙，他派船长塞缪尔·阿高尔（Samuel Argall）前往居住在波托马克河旁的印第安部落交易食物，之前的拜访让他们感觉那里的部落比较友好。

尽管食物是阿高尔的首要目标，但是他心中还有一个更雄心勃勃的计划，弗吉尼亚公司的商人们也提出过类似的计划，这个计划可能是在沃尔特·雷利爵士的建议下提出的。约翰·怀特失踪的殖民者们毫无消息，因此弗吉尼亚公司的商人们指示他"招徕印第安人的孩子，让他们在我们的语言和习惯中成长"。这种做法主要是希望这些儿童一旦学会说英文，就可以揭露他们的土地的秘密。商人们还建议送一些土著返回英格兰，好让他们信奉基督教。他们认为基督教化的印第安人比起异教徒印第安人来说不那么好战。

阿高尔船长前往波托马克河，重申他与当地酋长伊阿佩苏斯（Iapassus）的友谊，后者爽快地答应了以谷物交换英格兰人的小装饰品。满载粮食之后，船长开始转而考虑他的第二个目标——哄骗一名印第安人和他返回詹姆斯敦。一开始他没怎么在意这个俘虏的身份问题，直到他得知一个身份特殊的人就在附近。"我在这里的时候，"他写道，"几个印第安人朋友告诉我，波瓦坦的女儿波卡洪塔斯在这儿附近。"这个消息令阿高尔欣喜若狂，因为他知道这样一位出身高贵的俘虏将成为十分有价值的筹码，有助于"从波瓦坦和其他印第安人那里，索回他们通过谋杀英格兰人获得的武器和工具"。阿高尔立刻开始酝酿一个阴谋,"决心动用一切手段将她俘获"。

他很务实且精细地策划出一个计划,总体而言比托马斯·戴尔爵士曾经用过的计划更加狡猾。总督戴尔此前为了打压波瓦坦的权威而杀死他的臣民,而阿高尔则喜欢运用欺骗的手段取得相同的结果。他给他的"老朋友"伊阿佩苏斯一大袋小装饰品作为礼物,询问他"如何才能俘虏波卡洪塔斯"。

伊阿佩苏斯对卷入这种危险的计划有些担忧,毕竟,波卡洪塔斯是波瓦坦最宠爱的女儿,如果波卡洪塔斯有任何不测,皇帝必然会因为她而报复波托马克河附近的印第安人。但是阿高尔向酋长保证,他将"好好对待她,温和地请求她",几经劝说,伊阿佩苏斯答应帮助阿高尔,说可以让"他的妻子作为诱饵",诱骗年轻的波卡洪塔斯登上英格兰人的船。

计划立即付诸实施,一切都进行得很顺利。尽管波卡洪塔斯不愿意上船,但是酋长的妻子向她保证,没什么好担心的,"就这样,他们一上船就受到最热烈的欢迎"。阿高尔的三位客人吃饭时,伊阿佩苏斯漫不经心地说他们可以在船上过夜。波卡洪塔斯被这样奇怪的要求吓了一跳,但是她不想冒犯主人,所以并没有拒绝。"晚饭结束后,波卡洪塔斯住进了炮手的房间",伊阿佩苏斯和他的妻子住在她附近。

波卡洪塔斯在船上度过了焦躁不安的一夜,她"担惊受怕,渴望回家",天一亮她就起身,恳求伊阿佩苏斯让她离开。酋长却拖延时间,使阿高尔得以宣布波卡洪塔斯已然是人质的消息。波卡洪塔斯知道自己受骗上当时"非常悲伤且不满",请求伊阿佩苏斯救她脱困，不过尽管他说"自己也不愿成为俘虏她的帮凶"，他还是表示无能为力。

如今阿高尔已经以武力绑架了这位"公主"，便开始向她解释他此举的原因。他为劫持她作为人质道歉，但也提醒她，她的父亲手里还有"8个英格兰人"，以及"很多刀剑、长矛和其他工具"。波卡洪塔斯很快意识到抵抗没有什么用，于是答应跟他们回詹姆斯敦。阿高尔立刻派信使通知波瓦坦："如果他把英格兰人送回……再送上大量谷物，那么他就返还他的女儿，不然，他可无法保证波卡洪塔斯的安危。"

这些消息令波瓦坦"极为伤心"，但是他拖延时间，只放了7名英格兰人返回詹姆斯敦，并推测波卡洪塔斯对英格兰人来说活着比死了更有用。这一点上他是正确的，托马斯·戴尔爵士严令手下善待波卡洪塔斯，还让一名定居者中的年轻牧师开始指导她学习基督教信仰。数年前，雷利提出过这样的政策，他认为"派牧师去向这些异教徒传播来自福音书的喜讯既合理又仁爱，如有必要还可以让护卫随牧师一起"。

几个月过去，波瓦坦没有任何新的消息。阿高尔派人提醒他，"是建立和平还是继续敌对，选择权在他手里"，但是波瓦坦还是没有回应。皇帝似乎撤退到荒野里去了，把他"最心爱的女儿"丢给了英格兰人。

1614年春天，戴尔失去了耐心，决定主动解决问题。他急于和波瓦坦会面，选了150名最好的随从，"带着波卡洪塔斯，向河的上游行进，到达了波瓦坦最主要的定居地，让他们要么为她而战，要么满足我们的其他需求"。

船长阿高尔贿赂一位印第安酋长，让他帮忙欺骗波卡洪塔斯上船。他的行动成
了詹姆斯敦命运的转折点。

戴尔远征的消息如野火般传开。"印第安人虚张声势……要求我们澄清来这里的理由。"全副武装的英格兰人大声地回应部落人:"我们特意送波卡洪塔斯回来,此外,我们还来收回我们的武器、人员和谷物。"几名紧张的酋长问,如果波瓦坦拒绝达成协议会怎么样。戴尔的回答一如既往地毫不妥协,他警告他们,他将"与他们战斗,烧毁他们的房屋,夺走他们的独木舟,捣毁他们的渔网,尽可能地给他们造成破坏"。

他说到做到:当一个部落人举起弓箭,射向总督的船只时,戴尔"登上岸,烧毁了那里大概40座房屋,又掠夺了那些房屋中能找到的一切……重伤、杀死了五六个人"。这些印第安人对戴尔的猛烈进攻感到十分震惊,"他们表示愿意与我们修好,会不遗余力地帮助我们达成所愿。"

英格兰人的队伍继续逆流而上,到达人口稠密的定居点麦驰考特(Matchcot),他们发现那里有400名"拉开弓弩,准备随时迎敌"的战士,以威慑登岸的人。英格兰士兵不想被当成懦夫,"所以他们上岸,登上一处适合的陡峭山坡"。接下来,双方紧张地对峙,各自评估对方的强项和弱点。一场冲突似乎在所难免,直到波卡洪塔斯登岸平息了紧张的局势。她向印第安人传达了这样的信息:"如果她的父亲爱过她,就不应珍视那些旧刀剑、长矛或者斧子胜过她自己。"她补充道,如果波瓦坦不答应戴尔的要求,"她就还和爱她的英格兰人住在一起"。

这些印第安人继续嘲讽他们的英格兰敌人:"如果你们想要进攻,我们随时准备捍卫自己。"但是戴尔没有上钩,因为他确实想通过谈判释放波卡洪塔斯。他告诉酋长们,他打算按规则行事,

"他向他们保证，到第二天前，英格兰人不会干扰、伤害或者扣留他们中的任何人，发动突袭前，也会鸣鼓吹号发出警告"。

难熬的僵持期间，戴尔迎来了重要的访客。"波瓦坦的两个儿子迫切地想要见他们的妹妹。波卡洪塔斯和我们一起站在岸上。他们看到她安然无恙非常高兴。"他们向戴尔保证他们已经厌倦了持续的流血冲突，并承诺"他们将不遗余力地劝说他们的父亲赎回波卡洪塔斯，并与英格兰人建立永久牢固的和平"。没过多久，波瓦坦的兄弟也来到戴尔的营地，带来了同样的消息："他向我们承诺他会尽最大努力满足我们的要求。"

戴尔突然之间意识到，他得到了一个千载难逢的与波瓦坦达成和平的机会。他的访客们似乎很真诚地希望结束敌对状态，戴尔手中的这个人——波卡洪塔斯——可以保证双方休战。戴尔知道，只有那位皇帝能够决定是战是和，所以他选了两名使者——马斯特·斯帕克斯（Master Sparkes）和约翰·罗尔夫——派他们前去会见波瓦坦，命令他们通过谈判结束近8年的冲突。

接下来发生的事既离奇又令人困惑。幸存下来的零碎记录给这段故事留下许多空白，但这些记录也足以拼凑出一件即便在詹姆斯敦的英格兰人看来也十分不同寻常的事情。两名使者出发进入森林后，戴尔就得知了一个令他震惊的消息——约翰·罗尔夫爱上了波卡洪塔斯，并且已经秘密求婚。

他不是心血来潮。殖民者拉尔夫·哈默回忆道："很久之前，约翰·罗尔夫就爱上了波卡洪塔斯，而她也爱上了他。"罗尔夫设法让他们之间的感情保密，不想在小小的詹姆斯敦引起太多关注，所以总督到现在才第一次知道这段恋情，"就在他们与印第安人谈判的当口"。

　　罗尔夫知道戴尔可能会大发雷霆，所以让他的老朋友哈默在他离开之后再告诉戴尔这个消息。他还写了一封长信——让哈默在他走入森林后再交给总督——在信中，他尝试用他与波卡洪塔斯结婚将带来好处说服戴尔。"我完全接受你严肃而慎重的判断，"他写道，"或是劝阻我，或是鼓励我怀着虔诚的恐惧和关怀坚持下去。"如果他想寻求支持，只需援引沃尔特·雷利爵士的著作就可以了，雷利长期以来一直相信与印第安人通婚有重大意义，他认为印第安男人应该被送回英格兰，接受文明教化，再回去与英格兰未婚女性结为夫妇。"在这里接受文明化教育且信奉基督教后，"他写道，"他们回去时……就足以与英格兰女人相配。"

　　罗尔夫选择了一种更加个性化的表达，他在信中向戴尔解释说，他经历了长期的抗争，想要控制自己的感情："我的心和想法已经挣扎了很久，如同在错综复杂的迷宫中难以解脱。"他意识到与波卡洪塔斯结婚不合常规，并承认她"疏于教育，举止粗鲁，她的种族也是受诅咒的"。这些并不是他唯一担心的问题，他知道"普通人"将讥讽他，说他娶波卡洪塔斯为妻的唯一原因是想在她的身体上"满足自己的需要"。

　　这位年轻的爱人列出很多波卡洪塔斯不是良偶的理由后，以最简短的文字解释与她结成伴侣的好处："为了殖民地，为了我国的荣誉，为了上帝的荣耀，为了我的救赎，也为了一个不信仰上帝的生灵——让波卡洪塔斯信奉基督耶稣的真知。"

　　罗尔夫没有等戴尔的回应就行动了。在与波瓦坦和谈期间，他决定冒着激怒总督的风险，向波卡洪塔斯求婚。此处的细节又一次变得模糊，官方记录——哈默后来写的——只写道"打算求婚的消息很快传到波瓦坦那里"。但是脾气暴烈的皇帝并没有暴怒，也没有轻率地动手，没有任何证据表明他反对罗尔夫的求婚。实际上，罗尔夫想要娶他的女儿是"他可以接受的事情"，所以他"很快就同意了"。

戴尔有充分的理由惩罚约翰·罗尔夫，通常情况下他可能确实会处死他。但是这一回，一想到可以通过与印第安人联姻实现联盟，他的暴戾脾气就缓和了。他仔细读了罗尔夫的信，找不出任何反对他们结婚的理由，特别是在波卡洪塔斯最近已经信奉基督教的情况下。"她公开放弃她原本的偶像崇拜，转而信奉基督教，并且如她所愿地受洗了。"让罗尔夫明显松了一口气的是，总督宣布他"十分赞成这场联姻，同意他们结为夫妻"。他说他这样做"是为了殖民地着想"。

筹备婚礼完全盖过了和谈的风头。对英格兰人和印第安人来说，这不是交战的时候，双方立刻暂停了敌对状态——表面上暂停，以便他们种植庄稼。少数强硬派的英格兰军人觉得他们被骗走了一场战争，不过大多数人还是对结果感到宽慰，并返回詹姆斯敦，为数年来第一次让人高兴的庆祝做准备。即将到来的婚礼甚至软化了一向好战的波瓦坦，"他派来她的老叔叔奥帕西斯科（Opachisco），代表他在教堂将他的女儿交给新郎，还派了他的两个儿子到婚礼现场观礼"。

婚礼于 1614 年 4 月 5 日举行，由"勤奋的传教士"尊敬的理查德·巴克（Richard Buck）阁下主持。理查德·巴克也因为是"在殖民地出生的第一个智障儿"的父亲而为人所知。无论对英格兰人还是印第安人而言，婚礼都是个令人欢喜的场合，随后是按照惯例举行的各种欢庆活动。戴尔因这场联姻非常高兴，以至于在信中少见地表露出一丝善意的幽默。"她的父亲和朋友赞成这场婚姻，"他写道，"她的叔叔牵着她，在教堂里将她交给新郎。她同罗尔夫过着文明又充满爱意的生活，我相信随着对上帝信仰的增加，她心中的善念也会与日俱增。"

事实证明，这桩婚姻是殖民地命运的转折点。它促使印第安人和英格兰人从永无止境的战争深渊中抽身，使双方领导者开始思考持续的和平是否更符合所有人的利益。戴尔一反常态地撤回军队，不愿再战；上了年纪的波瓦坦也早已厌倦打仗，他很早就意识到，他不可能将英格兰人驱逐出他的领地，也不想耗费残年目睹他的族人被英格兰人消灭。他给戴尔写了一封充满善意的信，"希望缔结永远的友谊"，告诉戴尔，波卡洪塔斯"应该成为戴尔的孩子，永远和他生活在一起"。他还归还了所有英格兰人的"刀剑、长矛和工具"，这一直以来是双方争执的主要问题。没有人知道，包括戴尔也没有意识到，这堆归还的武器中包括老式火枪和铜制迫击炮，这些武器比詹姆斯敦定居点早了将近 20 年。

波瓦坦认为和平应该不只适用于他自己的部落，急切地想要将之推及其他由他间接控制的部落。现在，他主动与戴尔商量，希望"他的人民和他邻近的国王的人民，都能够享有和平"。"他还承诺如果他的人偷了我们的东西，或者杀死我们的牲畜，他会将罪犯送到我们这里，我们可以按照我们认为恰当的方式惩治。"

波瓦坦的家人和下属国王都热情地接受了新的休战协议。第一个同意的是波瓦坦好战的同父异母兄弟奥派什卡纳奥（Opechancanough）。他拜访戴尔，表示他"希望戴尔可以称他为朋友，他也会称戴尔为朋友，他说他是一位伟大的领袖，而且善战，而戴尔也是一位伟大的领袖，所以他很欣赏"。这位酋长十分慷慨，给托马斯爵士送上了成包的食物和补给。"而且每隔 8 天或者 10 天我就会从他那里收到消息和礼物，显然，他渴望维持这份友谊。"

很快，其他部落也相继与戴尔停战，甚至长期以来让英格兰人头疼不已的强大部落奇克哈默尼也决定是时候结束敌对状态了。他们送信给戴尔，告诉他他们"渴望成为朋友"，当戴尔想要考验他们，询问"他们是否愿意承认詹姆斯国王也是他们的国王时"，他们欣然同意，并且大声"宣称他们是英格兰人了"。他们是如此急切地想要表示他们的忠诚，甚至说自己"不仅想成为可靠的朋友，还愿意成为詹姆斯国王的部下和臣民"。经过仓促安排的投票后，他们将自己部落的名字改为特奥斯恩特伊萨斯（Tossantessas）——"英格兰的"这个词在印第安语中的变音。就这样，他们成了"新英格兰人"。

殖民者们对罗尔夫与波卡洪塔斯的联姻带来的一系列转变感到震惊。这段极端血腥的历史篇章终于接近尾声，现在，和平似乎真的成为可能。托马斯·哈默在记录的结尾向他的读者总结道："这段意外的婚姻带来了友好的商业贸易往来，这种往来不仅限于与波瓦坦本人，还有我们周边的他的臣民"。他说："殖民地没有理由不蓬勃发展。"

即使是托马斯·戴尔爵士也持谨慎的乐观态度，他列举了很多他期待的和平会带来的好处："我们的牲畜数量会增长，不用担心被杀掉；我们可以自由地狩猎野鹿；可以捕鱼，可以做其他任

和平给英格兰人带来了巨大的好处，托马斯·戴尔爵士预测，当印第安人"与英格兰人越来越熟悉"，他们会成为朋友。

何事情，去任何地方都无须担心有危险。"他知道波卡洪塔斯是"稳固这场和平的关键"，所以戴尔甚至能够预见未来将有更多的印第安人——"随着与英格兰人越来越熟悉"——成为英格兰人的朋友。

1616年春，戴尔辞去他的职务，乘船返回英格兰，同行的还有约翰·罗尔夫和波卡洪塔斯——她的基督教名字是丽贝卡——还有她与罗尔夫的幼子托马斯。带他们一同返回英格兰是戴尔的神来之笔，因为此举不仅为弗吉尼亚公司宣传他们的殖民地提供了宝贵机会，还可以向英格兰人切实地证明英格兰人和印第安人间存在友谊。

他们返回英格兰的时机也是再好不过了，因为最近几个月英格兰人的殖民脚步已经放缓，政治问题导致很多冒险家退出了弗吉尼亚公司。以前有人说在弗吉尼亚公司占领的土地上生活的都是野蛮人，如今，戴尔带着一位文明的印第安人来到伦敦，使伦敦的商人们可以一劳永逸地反驳这种说法了。

戴尔的船停靠在普利茅斯，罗尔夫夫妇登岸后继续乘马车前行。跟着他们一起的还有十几名印第安随从，即波卡洪塔斯的"宫廷"，由波卡洪塔斯的连襟托莫科莫（Tomocomo）率领。波瓦坦要求托莫科莫用心记下所有相关的事，还命令他每看到一张新面孔，就在他携带的"长木棍"上刻下一道痕迹，以此来计算英格兰的人口。可怜的托莫科莫努力完成第二项任务，但是"他的算数失败了"，记录用的木棍还没离开普利茅斯港就已经被割得只剩一把木屑了。约翰·史密斯挖苦道："他很快就厌倦了那个任务。"

前往伦敦的旅途相当不舒服，弗吉尼亚公司的商人们抠门地只给他们提供"每周4英镑"微薄补贴，这并不能缓解他们的不适。他们也没有礼貌地对待他们的贵宾，与将曼第奥先带到汉普顿宫，再带到自己的宅邸达勒姆宫的沃尔特·雷利爵士截然不同，弗吉尼亚公司的商人们只为这些远道而来的客人们在一家俗气的酒馆租了几个便宜的小房间。一个爱开玩笑的弗吉尼亚公司的商人可能为了取悦他的同事，在位于路德门山街上一家名为"美丽的野蛮人"的小旅店里为罗尔夫夫妇一行人订了房间。这家小旅店的老板索瓦热先生很快抓住机会，利用他富有异域风情的客人的名声，将酒馆的招牌换成了波卡洪塔斯的肖像。

虽然弗吉尼亚公司对它的客人们的态度是令人疑惑地漠不关心，但是伦敦城为他们着迷。这群印第安人在伦敦的街巷和集市上引起了轰动，他们走到哪里都会受到欢迎。上流人士和伦敦市民一想到可以看到真正的野蛮人作为娱乐就兴奋不已，事实证明托莫科莫也是一位不吝于取悦东道主的好伙计。他们在宴会上"又唱又跳，表演一种魔鬼似的舞蹈"——这种特殊的舞蹈从未让他的观众失望。而他模仿战争的舞蹈更加吸引人，"唱歌、拍手……射击、吼叫，模仿古人跺脚，就像是很多魔鬼在舞动"。他还喜欢"讲述他的国家和信仰"——戴尔的手下作为他的翻译——他还喜欢长篇大论地讲述印第安人的神奥基（Okee）。

这个消息很快传到伦敦大主教约翰·金（John King）那里，他说自己很想见见这群古怪的印第安人。他们被邀请到他的宅邸，主教以"盛大的庆典和仪式"欢迎他们，按照教士塞缪尔·珀切斯（Samuel Purchas）的说法，"迎接波卡洪塔斯的仪式远超过我见过的他迎接其他淑女的仪式"。波卡洪塔斯表现得十分得体而且礼貌。"她不仅让自己看上去是一个文明人,"珀切斯写道,"而且仍然以国王之女的身份行事,也受到了相应的尊重,这种尊重不仅来自邀请她和她儿子到英格兰的弗吉尼亚公司,也来自各种身份高贵的人。"

托莫科莫对上流社会的繁文缛节没什么兴趣,他又开始了一场关于奥基神的长篇大论,夸口说印第安人的神比遥远的基督教神更亲近可感。"奥基经常出现",他告诉吓坏了的主教,还补充说,当祭司"用奇怪的语言念出特定词语"时,就能凭空将奥基召唤出来。那情景十分吓人,因为奥基"哀号着奇怪的话语,姿势也十分怪异",而"他出现时还会出现各种可怕的征兆"。

当大主教要求托莫科莫描述那诡异幽灵的样貌时,这位印第安人解释说,奥基长得像个印第安酋长。"他的幻影是一个风度翩翩的弗吉尼亚人,"他说,"他身子左侧挂着一条长长的黑色锁链,一直向下垂到他的脚边。"这种弗吉尼亚式的"黑色锁链"曾在伦敦风靡一时,30多年前,沃尔特·雷利爵士的手下就第一次将之带回伦敦。教士珀切斯对此很反感,宣称这是"邪恶的……基督徒在模仿野蛮人,他们是恶魔"。

如今年迈的约翰·史密斯知道波卡洪塔斯来到英格兰已经有些时日,但是好几个月后,他才在一群好奇的朋友的陪同下前往伦敦。自他上一次见到波卡洪塔斯已经过去7年多了,公主已经从女孩变成了已婚妇女。他见到她的兴奋之情很快就被她的冷淡扑灭了:"端庄地问候我们后,她什么都没说就转过身去,遮住了她的脸,看起来不太高兴……在这种气氛下,我们两三个小时后就走了。"她奇怪的表现让史密斯困惑,他坐在她的房间外琢磨这件事。之后他更惊讶了,门再次打开,她邀请他回到屋里,微笑着好像什么都没有发生一样。史密斯始终没明白她为何不高兴,两人聊起了过去的时光,回顾了波卡洪塔斯数次帮助英格兰人的事情。有一次,史密斯停下来问她,为什么她坚持叫他"父亲"。

"你曾经向波瓦坦许诺,你的就是他的,而他也如此对你承诺,"她解释道,"你是在他的领地里生活的陌生人,你叫他父亲,所以同样地,我必须叫你父亲。"

史密斯失望地得知,印第安人尚未收到宫廷的邀请,他决定担起这项任务,写信给詹姆斯一世国王的妻子安妮,告诉她"这位温柔的弗吉尼亚人"善意友好,她在弗吉尼亚帮助过英格兰人,请求王后以应有的盛大仪式迎接波卡洪塔斯。他提醒王后,波卡洪塔斯拯救了数十名英格兰人的生命,也是"使殖民地免于覆灭、陷入饥荒和彻底混乱的关键"。她鲜活地证明了,英格兰殖民地能在弗吉尼亚发挥怎样的作用,她拒绝了"她的野蛮人身份,嫁给了一位英格兰绅士,现在,她身处英格兰,是她国家的第一个基督徒,第一个说英语的弗吉尼亚人,她还与英格兰人生了一个孩子"。

女王听取了史密斯的建议,邀请波卡洪塔斯和她的随从参加一年中最盛大、最令人陶醉的节日——主显节狂欢。他们将首先欣赏本·琼生(Ben Jonson)专门为这次狂欢创作的剧作《圣诞假面》(*Masque of Christmas*)的首次演出,然后他们将在装饰得富丽堂皇的宴会厅饮酒狂欢。为这场狂欢计划的娱乐活动异常丰富,一位廷臣甚至预测"国王陛下的债务将因此增加 2000 英镑"。

1616 年，波卡洪塔斯抵达伦敦。她住在一家名为"美丽的野蛮人"的小旅店里，小旅店的老板很快抓住机会，将酒馆的招牌换成了波卡洪塔斯的肖像，利用她的名气招揽生意。

王后友善地接待了她的客人。他们"在宴会上被妥善安排好"，"受到和蔼的接待"。但是詹姆斯国王不像他富有同情心的妻子那般包容，多年来，他对印第安人广为人知的厌恶丝毫没有减少，仍然认为他们是"野蛮人""野兽"和"恶魔"。虽然对印第安人出现在宴会上怀有疑虑，但詹姆斯意外地表现得十分礼貌，甚至大度地允许波卡洪塔斯和她的随从们觐见。不知所措的印第安人从一排喷着香水的廷臣面前走过，直到他们走到一位衣服皱巴巴、满脸脏兮兮的50岁男人面前，他胡子上挂着食物残渣，背心上还有污迹。宴会上喧闹的声音让他们头晕目眩，他们没有意识到这一时刻的意义。他们不知道他们被引荐给了国王詹姆斯——弗吉尼亚的大酋长，直到他们被告知要向他下跪致敬时，才明白面前的人是个重要人物。事后约翰·史密斯询问托莫科莫对英格兰的大酋长有什么印象时，"他否认自己已经见过国王，"史密斯写道，"几经解释，他才确信自己见过。"尽管如此，他对平庸的国王十分失望，而且很诧异为什么国王没有给自己礼物。

"你给过波瓦坦一条白狗，"他提醒史密斯，"波瓦坦自己吃什么就喂它吃什么，但是你的国王什么都没给我，我总比你的白狗要强吧。"史密斯疲倦地点点头，但不忍心告诉他，国王詹姆斯对"野蛮人"偏见很大，托莫科莫没被丢出去喂狗都算他走运。

就在波卡洪塔斯抵达伦敦时，詹姆斯国王最著名的囚犯——已经65岁的沃尔特·雷利爵士——迎来了一个意料之外的消息。1616年3月19日，伦敦塔的中尉得到皇家特赦令，允许他立刻释放雷利。在监狱里度过了13年后，雷利突然发现自己自由了。

这个消息有如晴天霹雳。多年来，他一直请求获得自由，承诺只要他走出监狱就会前往圭亚那，继续寻找黄金国的金矿。他在给枢密院的信中写道："我愿意用我所拥有的一切冒险。"他还曾写信给罗伯特·塞西尔，请求王后出面干预，还利用他对年轻的亨利王子的影响力，试图让亨利释放他。所有人都表示了同情，亨利王子甚至严厉批评国王将雷利关进监狱的做法，宣称"只有我父亲会将这只鸟儿关进笼子"。但是雷利渴望被释放的诉求屡屡被拒，委员会的贵族也派了其他冒险家取代雷利前往圭亚那。现在，王室财政拮据，国王突然改变想法，决定给雷利机会去实现他的承诺。他将被派往南美洲，带回黄金以补充国王詹姆斯空虚的国库。

出狱后，沃尔特爵士做的第一件事就是在伦敦的大街小巷慢慢散步。"他沿着街道来来回回，"有人写道，"看着自他进监狱以来建成或者修缮的建筑和景观。"在他被关在伦敦塔的漫长岁月里，伦敦变化巨大：都铎时代城市的木架结构建筑迅速被精美的石质建筑——宴会厅、新交易所和壮观的查令十字街上的诺森伯兰宅邸——取代。甚至达勒姆宫也改变了样貌，精美雕琢的石头墙取代了原本腐朽的外墙。

威斯敏斯特大教堂的变化也很明显，当中一座异常宏伟的墓碑肯定会让雷利驻足。伊丽莎白一世的纪念碑已经完工了，这个时代最伟大的工匠用巨大的大理石雕刻了这座纪念碑。尼古拉斯·希利亚德（Nicholas Hilliard）为女王的墓碑上色，约翰·德·克里茨（John de Critz）为已经雕刻好的碑文镀了金。伊丽莎白一定很满意碑文的内容，因为她被誉为"这个国家的母亲，宗教与学问的哺育者。她精通多种语言，有着过人的天资，无论在身体上还是心灵上，都是无可匹敌的君主"。然而，在一长串功绩和成就中，有一个明显的遗漏：弗吉尼亚，那块以童贞女王的名字命名的土地并没有被提及。这个疏忽令人遗憾，因为伊丽莎白正是新大陆的第一位赞助人，也是第一位使殖民美洲成为可能的君主。

30多年前，雷利将战战兢兢的曼第奥迎入伊丽莎白金碧辉煌的宫廷，现在，他又将会见另一位印第安人——波卡洪塔斯公主。据说，他们在壮丽的锡永宫会面，那里是诺森伯兰侯爵的住所。年老体衰的托马斯·哈里奥特当时还住在那里。但真相和传说已经合二为一，那座庞大宅邸的高墙后面真正发生了什么仍然是个谜。英格兰勤奋的古文物研究者们四处搜寻，希望能够找到一些蛛丝马迹，但是他们没能从锡永宫尘封的图书馆里发现任何线索。不过，他们也不希望真相的空白阻碍一段好故事成型。他们被这段故事的浪漫气氛打动，在叙述中加入了少见的幻想：他们讲述了这一小群印第安人如何钻入一辆马车，前往伦敦塔取悦巫师伯爵。据说，在那古老监狱的深处，诺森伯兰伯爵修好了波卡洪塔斯的贝壳耳环。

这童话故事般的迷人结尾，很可能只是虚构的。1616年那个严冬的真相永远不会揭开了，因为伦敦大火烧毁了大部分记录，我们唯一知道的事实是印第安公主确实搬到了"布伦特福德"，也就是锡永宫的所在地。

然而，事实与传奇融为一体，我们最后一次看到雷利和波卡洪塔斯，是他们并排坐在破旧颠簸的马车里，像幽灵一般消失在寒冷的伦敦的雾中。

关于那个冬天，我们唯一确定的是，约翰·罗尔夫从詹姆斯敦带回的消息令雷利喜悦。建立定居点是雷利30多年来的目标——这是他从1584年春天开始，就以巨大的精力追求的看起来遥不可及的梦想。他在殖民新世界上花费了大量财富，聚集起

约翰·罗尔夫的烟草被伦敦商人们抢购一空。有人写道："太阳底下没有哪个地方的烟草比我在詹姆斯敦品尝到的更加怡人、甜美且浓烈。"

伊丽莎白时代最具智慧的人，帮助他完成这项事业。他激发了人们的忠诚与勇气，将他们的耐力推到极限。如果他的指挥官们没有辜负他，他的梦想可能就在罗诺克岛的沼泽里、印第安人的箭雨和嘶喊里实现了。

30年后的现在，其他人在他的基础上继续着这项事业。在哈里奥特和莱恩这些人的鼓舞下，他们怀着取得巨大成功的希望，前往新大陆。他们的成功也是雷利的成功，这位满头银发的冒险家足够现实，能看出他们将会成功的迹象。这种成功不在弗吉尼亚公司的宣传里，也不在总督永远乐观的信件里，而是藏在约翰·罗尔夫带回英格兰的简短报告里。他报告说，詹姆斯敦有144头牛、216只山羊，还有"很多鸡"——这只是小成就，却足以保证殖民地的未来。詹姆斯敦已经可以自给自足，这是雷利的殖民者们多年以来奋斗的目标。这座城的存在还有另一个理由，烟草被证明是"利润丰厚"的商品，年复一年，这座广袤大陆的地平线在他们眼前逐渐展开。美洲确实是一片充满机遇的土地，罗尔夫告诉兴奋的伦敦人，这里有足够的空间"可以容纳几十万居民"。

但最好的消息莫过于印第安人和英格兰人终于和平地生活在一起了。这场和平来之不易、代价惨重，但是它的确让这片土地上的人们可以"安静地享受生活"。成套的盔甲被装进板条箱，火药被存入仓库，火枪也不再响起。不再有战争与流血，人们可能会再次开始搜寻罗诺克岛失踪的殖民者。

尾 声

30 多年过去了，被留在罗诺克岛的定居者们毫无音讯。这些年，世事变迁，如今的英格兰已经是一个海洋强国，在整个欧洲受到尊重，曾经挑战了自封为海上霸主的西班牙的英格兰船长和水手们完全有理由庆祝一番。但是伊丽莎白女王的辉煌统治正在迅速地淡出历史——那个时期已经成为人们口中的黄金时代。

然而，伊丽莎白时代两位最伟大的人物——沃尔特·雷利爵士和托马斯·哈里奥特爵士还活着。他们衰老憔悴、身体僵硬，但这些勇敢的美洲殖民者仍然为他们在建立海外定居点的过程中扮演的角色骄傲万分。失踪的殖民者们是唯一的提醒，提醒着他们并非一切都按照计划进行，这一路还有许多灾难和不幸。这也是一个适时的警告：雷利的大胆试验有两种结局——一种是圆满的，一种是悲惨的。

在美洲失踪的殖民者不止约翰·怀特的定居者们。1586 年，弗朗西斯·德雷克爵士撤离拉尔夫·莱恩的殖民者时，留下了 3 个人；同年，理查德·格伦威尔爵士在罗诺克岛留下 15 个人作为驻守部队。这些人中有些被杀死，其中包括马斯特·科芬和他的一名副手，但是至少仍有 123 个男人、女人和儿童下落不明——

在美洲未知的荒野里消失了。这些不幸的人的命运激发了好奇的英格兰人的想象力，直到 1618 年，都还有很多人相信，有些消失的殖民者还活着，他们经历了 32 年的磨难，幸存了下来。

失踪了 4 个世纪后，他们的命运依然令人着迷和好奇。怀特的定居者们真的移居克柔投安岛了吗？他们被打死了还是饿到屈服了？还是他们定居在那里，和当地的印第安土著通婚了？

他们的失踪引发了人们无休止的猜测，无数理论被提出。虽然很多理论一开始看起来很可信，但几乎都建立在后来被证伪的证据上。

19 世纪下半叶，北卡罗来纳爱好者汉密尔顿·麦克米伦（Hamilton McMillan）声称发现了怀特的定居者们的后裔，这是关于失踪的殖民者幸存与否最令人兴奋的"证据"。麦克米伦被一群生活在北卡罗来纳东南角的"红皮肤"的英格兰人——也就是混血印第安人——迷住了。他研究了他们的古老语言，并提出一个假设：他们使用的是一种伊丽莎白时期的方言，与怀特的殖民者们说的语言相似。这听起来很有道理，很多人也倾向于相信他。但是当语言学家被召集起来细致研究麦克米伦的理论时，他们发现这个理论错漏百出，他的"红皮肤"英格兰人只是他自己的幻想。

20 世纪 30 年代，又有一则令人兴奋的证据浮出水面。一块凿过的石头出土了，石头上刻有埃莉诺·戴尔的首字母缩写，还有一篇用伊丽莎白时代的英语写就的长铭文。这揭露了一个惊人的事实，殖民者们确实迁移了定居点，但不是迁到克柔投安岛，而是迁到了乔万河岸。起初，这个发现带来了极大轰动，但人们发现这篇伊丽莎白铭文里的错误后，兴奋就变成了失望。很快，科学实验就证明，这块石头是最近雕成的。

下一个理论，由罗伯特·E. 贝茨（Robert E. Betts）发表于伦敦的《康希尔杂志》（Cornhill Magazine）。他的理论是，怀特走后不久，西班牙军队就发现并杀死了这些殖民者。然而，人们在塞维利亚的西班牙档案库里发现了新证据后，这个理论也被推翻了。

一个接一个，各种说法和学说相继瓦解，失踪的殖民者之谜一如既往地神秘且令人着迷。太多的理论家试图在雷利的罗诺克岛事业的档案中找到证据，却忽略了早期詹姆斯敦定居者们的日记和笔记——他们才是真正着手寻找这些殖民者的人。是他们搜遍了森林，是他们盘问了印第安人，他们最有可能知道真相。虽然他们的目击记录没有实物证据支撑——只有一次大规模的考古发掘才能提供这种实物——但他们的发现引人注目又令人兴奋，为约翰·怀特失踪的殖民者的命运提供了唯一可信的假设。

有关他们下落的第一条线索是约翰·怀特 1590 年开展的搜寻计划中发现的。他断定殖民者们已经不在罗诺克岛，但他也只能猜测他们去了哪里。树干上刻下的克柔投安的字样，暗示殖民者们已经前往曼第奥家乡所在的岛屿，还有怀特令人困惑的说法，殖民者们曾告诉过他，他们计划"向大陆前进 50 英里"。这两种说法都说不通：克柔投安——第一个选项——那里只是一小块沙地，那里的居民要在上面种出足够供他们自己食用的谷物都还困难。怀特 1587 年拜访那座岛屿时，他们首先担心的是饥肠辘辘的英格兰人要吃掉他们珍贵的食物储备，"因为他们剩的也不多了"。

第二个选项也没比克柔投安可信多少。虽然并非完全没有可能，但是 107 名殖民者只有一艘中型船大小的船，要用这艘船将他们自己运到其他地点着实困难，何况他们还有个人物品——大概 120 只大木箱，以及一堆武器、工具和一般物资。即便把重型武器留在罗诺克岛上，运送这些东西也需要往返三四次。

　　1590 年至 1607 年，失踪的殖民者们又被抛弃了。尽管 1603 年塞缪尔·梅斯率领的探险似乎带回了殖民者还活着的消息——或者至少是一些看似合理的谣言——但是他没有与那些殖民者取得直接联系。殖民者们还活着，但是可能正处于极端危险中的第一个征兆，出现在 1607 年 4 月的最后一周，那时克里斯托弗·纽波特船长载着第一批詹姆斯敦的殖民者驶入切萨皮克湾。他的第一个登陆地点是海湾的南岸，有人向他保证称，他会在那里找到友好的切萨皮克部落和他们引人注目的定居点。令纽波特大吃一惊的是，那里没有定居点，也没有友好的部落人迎接他们。他们上岸没多久，就遭到一群充满敌意的印第安人的猛烈进攻。

　　纽波特继续沿着海岸线前行，发现尽管这片土地已经被清理干净，可以耕种，但他一个部落人都没有看到，这令他迷惑不解。"我们上岸后，发现方圆 5 英里内都没有灌木丛或者树木，"乔治·珀西写道，"我们穿过一片开满鲜花的土地……进入一小块长满漂亮草莓的平地上。"但是，他们"一路走来，没有看到一个野蛮人，也没有看到城镇"，他们看到只有树林间空地上升起的"巨大火焰产生的黑烟"，这相当不祥——似乎是有人故意纵火。

　　纽波特让他的手下在詹姆斯敦登陆几个月后，收集了居住在切萨皮克湾沿岸的部落的相关消息。他被告知，除了切萨皮克部落，其他所有部落都听命于波瓦坦；这些"切萨皮克人"坚决拒绝服从波瓦坦，"其他部落大多将之视作敌人"。纽波特无法得到失踪的殖民者的消息，切萨皮克部落敌视他们的态度也让他感到困惑——英格兰人的士兵和火枪手本可以成为他们对抗波瓦坦的有力盟友。他也没有听闻第二年冬天约翰·史密斯拜访波瓦坦时将要得知的那个惊人的消息。

史密斯拜访波瓦坦的目的是获取他迫切需要的食物补给，但是很快，他就发现这位皇帝无意给他们任何粮食。波瓦坦已经受够了詹姆斯敦的殖民者们，他决定告诉他们失踪的殖民者们的真正下落，以此证明这些英格兰人的生死掌握在他手里。经过多年的猜测和谣传，震惊万分的史密斯终于从波瓦坦那里得知，约翰·怀特的定居者们在切萨皮克湾南部的海岸生活了将近20年，但他们中的大多数——不是全部——在1607年春，也就是纽波特登陆切萨皮克湾前几天，被波瓦坦的随从们残忍杀害了。"罗诺克岛第一个殖民地的男人、女人和孩子们……在没有冒犯他的情况下惨遭屠杀。"

史密斯听到这些话之后惊呆了。长期以来，史密斯一直怀疑怀特失踪的殖民者们能否在切萨皮克湾恶劣的环境下生存下来，这个结论是他根据自己率领的那群殖民者们经受的可怕遭遇推测而来的。尽管詹姆斯敦的殖民者们带着充足的食物和补给来到美洲，也只是勉强地活了下来。但现在，他被告知，怀特带领的那群男女们取得了令人惊叹的成就。他们丰富的知识使他们在丛林深处生活了20年，他们靠着陆地上的灌木和浆果、海边收集的螃蟹勉强维生，偶尔还捉些野兔和野鹿。

詹姆斯敦的定居者们能否坚持这么久十分值得怀疑。事实证明，怀特这群出身低微的工匠们——成长于伦敦的暴力街区——比其他人坚韧得多。他们的成功要归功于总督的一个秘诀：女性的存在。寡妇、家庭主妇和年轻的未婚女人们都知道如何耕地、播种和照料庄稼。正是她们，让健康状况糟糕的男人和孩子们得以健康生存。

怀特失踪的殖民者们克服了各种困难。他们与世隔绝，没有船，没有补给，也没有同胞，但是他们还是成功地活了下来。然而，1607 年的一个明媚的春日，他们生存的希望却因一次简单又残忍的进攻破灭了，这是何等不幸，而更加悲惨的是，正是他们的同胞导致了他们的灭亡。后来研究那场大屠杀日期的英格兰人发现，"大屠杀正好发生在纽波特船长带领新的殖民者登陆切萨皮克湾时"，由于纽波特登岸的时间有明确记录，所以大屠杀一定发生在 1607 年 4 月 24 日至 27 日之间。

波瓦坦的祭司们的可怕预言是这场血腥屠杀的背后元凶。"他们告诉他一个国家将在切萨皮克湾升起，它将瓦解并终结他的帝国。为此，他摧毁并且屠杀了所有可能实现这个预言的力量。"他要屠杀的名单包括所有"生活在那个领域的定居者、酋长和他的臣民"，这也使切萨皮克部落"在那天，因此灭亡了"。这场大屠杀的规模——以及整个部落的毁灭——解释了纽波特和他的手下在海湾南岸首次登陆时遭遇的袭击。纽波特当时误以为袭击他们的战士是切萨皮克的印第安人，但实际上，这些是忠诚于皇帝的部落人——可能正是刚刚完成屠杀任务的那帮人。

袭击发生的日期也解释了丛林空地上升起的浓烟。波瓦坦的随从们正在摧毁怀特的定居者们的房屋，因为他们不希望新来的英格兰人——地平线上眼尖的瞭望员——发现他们屠杀的痕迹。

　　这场大屠杀很可能是以一种熟悉的模式进行的，这也令人很沮丧。早在 1587 年，托马斯·哈里奥特就警告说，印第安人最喜欢的战斗方式是"出其不意，一般是趁着天刚亮，或是借着月光"。这次伏击一定也是在毫无预兆的情况下发生的：一阵箭雨袭来，丛林中传来尖叫，一场猛烈而令人生畏的袭击随后而至。印第安人会分成小队，他们的任务是让最顽强的英格兰人落单。这些可怜的受害者会被抓住、绑起来，部落人会用木棒"打破他们的头"。他们会先屠杀最强壮的人，然后才转向病弱者、妇女和儿童。有些人被"烧死"——放到木炭上缓慢烧死，其他人会被活剥皮。最幸运的人恐怕是那些印第安人一开始进攻村庄时就被杀掉的人。

　　这场进攻的细节从未被记录下来，但如果考古学家找回这些失踪的、不幸的伊丽莎白时代人的骸骨，他们很可能会发现那些骨头被压碎、折断或是被箭矢贯穿。波瓦坦的杀手们总是残暴血腥，很多殖民者一定是被身涂颜料的印第安人用木棒打到脑浆喷出来。

　　波瓦坦透露给史密斯船长的消息令人震惊和惊异的同时，又引人遐想——几名幸存者逃过了大屠杀。史密斯意识到，这些饱受摧残的幸存者一定还活着，他们在无边的密林深处，活在被波瓦坦残忍的手下抓获的恐惧中。他们是如何逃过一劫的目前仍然是个谜，因为波瓦坦不愿再告诉史密斯当时到底发生了什么。相反，他选择向史密斯展示"一支火枪枪管和一门铜制迫击炮，以及一些曾属于英格兰人的金属工具"。这些是他的战利品，是他战胜过英格兰殖民者们的标志，他提醒史密斯，他现在拥有了他渴望已久的武器。

史密斯知道大屠杀的消息必须保密，因为这个消息肯定会让詹姆斯国王非常难堪。毕竟，他还在庆祝自己在美洲拥有了一个附庸。如果波瓦坦实际上是大屠杀发动者的消息走漏，詹姆斯将成为英格兰的笑柄。因此，史密斯采取了非同寻常的预防措施，直接将这份秘密报告交给国王，从而绕过了弗吉尼亚公司。

波瓦坦也打算继续保守这个秘密，因为他发誓要在当晚杀死史密斯。但是波卡洪塔斯的意外干预导致他的计划失败，让史密斯得以带着殖民者已被屠杀的消息逃走。但是史密斯信守诺言，保持沉默，十几年后，他才公开披露"波瓦坦坦白他杀死了殖民者，并且展示了他们留下的各种器具"。詹姆斯国王宫廷的其他廷臣就没那么谨慎了，史密斯发现的悲剧很快就被泄露给了弗吉尼亚公司。1609 年，殖民地大臣威廉·斯特雷奇（William Strachey）被派往詹姆斯敦，他非常感兴趣，花费了大量时间和精力拼凑起所有的证据。他的发现与其他证据一起，使我们可以试着重建从 1587 年约翰·怀特离开美洲，到 1607 年那场大屠杀之间发生的事。

我们似乎可以确定，殖民者们认为他们想要活下来的话，最好的做法是分成两组，其中一组——可能是 10 个或 12 个人——前往克柔投安岛，瞭望等待补给船到来。他们认为总督怀特会乘补给船返回美洲，而克柔投安岛是最佳的瞭望地，因为岛屿的东岸正好面对大西洋，他们只需按照传统方式生火，升起浓烟，就可以快速与远处的船取得联系。与此同时，大部分殖民者迁往了切萨皮克湾南岸，靠近斯奇科阿克定居点，1586 年，约翰·怀特和托马斯·哈里奥特正是在那里受到了热烈欢迎。

我们无法确定殖民者们离开罗诺克岛的确切日期，但是总督怀特的日记表明，他们很可能是在他离开罗诺克岛返回英格兰后不久离开的。1590 年，他返回罗诺克岛时，他发现定居点"几乎被丛生的杂草盖住"——这也是一则有力的证据。房屋已经倒塌，他埋在地下的箱子"很久以前就被人挖出来、砸开了"。实际上，他最珍贵的财产显然已经暴露在风雨中很久了，因为"画作和地图的框架因为被雨水浸泡而腐蚀发霉，我的盔甲几乎被铁锈锈蚀殆尽"。

殖民者们肯定希望在冬季来临之前建立新的定居点，所以他们抓紧时间建造房屋，清理土地。妻子和孩子成为男人们的动力，激励着他们为春播准备好土地。他们一定受到了切萨皮克湾部落的热烈欢迎，因为他们将英格兰人视为对抗波瓦坦的有力盟友。接下来的 20 多年，两群人似乎一直和平共处。"他们和平地生活了 20 多年，"斯特雷奇写道，"在远离波瓦坦的土地上，他们与切萨皮克印第安人混居在一起。"

在美洲度过的 20 年改变了这些殖民者——也许使他们更像印第安人而非英格兰人，他们很可能已经和当地部落的女性通婚。1605 年的戏剧《向东呀》也许并非完全虚构。剧中声称："那里整个国家都是英格兰人……他们与印第安人通婚，让他们生出和英格兰人一样漂亮的孩子。"怀特的男女们学会了打猎、布置陷阱和钓鱼——这些他们初到美洲时并不掌握的技能——作为回报，他们也给了印第安人很多好处：熔炼金属、制作车轮和枪炮，以及建造双层房屋结构的技艺。这些构成了许多关于失踪的殖民者传言的来源，这些传言在殖民早期传回了詹姆斯敦。

令人好奇的是，1587 年的那些定居者中，有谁在大屠杀发生的那一年还活着。弗吉尼亚·戴尔如果还活着，应该 20 多岁了，可能已经生了几个孩子。年轻的"哈维"——我们只知道他的姓氏——也应该 20 多岁，可能娶了一个印第安女孩。老一辈人快要 40 岁了，老了，但是他们中的许多人很可能仍然身体强健。美洲的气候已经证明比潮湿、疾病肆虐的英格兰的空气要健康得多。

随着岁月流逝，失踪的殖民者们将会越来越习惯他们的新家园。或许，比起英格兰很多人会更喜欢美洲，毕竟，这里食物充足，而且来自印第安人的敌意已经是遥远的记忆。他们被虚假的安全感迷惑，所以当波瓦坦发动大屠杀——新世界早期历史上最大规模的屠杀时，他们措手不及。

斯特雷奇对这场大屠杀的研究，以及约翰·史密斯对波瓦坦承认发起屠杀的记录，本可能彻底结束人们对这个事件的关注。但并不是所有的殖民者都在 1607 年 4 月的那一天被屠戮了，有几个跑得快的幸存者逃进了附近的森林，投靠了一些不那么敌对的印第安人。这些消息——有些殖民者还活着——传回了英格兰，轰动一时，但这种说法的确是真的。

弗吉尼亚公司第一个重视起这些模糊不明的消息。1608 年，官方小册子《一段真实而真诚的宣言》（*A true and sincere declaration*）透露了一个令人振奋的消息："沃尔特·雷利爵士建立的殖民地中，还有一些殖民者活着，就在距离我们的堡垒不到 50 英里处。"商人们急切地想要找到这些殖民者，他们知道这些殖民者能够"打开这片土地的'子宫'和'肠子'"。他们下令组织一个搜寻小队，进入森林搜索，这支勤奋的队伍——这也是人们第一次认真地尝试寻找他们——差一点儿就找到了他们。印第安人阻止了他们前进的道路，他们不得不放弃搜寻。但是，他们发现了令人兴奋的证据。"尽管与他们交谈的野蛮人矢口否认，但是他们在树干上发现了十字架和字母的标记，毫无疑问是基督教徒留下的痕迹。"

不到一年，公司又得到更多能够证明这些殖民者们还活着的消息。这些消息告知了托马斯·盖茨爵士殖民者的确切位置，消息称乔万河附近有一个叫帕克里克安尼克的村庄，"你将在那里找到4名还活着的英格兰人，他们是沃尔特·雷利爵士殖民事业留下的殖民者，是波瓦坦大屠杀的幸存者"。消息还称，这些人是囚犯，处在"一个名为基帕诺恩（Gepanocon）的大酋长的保护下，没有他的同意，你永远救不出他们"。据说他是违背了他们的意愿关押他们的，因为他最近发现了一座富铜矿，需要这些英格兰人发挥专长，帮他锻造用具和武器。

遗憾的是，盖茨到詹姆斯敦时，他没有精力搜寻失踪的殖民者。他的船在百慕大遭遇海难，等他登陆定居点后，看到的又是一群饥肠辘辘的可怜人。他们不仅抛弃了失踪的殖民者们，让他们听天由命，还抛弃了詹姆斯敦。

勤奋的斯特雷奇继续寻找关于幸存者的消息，并取得了一些成果。一位友好的印第安人马彻姆斯（Machumps）向斯特雷奇保证，那些传言是真的，他可以在印第安人建造的半木结构和拱形的房屋里找到证据，"就是那些逃过大屠杀的英格兰人教他们建造这些房屋的"。他说，被基帕诺恩俘房的 4 名英格兰人不是所有逃过大屠杀的人。"在里塔诺（Ritanoe），"他说，"大酋长埃诺科（Eyanoco）俘房了 7 名英格兰人，包括 4 个男人、两个男孩和一个女孩，他们逃过大屠杀，沿着乔万河逃走了。他们在里塔诺为埃诺科制作铜器。"

尽管很多不同的消息来源都证实了他们还活着的消息，但是1609 年至 1611 年间，人们为解救失踪的殖民者付出的努力并不多。俘房他们的部落力量过于强大，而詹姆斯敦的殖民者们自己也身陷绝境，饱受饥饿和战火之苦。托马斯·戴尔爵士统治詹姆斯敦时期，一度有机会重启搜寻计划，可是戴尔不近人情，对拯救约翰·怀特的殖民者没有什么兴趣。1612 年，詹姆斯敦的定居者们对于周边的地形有了许多了解，殖民地也站稳了脚跟，寻找1587 年幸存者的任务也已经不那么急迫了。

这些年，也没有人沿着外滩海岸，搜寻被认为与曼第奥一起定居在克柔投安的那一小群殖民者。许多年来，没有船只到访过这些荒凉的海岸，他们的故事在近一个世纪的时间里一直是个谜——一群失踪的冒险者似乎就此销声匿迹，德雷克留下的三名殖民者和数百名奴隶，格伦威尔留在罗诺克岛的军队，也都一并消失。尽管 1619 年，有人尝试过寻找他们，但是搜寻队没有带回什么新消息。1622 年，35 年过去了，约翰·史密斯似乎为这个故事画上了句号，他写道："我们放弃了搜寻我们的殖民者，直到今天，我们还没有找到他们中的任何一个人。"

这似乎就是最终的结局了，但是失踪的殖民者们的故事有一个耐人寻味和惊心动魄的后记。1701 年，一位清醒冷静的卡罗莱纳州调查员约翰·劳森（John Lawson），将船缓缓驶向外滩群岛，停泊在克柔投安岛。当他艰难地穿过沙丘，来到一个多世纪前曼第奥出生的小定居点时，他震惊地发现，一群印第安人正朝他打招呼，他们的长相和其他任何定居在这片海岸线的部落截然不同。他们有苍白的皮肤和浅棕色的头发。好奇的劳森与友好的部落长老交谈，他们告诉他，"他们的祖先中有些是和我们一样可以读书的白人。这些印第安人独有的灰色眼睛证实了这一点"。他补充说："他们极为重视他们与英格兰人之间的血缘关系，愿意给所有英格兰人提供所有友好的帮助。"他们长谈了部落的历史后，持怀疑态度的劳森也承认："英格兰人为了生存，被迫与他们共同居住，在漫长的岁月里，他们顺应了印第安人的生活方式。"

　　这是一项惊人的发现，这说明安顿在克柔投安的那一小群怀特的殖民者们，在被遗忘的漫长岁月中活了下来。他们孤立无缘，完全仰赖曼第奥的亲人们，他们最终厌倦了遥望地平线，期待着看到圣乔治旗出现在远方。英格兰承诺会到来的救援船不见踪影，他们意识到自己注定要在这片遥远荒凉的沙地上度过余生——远离他们的家人和亲人。旧世界抛弃了他们，他们最终在新世界中寻找安慰——在与印第安人的相处中寻求慰藉，他们逐渐建立了越来越紧密的关系，直到过去那些年想都不敢想的通婚也变得能接受了。在克柔投安岛上，他们结合的第一批果实诞生了，他们是雷利失败的殖民实验的混血后代。近一个世纪以来，这些孩子与英格兰毫无联系，他们成长后只知道他们的父亲来自一片遥远又陌生的土地。

　　劳森的发现是关于失踪殖民者的最后记录。这个故事的结局令人难以忘怀，时至今日仍旧在大风狂野的外滩群岛回响不绝。1998年，在曼第奥的村庄附近，一枚伊丽莎白时代的金制印章戒指从沙土中重现天日时，当地居民仍然兴奋不已。约翰·怀特的家人和殖民者们出航400年后，沃尔特·雷利爵士那批勇敢、莽撞，最终失败了的定居者仍然让新一代的美洲人着迷。

雷利一直惦念着失踪的殖民者，为他们祈祷，直到他死亡的那天。在圭亚那期间，他的士兵违背了国王禁止与西班牙人起冲突的明确规定，于是这场探险惨败后，沃尔特爵士了无生气地返回英格兰，准备面对死刑。1618年10月，一个阴冷的日子里，他摆好姿势，让自己面朝西方，即美洲的方向，而不是按照传统面朝东方。当一位旁观者问他是否想要面朝乐土所在的方向时，雷利苦笑。"心的方向是对的，"他说，"头朝哪边都无关紧要。"

几秒钟后，刽子手的斧头划破寒冷的空气，雷利布满银发的头颅掉落在地。刽子手将之举起示意人群，但是与往常不同，他拒绝喊出一般会喊的话："看，叛徒的头颅！"相反，一位旁观者说出了一句更适合作为墓志铭的话："我们再也没有这样一颗头颅可砍了。"

童贞女王死后15年，曼第奥第一次被引入宫廷后30多年，伊丽莎白时代终于结束了。而正是沃尔特·雷利爵士使这个时代最影响深远且无与伦比的成就成为可能：在遥远的大西洋彼岸，建立起英格兰第一个永久殖民地。这是现代美洲的黎明。

参考书目

本书引用文献时尽量保留了伊丽莎白时代的拼写，但在少数情况下，只有原始文本的现代转写可用。语法和名称已经标准化，某些拼写有时也会调整，以澄清含义（例如，there 和 theyre 在适当的地方改写成 their）。

一手资料

Aubrey, John. *Brief Lives*. 2 vols. Ed. Andrew Clark. Oxford, 1898.

Barbour, Philip L., ed. *The Complete Works of Captain John Smith*. 3 vols. University of North Carolina Press, 1986.

The Jamestown Voyages under the First Charter, 1606–9. 2 vols. Hakluyt Society, London, 1969.

Brown, Alexander. *The Genesis of the United States*. 2 vols. New York, 1890.

Bulow, G. von. '*Journey through England and Scotland made by Lupold von Wedel in the years 1584 and 1585.*' *Transactions of the Royal Historical Society*, 2nd series, vol. 9, 1895.

Calendar of State Papers, domestic, 1581–90, 1865; *Addenda, 1580–1655*, 1872; *colonial, America and West Indies, 1574–1660*, 1860; *Addenda, 1574–1674*, 1894.

Camden, William. *Remains Concerning Britain*. Toronto, 1984.

C[hute], A[nthony]. *Tabaco. The distinct and several opinions of the late and best phisitions that have written of the diverse natures and qualities thereof.* Printed by Adam Islip, 1595.

Elyot, Sir Thomas. *The Castel of Helth.* London, 1541.

Everaerts, Gilles. *Panacea; or the universal medicine: being a discovery of the ... vertues of Tobacco.* 1659. Originally published in 1587 under the title *De herba Panacea, quam alii Tabacum, alii Petum aut Nicotianam vocant ... brevis commentariolus.* Antwerp.

Frende, Gabriell, Practitioner in Astrologie and Phisicke. *An Almanacke and Prognostication for the yeere ... 1585.* Watkins and Roberts, 1585.

Fuller, Thomas. *Worthies.* London, 1663.

Gilbert, Sir Humphrey. *Queen Elizabeth's Academy.* E.E.T.S., London, 1869.

The Voyages and Colonising Enterprises of Sir Humphrey Gilbert. 2 vols. Ed. D. B. Quinn. Hakluyt Society, 2nd series, vols. 83–84. London, 1940.

Greepe, Thomas. *The True and Perfecte Newes of the Woorthy and Valiaunt Exploytes Performed and Doone by that Valiant Knight Syr Frauncis Drake.* 1587.

Hakluyt, Richard. *Divers Voyages.* Hakluyt Society, London, 1850.

The Principall Navigations, Voiages and Discoveries of the English Nation. 1589. Reprinted in 1903–5 by Hakluyt Society in 12 vols.

Hamor, Ralphe. *A True Discourse of the Present Estate of Virginia.* 1616. Reprinted in the series *Theatrum Orbis Terrarum.* Da Capo Press, Amsterdam, 1971.

Harcourt, Robert. *A Relation of a Voyage to Guiana.* Hakluyt Society, London, 1928. (Originally published in 1613.)

Harriot, Thomas. *A Briefe and True Report of the New Found Land of Virginia.* New York, 1972. (A facsimile of vol. 1 of Theodor de

Bry's 1590 Englishlanguage edition of *America*, published in Frankfurt.)

Harvey, John, Master of Artes and Student in Phisicke. *An almanacke or annuall calendar, with a prognostication for ... 1585.* Watkins and Roberts, 1585.

Hilliard, Nicholas. *A Treatise Concerning the Arte of Limning.* 1598. Walpole Society, Oxford, 1912.

Holinshed, Raphaell. *Chronicles of England, Scotland, Ireland.* London, 1577.

Hulton, P., and Quinn, David B. *The American Drawings of John White.* Chapel Hill, N.C., 1964.

"Humfray Gylbert, knight, his charte." *Geographical Journal*, vol. 72, 1928.

James I. *A Treatise on Scottis Poesie; A Counterblaste to Tobacco.* Reprinted in *A Royal Rhetorician.* Ed. Robert S. Rait. 1900. (Original published in London in 1604.)

Keeler, Mary F., ed. *Sir Francis Drake's West Indian Voyage, 1585–86.* Hakluyt Society, London, 1981.

Las Casas, Bartolomé de. *The Spanishe Colonie.* Translated by M.M.S. W. Brome, London, 1583.

Laudonnière, René de. *A notable historie containing foure voyages made by certayne French captaynes unto Florida.* Translated by Richard Hakluyt. T. Dawson, 1587.

Lawson, John. *A New Voyage to Carolina.* London, 1709.

Lloyd, Euan, Student in Astronomie. *An Almanacke and Prognostication for ... 1585. Wherein is ... set forth the disposition of the ayre with other accidents that are like to happen this yeere.* Watkins and Roberts, 1585.

Marbecke, Roger. *Defence of Tabacco.* London, 1602.

Monades, Nicholas. *Joyfull Newes out of the Newe Founde Worlde.* 1577.

Moore, Philip. *A Fortie Yeres Almanacke ... untill 1606*. London, 1570.

Naunton, Sir Robert. *Fragmenta regalia*. Ed. E. Arber. London, 1870. (A reprint of the posthumous edition of 1653.)

Percy, George. "Trewe Relacyon." *Tyler's Quarterly Historical and Genealogical Magazine*, vol. 3, 1922.

Platter, Thomas. *Thomas Platter's Travels in England*. London, 1599.

Porter, Thomas, Chirurgian. *An Almanacke or Prognostication for the Yeere of Christe, MDLXXXV*. Watkins and Roberts, 1585.

Purchas, Samuel. *Hakluytus posthumus or Purchas his pilgrimes*. 4 vols. 1625. Reprinted in 20 vols., Hakluyt Society, extra series, Glasgow, 1905–7.
Purchas his Pilgrimmage, or Relations of the World and the Religions. London, 1613.

Quinn, David B. *New American World: A Documentary History of North America to 1612*. 5 vols. New York, 1979.
The New Found Land of Stephen Parmenius. Toronto, 1972.
The Roanoke Voyages, 1584–1590. 2 vols. Hakluyt Society, London, 1955.

Ralegh, Sir Walter. *The Discoverie of the Large and Bewtiful Empire of Guiana*. Ed. V. T. Harlow. London, 1928.
The Last Fight of the Revenge. Ed. E. Arber. London, 1886.
Poems. Ed. A. M. C. Latham. London, 1951.
Works. 8 vols. Oxford, 1829.

Smythe, Sir John. *Certain Discourses ... Concerning the Formes and Effects of Divers Sorts of Weapons*. London, 1590.

Stowe, John. *Survay of London*. London, 1598.

Strachey, William. *The Historie of Travaile into Virginia Britannia*. 1612. Hakluyt Society, London, 1849/1953.

Taylor, E. G. R. *The Writings and Correspondence of the two Richard Hakluyts*. 2 vols. Hakluyt Society, vols. 76–77, London, 1935.

Williamson, J. A. *The Cabot Voyages and Bristol Discovery under*

Henry VIII. Hakluyt Society, London, 1962.

Wright, I. A. *Further English Voyages to Spanish America.* Hakluyt Society, London, 1973.

二手资料

Adams, R. G. 'An Attempt to Identify John White.' *American Historical Review*, vol. 41, 1935–36.

Adamson, J. H., and Folland, H. F. *Shepherd of the Ocean.* London, 1969.

Andrews, K. R. 'Christopher Newport of Limehouse, Mariner.' *William and Mary Quarterly*, 3d series, vol. 2, 1954.

   Elizabethan Privateering. Cambridge, 1964.

   'The Elizabethan Seamen.' *Mariner's Mirror*, vol. 68, 1982.

Barbour, P. *Pocahontas and her World.* London, 1971.

   The Three Worlds of Captain John Smith. Boston, 1964.

Batho, G. R. 'Thomas Harriot and the Northumberland Household.' *Durham Thomas Harriot Seminar*, no. 1, 1992.

Bevan, Bryan. *King James.* London, 1996.

Camden, Carroll. *The Elizabethan Woman.* London, 1952.

Coote, Stephen. *A Play of Passion: The Life of Sir Walter Ralegh.* London, 1993.

Corbett, Julian S. *Drake and the Tudor Navy.* 2 vols. London, 1899.

   ed. "Papers relating to the navy in the Spanish war, 1586–7." *Navy Records Society*, vol. 11, 1898.

Cumming, W. P. "The Identity of John White, Governor of Virginia, and John White the Artist." *North Carolina Historical Review*, vol. 15, 1938.

Durant, David N. *Ralegh's Lost Colony.* London, 1981.

Edwards, Edward. *The Life of Sir Walter Ralegh.* 2 vols. London, 1868.

Forbes, Thomas Roger. *Chronicle from Aldgate*. New Haven and London, 1971.

Greaves, Richard L. *Society and Religion in Elizabethan England*. Minneapolis, 1981.

Greenblatt, S., ed. *New World Encounters*. University of California Press, 1993.

Humber, John L. *Backgrounds and Preparations for the Roanoke Voyages, 1584–1590*. North Carolina Dept. of Cultural Resources, 1986.

Hume, Ivor Noel. *From Roanoke to Jamestown*. New York, 1994. *Roanoke Island: America's First Science Center*. 1994. (First published in the Spring 1994 issue of *Colonial Williamsburg*, the journal of the Colonial Williamsburg Foundation.)

Hume, M. A. S. *Sir Walter Raleigh*. London, 1847.

Kane, Robert J. 'Anthony Chute, Thomas Nashe and the First English Work on Tobacco.' *Review of English Studies*, vol. 7, 1931.

Kelso, William M. (and others). *Jamestown Rediscovery*. 5 vols. Association for the Preservation of Virginia Antiquities, 1995–99

Lacey, Robert. *Sir Walter Ralegh*. London, 1973.

Lewis, Clifford M., and Loomie, Albert J. *The Spanish Jesuit Mission in Virginia, 1570–72*. Chapel Hill, N.C., 1953.

Manning, C. 'Sassafras and Syphilis.' *New England Quarterly*, vol. 9, 1936.

Mattingly, G. *Defeat of the Spanish Armada*. London, 1959.

Merriman, R. B. *The Rise of the Spanish Empire*. 4 vols. New York, 1934.

Miller, Helen Hill. *Passage to America*. North Carolina Dept. of Cultural Resources, 1983.

Neale, J. E. *Queen Elizabeth*. London, 1934.

Nichols, John. *The Progresses and Public Processions of Queen Elizabeth*. 3 vols. London, 1788.

Pearson, L. E. *Elizabethans at Home*. Stanford, 1957.

Powell, William S. 'Roanoke Colonists and Explorers: An Attempt at Identification.' *North Carolina Historical Review*, vol. 34, 1957.

Quinn, David B. "Christopher Newport in 1590." *North Carolina Review*, vol. 29, 1952.

England and the Discovery of America, 1481-1620. London, 1974.

European Approaches to North America, 1450-1640. Aldershot, 1998.

The Failure of Raleigh's American Colonies. London, 1949.

The Lost Colonists: Their Fortune and Probable Fate. North Carolina Dept. of Cultural Resources, 1984.

'Preparations for the 1585 Virginia Voyage.' *William and Mary Quarterly*, vol. 6, 1949.

Set Fair for Roanoke. Chapel Hill and London, 1985.

'Some Spanish Reactions to Elizabethan Colonial Enterprises.' *Transactions of the Royal Historical Society*, 5th series, vol. 1, 1951.

'Thomas Harriot and the Problem of America.' The 1990 Thomas Harriot Lecture. Published in 1992.

'Thomas Harriot and the Virginia Voyages of 1602.' *William and Mary Quarterly*, 3d series, vol. 27, 1970.

'Virginians on the Thames in 1603.' *Terra Incognitae*, vol. 2, 1970.

Roanoke Colonies Research Newsletter, vols. 3-6, Greenville, N.C., 1996-99.

Rowse, A. L. *The Elizabethans and America.* London, 1959.

Sir Richard Grenville of the Revenge. London, 1937.

Salmon, Vivian. 'Thomas Harriot and the English Origins of Algonkian Linguistics.' *Durham Thomas Harriot Seminar*, no. 8, 1993.

Shirley, John W. *The Scientific Experiments of Sir Walter Ralegh, the Wizard Earl and the Three Magi in the Tower, 1603-17.* Ambix, 1949.

Sir Walter Ralegh and the New World. North Carolina Dept. of Cultural Resources, 1985.

Thomas Harriot: A Biography. Oxford, 1983.

Stick, David. *Roanoke Island: The Beginnings of English America.* Chapel Hill, N.C., 1983.

Strathmann, Ernest A. *Sir Walter Ralegh: A Study in Elizabethan Skepticism.* New York, 1951.

Strong, Roy. *The Cult of Elizabeth.* London, 1977.

Taylor, E. G. R. 'Instructions to a Colonial Surveyor in 1582.' *Mariner's Mirror, vol.* 37, 1951.

'Master Hore's Voyage of 1536.' *Geographical Journal,* vol. 77, 1931.

Trigger, Bruce G., ed. *The Northeast.* Vol. 15 of *Handbooks of the Indians of North America.* Gen. ed., William C. Sturtevant. Washington, D.C., 1978.

Unwin, Rayner S. *The Defeat of John Hawkins.* London, 1960.

Weir, Alison. *Elizabeth the Queen.* London, 1998.

Willard, M. Wallace. *Sir Walter Raleigh.* 1959.

Williams, Neville. *Elizabeth, Queen of England.* London, 1967.

Williams, Norman Lloyd. *Sir Walter Raleigh.* London, 1962.

Williamson, J. A. *Age of Drake.* London, 1938.

Willson, D. Harris. *King James VI and I.* London, 1956.

Winton, John. *Sir Walter Ralegh.* London, 1975.

Wright, I. A. 'Spanish Policy towards Virginia, 1606–12.' *American Historical Review,* 1920.

Youings, Joyce. *Ralegh's Country.* North Carolina Dept. of Cultural Resources, 1986.

出版后记

继《武士威廉》后，贾尔斯·米尔顿又为读者带来了一段关于航海与探险的故事。在这本书中，他以当时的水手、定居者和探险家们的日记、航海日志和信件为材料，为读者讲述了英格兰人尝试跨越大西洋，在美洲建立早期定居点的过程。他们对新世界充满好奇，渴望获得财富和自由，希望过上更好的生活，因而选择踏上探索美洲的旅程。然而，他们遭遇了种种挫折，经受了常人难以想象的考验，一批又一批英格兰人被送往美洲，他们在美洲被饿死、被杀死、被遗忘。为这些探险项目集资筹备的沃尔特·雷利爵士的结局也令人唏嘘，伊丽莎白女王过世后，他被囚禁在伦敦塔内多年，最终被处以死刑。伊丽莎白女王的统治结束十多年后，英格兰人才真正在遥远的大西洋彼岸，建立了属于自己的定居点。米尔顿大量引用时人的日记和信件，为读者生动地再现了殖民者探索美洲时那些有趣、惊险，甚至有些残忍的经历，讲述了那段扣人心弦的真实故事。

由于编者水平有限，书中难免有疏漏，还望读者指正。

图书在版编目（CIP）数据

大酋长伊丽莎白 /（英）贾尔斯·米尔顿著；陈乔
一译 . -- 北京：九州出版社，2021.1（2023.6 重印）
ISBN 978-7-5108-8567-9

Ⅰ . ①大… Ⅱ . ①贾… ②陈… Ⅲ . ①英国—中世纪
史 Ⅳ . ① K561.3

中国版本图书馆 CIP 数据核字 (2020) 第 221981 号

Big Chief Elizabeth: How England's Adventurers Gambled and Won the New World
by Giles Milton
Copyright © Giles Milton 2000
This edition arranged with ROGERS, COLERIDGE & WHITE LTD (RCW)
Through Big Apple Agency, Inc., Labuan, Malaysia
All rights reserved.

著作权合同登记号：图字 01-2020-6783
审图号：GS（2020）5604

大酋长伊丽莎白

作　者	〔英〕贾尔斯·米尔顿 著　　陈乔一 译
责任编辑	周 春
出版发行	九州出版社
地　址	北京市西城区阜外大街甲 35 号 (100037)
发行电话	（010）68992190/3/5/6
网　址	www.jiuzhoupress.com
印　刷	北京盛通印刷股份有限公司
开　本	889 毫米 × 1194 毫米　　32 开
印　张	11.5
字　数	267 千字
版　次	2021 年 1 月第 1 版
印　次	2023 年 6 月第 3 次印刷
书　号	ISBN 978-7-5108-8567-9
定　价	72.00 元